Decentralized **A**utonomous **O**rganization
DAO, 미래의 조직이 만드는 새로운 기회

DAO

블록체인/NFT/암호화폐/메타버스가
만드는 Web 3.0 기업의 미래, 다오

블록체인/NFT/암호화폐/메타버스가
만드는 Web 3.0 기업의 미래, 다오
DAO, 미래의 조직이 만드는 새로운 기회

초판 1쇄 발행 2022년 11월 30일

지은이 필자생, 마레, 두망
펴낸이 필자생, 마레, 두망
펴낸곳 (주)크리에이티브크루
출판등록 2019년 4월 19일 제2019-000106호
주소 서울시 서초구 서초중앙로31길 6-3 지지반포빌딩 B3F

ISBN 979-11-981018-0-8 (93330)

이 책은 저작권법에 따라 보호받는 저작물이므로 무단 전재와 무단 복제를 금지하며,
이 책 내용의 전부 또는 일부를 이용하려면 반드시 저작권자와 (주)크리에이티브크루의
서면 동의를 받아야 합니다.
책값은 표지 뒷면에 있습니다.

Decentralized **A**utonomous **O**rganization
DAO, 미래의 조직이 만드는 새로운 기회

필자생, 마레, 두망 지음

DAO

블록체인/NFT/암호화폐/메타버스가
만드는 Web 3.0 기업의 미래, 다오

일러두기

1 잡지와 신문, 도서명은 『』로, 본문 제목과 논문명은 「」로, 기사와 영화, 방송 프로그램명은 <>로, 특정 기업의 이름은 《》로 표기하였습니다.
2 주석은 마지막 페이지에 전부 기재한 미주식으로, 파트별로 정리하여 구분하였습니다.

DAOs are not corporations:
Where decentralization in autonomous organizations matters

DAO는 기업이 아니다:
자율 조직에서 탈중앙화가 중요한 경우

-2022.09.20 Vitalik Buterin, thesis -

목 차

프롤로그 | 새로운 조직이 그리는 미래   010

PART 1
조직의 미래 DAO는 무엇인가?

새로운 조직 구조의 등장, DAO의 출현	016
탈중앙화된 자율 조직, DAO의 정의	025
가장 이상적인 조직 구조, DAO의 장점	040
극초기 시장 기술의 한계, DAO의 단점	046
짧지만 강렬한 10년의 기록, DAO의 역사	054

PART 2
메타버스와 NFT 그리고 DAO

더 넓은 세계를 향해 도약하다, BAYC	066
커뮤니티를 위한 거버넌스에 집중하다, 두들스	078

크립토 인플루언서가 만든 VIP 사교 모임, 문버드	086
기존의 법칙을 무시하다, 고블린 타운	096
다양한 방식을 끊임없이 시도하다, 사이버콩즈	106
세계 최초 웹 3.0 비대위의 움직임, 메타콩즈	118

PART 3
DAO는 어떻게 활용되는가?

모두의 투표로 이루어지는 조직, 프로토콜 DAO	136
함께 구축하는 자본, 투자 DAO	160
DAO의 다양한 가능성, 기타 DAO	211
이미 시작된 변화, 국내 DAO	247

부록 | DAO를 구성하는 법 〈DAO DAO〉	274
에필로그 | DAO의 미래는 어떻게 될까?	304
저자의 말	308
미주	314

프 롤 로 그

새로운 조직이 그리는 미래

    2022년이 끝나가는 지금, 여러분은 웹 3.0 시대에 살고 있는가? 누군가에게는 맞을 수도, 누군가에게는 틀릴 수도 있다. 지금 시대는 웹 2.0에서 웹 3.0으로 넘어가는 변화의 시기에 있다. 디지털 혁명이라고도 불리는 이 격변의 시기에도 변하지 않을 핵심 요소는 바로 '커뮤니티Community'이다. 커뮤니티는 2명 이상의 사용자가 있어야 시작된다. 여러 사용자가 특정한 주제를 중심으로 함께 생각을 나누고 공감하고 소통하여 가치를 실현하는 것이 커뮤니티이다.

    학교나 회사처럼 특정한 교육과 이익을 위해 사람들이 모여 그룹을 이룬 것이 대중적인 커뮤니티라면 다음 단계는 관심사 기반의 커뮤니티가 된다. 팬덤Fandom,열성팬이 형성되면 다양한 사람들이 결속력 있는 공동체로 묶인다. 이때 중요한 것은 그들을 결속시키는 중심이 학연이나 지연이 아닌 특정 주제 혹은 관심에 있다는 것이다. DAO는 이러한 관심 기반 커뮤니티의 미래 모습이라고 볼 수 있다.

미국의 가상자산 전문 데이터 분석업체인 《메사리^{Messari}》가 최근 발표한 보고서 「크립토 씨시즈$^{Crypto\ theses}$ 2022」에 따르면 DAO가 크립토 업계에서 가장 중요한 개념이 되었으며 블록체인 경제·정치·사회 생활을 완전히 뒤바꿔 놨다고 이야기했다. 또한 2020년이 탈중앙화금융$^{DeFi,\ 디파이}$의 해였고 2021년이 대체 불가능한 토큰^{NFT}의 해였다면 2022년은 탈중앙화 자율 조직^{DAO}의 해가 될 것으로 전망했다. 국내 블록체인 개발 전문 기업인 《헥슬란트^{Hexlant}》 또한 "디파이가 새로운 금융, NFT는 예술의 미래라면, DAO는 인적 조직과 커뮤니티의 미래"라고 예측했다.

그러나 사실 DAO에 대한 전문가들의 평가는 엇갈리고 있다. DAO를 옹호하는 사람들은 DAO가 새로운 개념의 조직 작동 방식이며, 이익보다 커뮤니티에 집중하고 사회적으로 더 높은 수준의 구조를 만들 수 있다고 평가하며 투명한 구조와 보상 지급, 자율적으로 운영되는 조직이라는 점을 강조한다. 하지만 아직 이상과 현실 사이의 격차가 크고 현실화하기까지 시간이 오래 걸리며 법적으로 제정되지 않은 문제점이 제기된다는 반대의견 또한 있다.

실제로 이미 운영되고 있는 DAO에도 주요 의사결정은 소수의 핵심 구성원 몇 명만 참여하고 있는 것이 현실이며[1], 수백 수천 명이 되는 구성원의 의사결정에 필요한 시간과 비용이 막대하다는 문제점 역시 무시할 수 없는 문제이다.

이러한 문제점에도 불구하고 최근 다양한 목적의 DAO가 등장하면서 여러 문제점을 보완하며 빠르게 진화하고 있다. 여전히 비판적 우려와 문제점이 존재함에도 DAO는 중앙 권력이 몰락하는 혁명이자 구성원들이 투명하고 효과적으로 함께 성장할 수 있는 조직이 될 수 있다는 생각이 확산되고 있다.

DAO의 개념이 특히 주목받고 있는 이유는 사회 모든 분야에서 확장이 가능하기 때문이다. 목적을 같이하고 생태계 내 참여자 모두를 존중하고, 투명성을 보장하는 스마트 콘트랙트 기술을 통한다면 분야를 막론하고 DAO를 구성할 수 있다.

DAO의 탄생과 진화는 사회와 조직에 대한 패러다임의 변화를 예고하고 있지만 아직 현실적으로 적용하기에는 시간이 더 필요하고 기술적 문제, 관리하는 법, 제도적인 장치 등 해결해야 하는 과제들이 많이 남아있다. 그러나 그만큼 이를 극복하기 위한 기술 개발과 적용 분야의 확장이 빠르게 일어나고 있다. 이런 과정들을 보았을 때, DAO가 혁신 트렌드이자 시대의 흐름이라는 것은 부정할 수 없는 사실이다.

DAO가 주목받는 이유는 투명성과 민주성을 장점으로 내세워 향후 '사회 커뮤니티' '기업 운영 구조' '고용 형태'를 기존과는 전혀 다른 모습으로 변화시킬 수 있다는 기대 때문이다.

이 책에서는 해외에서 이미 주목받고 있는 DAO에 대한 정보가 국내의 대중들에게 많이 알려지지 않은 것을 아쉽게 생각하여 해외 사례들과 연구 논문들을 통해 실제 DAO가 걸어온 길과 앞으로 나아가야 하는 방향에 대해 공부하고 이를 정리하고 분석했다.

이 책을 통해 대중들이 DAO의 기본 정의를 알고, DAO의 역할을 이해하고, 앞서 시도된 다양한 DAO의 사례들을 확인하여 스스로의 삶과 비즈니스에 적용할 수 있는 부분을 찾아 앞으로 수년 이내 반드시 찾아오게 될 DAO의 세상에 앞장서서 마음껏 유영할 수 있기를 바란다.

PART 1

조직의 미래
DAO란 무엇인가?

1
새로운 조직 구조의 등장
DAO의 출현

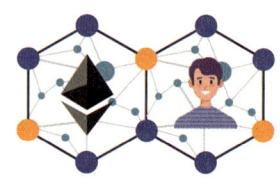

나는 지금 강원도 동해가 보이는 호텔에 있다. 회사에서 긴 휴가를 받거나, 회사를 그만두고 받은 퇴직금을 이용해 긴 여행을 떠난 것은 물론 아니다. 나는 현재 3개의 직업을 가지고 있다. 마케터, 편집자, 강연가. 이 중 마케터와 편집자는 소속된 회사가 있는 회사원에 불과하지만 당초 회사와 계약한 대로 월요일 수요일은 마케터로써 강남에 있는 회사로 출근하고, 화요일 목요일 금요일은 편집자로써 마포에 있는 회사로 출근한다. 다양한 직업으로 살아간다는 사실이 지금 세상에 엄청나게 특별한 일은 아니지만 성공적으로 유지하고 있는 사례가 많지는 않은지 강연 요청이 많이 들어와서 주말과 쉬는 날을 이용해 전국을 돌며 강연도 하고 있다. 20대 초반막 사회생활을 시작했을 때는 하나의 회사에 충성하며, 경력을 쌓는 것이 최선이었는데 세상이 많이 바뀌었다. 나는 다행히 한 회사에서 비슷한 일을 하는 것이 성미에 맞지 않아 이것저것 알아보다 보니 다양한 일을 할 수 있게 되었지만, 때때로 이 순간이 꿈인 것 같다는 생각을 한다...라고 이야기를 마무리 지으면 좋을 테지만, 아쉽게도 위 이야기는 내가 꿈꾸고 있는 상상 속 이야기이다. 하지만 마냥 꿈으로 치부할 수 없는 까닭은 실제로 위와 같은 삶을 살고 있는 사람들이 있기 때문이다.

스마트폰의 등장과 디지털 노마드

2012년, 스마트폰이 본격적으로 상용화됨과 동시에 '디지털 노마드'라는 용어가 함께 언급되었다. '노마드'Nomad는 프랑스의 철학자 들뢰즈Gills Deleuze가 『차이와 반복』에서 현대사회를 설명하는 개념이다.[1] 이는 사람들이 공간적인 이동뿐 아니라 특정한 삶의 방식에 매달리지 않는다는 의미이다. 이 개념을 도입해서 프랑스의 미래학자 자크 아탈리^{Jacques Attali} 또한 인류의 문명사를 유목민의 시각으로, 하이퍼 노마드^{Hyper Nomad}라는 신조어를 사용해 미래 사회를 이끌어 갈 사람들의 유형에 대해서 설명했다.[2]

스마트폰이 상용화되기 전인 2007년 미래학자들이 예측했던 일들이 15년이 지난 지금 '디지털 노마드^{Digital Nomad}'라는 형태로 사회에 자리 잡고 있다. 디지털 노마드란 간단하게 말해 디지털 장비만 가지고 있으면 어디든 자유롭게 이동하며 일을 할 수 있는 사람을 뜻한다. 그들은 원하는 장소와 시간에 자유롭게 일하면서 자신의 삶을 영위하고 커리어를 쌓고 있다.

새로운 유형의 Work Life 등장

디지털 노마드 족은 점차 늘어나고 있다. 현재 사회에서 활동하고 있는 직장인들의 30%는 비대면 재택근무를 한 잠재적 디지털 노마드 족이라고 한다.[3] 《메타^{(구) 페이스북}》는 5년 이내에 전 직원의 절반이 재택근무하는 디지털 노마드 근무 환경을 목표로 한다고 밝혔으며 《에어비앤비^{Airbnb}》는 노마드 라이프 스타일을 장려하며 그들의

숙박비를 지원해주는 '에어비앤비와 함께 어디든 살아보기' 프로그램을 공개하기도 했다.[4]

세계 각국의 디지털 노마드 유치 전쟁 또한 치열하다. 우수한 디지털 노마드를 적극 유치하고 소비경제를 일으키기 위한 노력이다. 두바이 정부는 원격 근무 비자를 발급해 자국 내에 사업장이 없어도 일 년간 거주할 수 있도록 허가하며, 소득세 감면 혜택까지 주었다. 포르투갈 정부는 외국인을 위한 디지털 노마드 빌리지를 발 빠르게 만들었고, 그리스는 국외에서 새로 진입하는 디지털 노마드에게 소득세 50% 감면 혜택을 주는 법안을 통과시키며 그들을 적극 지지하고 있다.[5]

에어비앤비는 노마드 라이프를 꿈꾸는 사람들을 위해 1년간 숙박비를 지원하는 프로그램을 선보였다.

출처 : 에어비앤비 홈페이지

디지털 노마드에게 전통적인 모든 것은 더는 중요하지 않다. 즉

고도로 경직화된 근대사회의 규율은 이들에게 아무 의미가 없으며, 따라서 뉴노멀에 맞는 유연한 제도의 보완이 시급하다는 얘기다. 근대사회가 만든 대부분의 규율은 통치자 혹은 제공자 중심으로 만들어졌다. 정치·비즈니스·교육·사회복지 등 영역에서 국민·소비자·수혜자의 관점은 거의 배제되어 있었다. 학교 출석과 직장 출근 등 물리적 규율은 디지털 노마드 시대에 그다지 중요하지 않다. 전통적 공간 개념을 초월해서 일의 효율성을 추구할 수 있고, 또한 개인과 가정의 행복 추구의 가치를 훨씬 더 중시하는 시대에 우리는 살고 있다.

초단기 근로자
긱워커&긱이코노미

　직장보다 직업이 중요해졌다. 디지털 노마드 문화가 정착되어가며, 회사가 더 이상 미래를 책임져주지 않는다는 말은 정설이 되었고, 기업들 또한 바뀌고 있는 사회 현상에 서둘러 적응을 하기 시작했다.
　기업의 고용은 비용과 직결된다. 실적이 나빠도 미래 수주를 감안해 해고 없이 품고 있던 고용보장 시대는 끝났다. 전성기 때 10%

의 잉여고용^{사내 실업}은 허용됐지만 더는 아니다. 성과 없는 고용은 없다. 많은 기업들은 기존의 구조를 뒤엎고 파격적으로 젊은 임원들을 등용하며 세대 교체를 진행하고 있다.[6]

덩치가 큰 기업들조차 빠르게 변화를 장려하는 이 시대에 개인들은 더 빠르고 파격적으로 변화할 수밖에 없다. 임시직이라는 단어 긱^{gig}과 노동자^{worker}를 합친 초단기 근로자, 긱워커^{gig-worker}의 인식이 점점 좋아지고 있는 이유다.[7]

2021년 11월에 진행한 설문조사에 의하면, 성인남녀의 60%는 긱워커로 일할 의향이 있다는 긍정적인 의견을 보였다.

출처 : 사람인

긱워커는 비정규직 근로자와 유사해 보이지만 차별점이 있다. 긱워커는 자발적으로 계약직을 희망하는 사람들이라는 것이다. 또한 긱워커의 다수가 디자인, 개발 등 전문직이라는 점은 그들이 자신의 실력으로 정당한 대가를 받고 자유롭게 일하겠다는 의지를 보여주는 부분이다. 긱 이코노미$^{gig\ economy}$ 시장은 지속적으로 성장하여 2025년에는 이들이 창출하는 부가가치가 어마어마할 것으로 전망된다.[8]

고정적인 일자리가 아닌, 시간이 날 때마다 자유롭게 일할 수 있는 플랫폼과 직업이 늘어나고 있다.

출처 : 배달의민족, 크몽, 쿠팡

주식회사를 대체할
새로운 조직 구조

사회 구조의 근간이었던 노동 구조가 급격하게 바뀌며, 기존의 조직의 구조가 들썩이게 되었고 지금껏 주목받지 못했던 문제점들이 드러나기 시작했다. 그중 가장 중요한 문제점으로 떠오른 것은 주식회사의 실제 가치를 높이는 구성원들이 그 상승분만큼의 분배를 받지 못한다는 사실이다. 자본주의라는 명목 앞에서 지금껏 묵인되어 온 사실이지만, 이제는 사람들이 본질적으로 수직적이고 중앙 지배적인 구조에 물음표를 던지기 시작했다.

1) 회사와 직원의 관계
직장인으로서 한 직장에 머무르면서 월급을 받는 것만으로 집을 마련한다는 보장도 없고, 회사가 더 이상 자신을 책임져 주지 않는다는 사실을 깨닫기 시작하며 사람들은 N잡, 긱워커등 대안책을 세우기 시작했다. 위와 같은 현실은 지금까지의 구조가 비생산적이라는 것을 보여주는 반증이다.

2) 플랫폼과 크리에이터의 관계
크리에이터는 지금까지 자신의 콘텐츠를 해당 플랫폼에 올리며 수익을 얻을 수 있는 구조를 수용하고 있었지만, 플랫폼이 크리에이터와 사용자들 덕분에 큰 성장을 한 것에 비해, 실질적으로 크리에이터와 사용자들이 받는 보상은 현격히 적은 부분에 대한 문제점은 중앙집권적 구조에 대한 문제점으로 제기된다.

    많은 사람들이 위와 같이 당연시 해왔던 사항들을 문제점으로 인식하기 시작했고, 그 중 일부는 중앙집권적 구조에 대응하기 위한 방법을 찾기 시작했다.

2

탈중앙화된 자율 조직
DAO의 정의

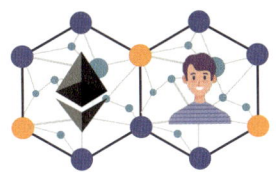

    2021년 11월 11일 온라인 줌^Zoom 에서 만난 사람들이 하나의 조직을 결성하게 된다. 이 조직의 목적은 오직 하나. 바로 11월 19일에 열리는 소더비^Sotheby's 경매에서 판매될 미국 헌법 초판을 확보하는 것이었다. 서로의 이름과 나이도 모르는 익명의 사람들이 오직 하나의 목표로 모인 이 조직은 7일 동안 무려 17,000여 명이 모여서 4,200만 달러^한화 약 500억 원 라는 어마어마한 금액을 모금하게 된다.[9] 이런 엄청난 성과에도 불구하고, 조직의 유일한 목적이었던 헌법

소더비 경매에서 진행된 미국 헌법 초판의 경매, 이 경매에 참가해서 헌법 초판을 낙찰받기 위해 모인 헌법 DAO는 7일 동안 500억이 넘는 금액을 모금하게 된다.

출처 : Forbes

초판을 낙찰받는 데에는 실패하지만, 이 사건은 암호화폐 시장의 역사에 남을 만큼 거대한 파장을 일으키게 된다. 이 조직의 이름은 바로 Constitution DAO^{이하, 헌법 DAO}라고 불린다.

헌법 DAO와 같이 중앙 관리자가 없는 새로운 조직의 방식은 비트코인이 금융 거래에서 중개인^{은행}을 없애는 데 성공한 이후로 지속적으로 언급되던 방식이다. 이를 기업과 조직에 적용시켜 수직적인 계층 구조 없이 기능하게 만든 것이 바로 DAO이다.

DAO는 중앙 관리자 없이 모두가 동등하거나 비슷한 권한과 책임을 가지고 있어야 한다. 그러나 오랫동안 이어져 왔던 중앙화 커뮤니티를 한순간에 버리기는 어려우며, 강력한 리더가 있는 조직이 성장 속도가 빠른 것도 사실이다. 하지만 그럼에도 불구하고 리더 한 사람에 의해서 조직의 운명이 좌우되는 중앙화 방식은 문제점 또한 많다.[10] 지금부터 강력한 소수가 지배하는 중앙화를 벗어나 구성원 전체가 주인이 되는 조직을 꿈꾸는 DAO에 대해 좀 더 자세히 알아보도록 하자.

DAO = 탈중앙화된 자율 조직

DAO는 'Decentralized Autonomous Organization'의 약어로서 그대로 직역하면, '탈중앙화된 자율 조직'이라는 뜻이다. 탈중앙화되었다는 것은 중앙에서 관리하는 주체가 없다는 뜻으로 DAO는 개인들의 자율적인 투표와 의사결정으로 운영된다. 특히 블록체인 기술을 통해 상호 간에 합의된 '스마트 콘트랙트Smart Contract'를 기반으로 의사결정과 거버넌스의 효율성과 신뢰성을 끌어올린다.

일반적인 조직은 수직 체계이기 때문에 관리와 통제로 인해 자율적으로 의사결정을 내리기 어려운 구조다. 예를 들어 회사에서 상사가 내리는 지시를 사원이 어기기는 어렵다. 반면 DAO는 정해진 규칙에 따라 투명하게 의사결정이 이루어지기 때문에 자율적으

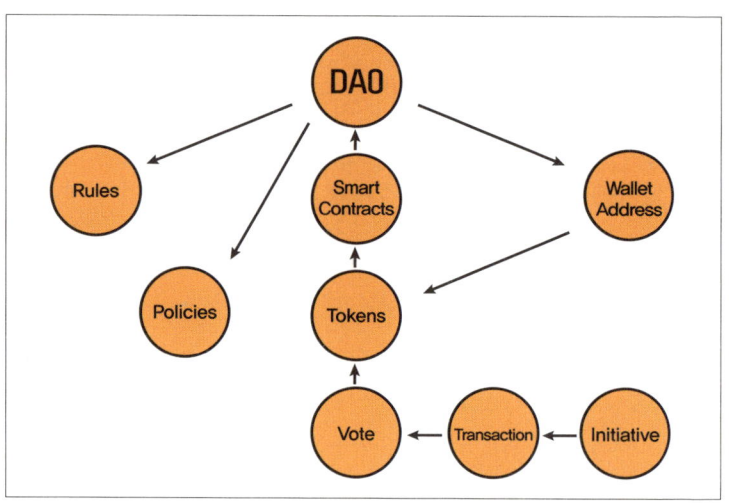

DAO의 작동원리 – DAO는 블록체인을 기반으로 한 자율조직으로 조직 또는 단체에 필요한 규칙을 블록체인 상의 코드로 구현한 다음 이를 중심으로 네트워킹을 진행한다.

로 의사를 결정할 수 있다.

　DAO는 기본적으로 의사결정에 토큰^{Token}을 활용한다. DAO에서 토큰은 모든 참여자의 권리를 나타내는 목적으로 사용된다. 특정 시점에 진행되는 의사결정에 자신의 지분만큼 권리를 행사할 수 있는 것이다. 마찬가지로 조직에서 수익이 발생했을 때, 참여도와 토큰의 비율로 수익을 배분 받을 수 있다. 이러한 과정은 모두 스마트 콘트랙트를 기반으로 계획되고 실행된다.

　웹 3.0 내에서 DAO의 핵심은 '자율성^{Autonomous}'이다. DAO는 누군가 시키는 대로 따르는 것이 아니라 구성원이 직접 조직의 방향을 결정한다. 이는 시스템을 개인이 직접 제안할 수 있는 환경이 조성된 것이며, 대단히 혁신적인 방법이다.

DAO의 핵심은 기술을 통해 권력을 중앙이 아닌 참여한 사람들에게 부여하고 경제적인 인센티브를 약속함으로써 동기를 부여해 누구나 자율적으로 조직에 참여할 수 있게 만드는 것이다.

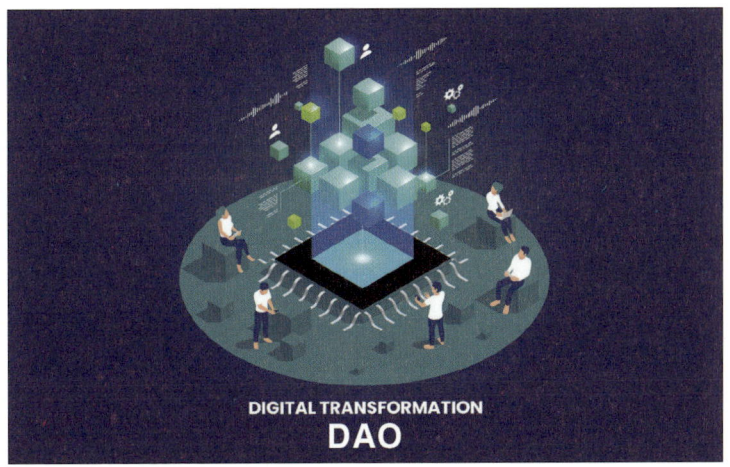

"기술을 통해 권력을 중앙이 아닌 참여한 사람들에게 부여하는 구조"는 DAO의 핵심이다.

출처 : freepik

기존 기업의 한계

우리가 일반적으로 알고 있는 기업, 주식회사 역시 특정 목표를 공유하는 사람들이 모여 만든 그룹 즉, 조직이라는 점에서 DAO와 본질적으로 닿아 있다. 기업의 경우, 목적을 달성하기 위해 주주들은 이사회에 투표하고, 이사회는 회사를 운영할 임원을 선출하고, 임원들은 회사 전반의 운영과 장기적인 비전에 대한 의사 결정을 내린다. 이처럼 기업은 계층 구조로 하향식으로 운영된다.

그에 반해 DAO는 수평적인 조직이다. DAO의 토큰 보유자는 누구나 커뮤니티에 영향을 미칠 제안에 대한 투표권을 가지며, 주요 안건은 반드시 커뮤니티를 통해 민주적인 투표 절차에 의해 다수결로 진행된다. 투표의 전과정은 블록체인에 기록되어 누구나 확인할 수 있다. 이는 최대주주가 전적인 운영과 의사결정 권한을 갖고, 소액 주주들의 영향력은 제한적인 '기업'과 대조되는 DAO만의 특징이다. 또한 DAO에서의 업무 흐름은 수평적인 형태로 작동하며, DAO 커뮤니티의 누구든지 새로운 제안을 할 수 있다.

DAO는 자체 커뮤니티 금고인 트레저리^{Treasury}를 보유하고 있다. 트레저리라 불리는 이 자본금 덕분에 DAO는 구성원들의 투표로 아이디어를 선정하여 실제 실행으로 옮길 수 있게 된다. 여러 관점에서, DAO의 이런 매커니즘은 일반 기업이 그들의 주주에 대한 의

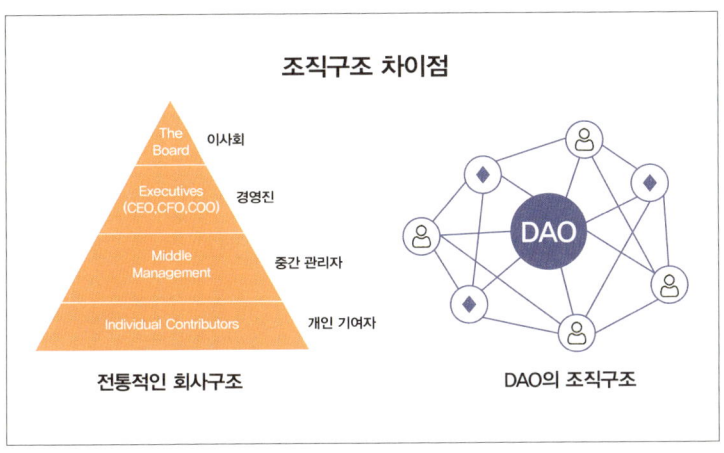

기존 기업은 수직적인 계층 구조를 취하는 것에 비해, DAO는 개인이 결정권을 가질 수 있는 구조로 구성되어 있다.

무를 다하고 사업을 성장시키기 위해 이익을 재투자하는 형태와 닮아 있다. DAO가 현실성을 갖게 된 이유는 이더리움^{ETH}와 같은 블록체인의 스마트 콘트랙트가 가능하게 된 기술적 혁신 덕분이다.

    기업의 전략과 정책은 상당히 불투명한 것에 반해, DAO는 개방적이고 투명하다. 재정 감사를 받는 상장 기업조차도 그저 그들의 주주에게 분기에 한 번, 혹은 정기적인 수준으로만 업데이트를 할 의무가 있을 뿐이고, 재무 정보 역시 결국 그 정보가 만들어진 순간을 포착한 것에 불과하다.

    몇몇 기업들은 이러한 분식회계^{회사의 실적을 좋게 보이기 위해 장부를 조작하는 것}를 통해 주주들을 속이려 해왔다.[11] 이런 일반적인 기업 정보 보고의

PART 1. 조직의 미래, DAO란 무엇인가? | 029

폐쇄성은 악의적 행위자에 의해 교란될 여지를 남기며, 결국 역사적으로 주주들과 기업의 갈등을 불러일으켰다. 잠재적인 사기의 가능성, 투명성의 부족, 소주주들에 대한 제한된 참여 기회 등은 다양한 한계 중 일부에 불과하다. DAO는 이 같은 기존 기업의 낡은 구조에서 채우지 못한 공백을 채우기 위한 방안으로 제시되었다.

기존 기업과 DAO의 근본적인 차이

기존 기업과 DAO 간에 차이점은 명백히 존재한다. 기존 기업은 벤처캐피탈 투자금, 기업 공개, 크라우드 펀딩 등 기관을 거쳐 자금을 조달하는 반면, DAO는 블록체인 기술을 활용해 개인으로부터 자금을 조달한다. 또한 기업의 주인은 주주지만, 일반 주주들이 기업의 일상적 의사결정에 참여하지는 않는다. 주주총회에서 CEO와 임원진을 정하면 이들이 일상적 의사결정을 진행하는 방식이다. 중요한 안건을 결정하는 CEO를 정점으로 수직적 관계에서 조직이 구성되는 것이 기존 기업의 특징이라고 할 수 있다.

그러나 DAO는 CEO도, 임원도 없다. 토큰 보유자가 기업 구성원이자 고객이며 이해관계자이기 때문에 DAO의 조직은 수평적으로 움직인다. DAO 역시 기존 기업[1주당 1투표권]과 마찬가지로 1토큰당 1투표권을 제공하는 것이 일반적이다.[12]

그러나 두 조직의 자금 운용 방식은 서로 다른 형태를 지닌다. 일반 기업이 자본금을 쌓고 재무제표로 자산을 관리하는 반면 DAO는 DAO 트레저리[DAO 자체 금고]를 활용하여 자금을 모으고 운영을 위해 활용한다. DAO에서 어떠한 프로젝트를 실행하기로 결정하면 트레저리에서 프로젝트의 주소로 가상 자산이 입금된다. 이 과정은 모두 스마트 콘트랙트로 이루어지며 투명하게 공개된다.

기업은 자신들이 부정함 없이 자금을 운용하고 있다는 사실을 알리기 위해 회계 감사를 받는다. 반면 DAO는 모든 활동과 거래 내용 전부를 블록체인에 기록한다. 블록체인 기록은 누구에게나 투명하게 공개되기 때문에 DAO의 신뢰성이 높을 수밖에 없다.

DAO는 수평적인 구조와 높은 투명성, 자율적인 운영방식, 공평한 방식의 수익 분배 등을 장점으로 내세워 기존 기업의 주주 자본주의에서 참여자 자본주의로 지배 구조의 혁명을 시도하고 있다.

주요 구성	기업	DAO
조직 구조	수직적(중앙화)	수평적(탈중앙화)
소유권	주식 보유 기준	토큰 보유 기준
의사 결정	주주결정	DAO 구성원 투표
규칙	문서화	스마트 콘트랙트
자금 운용	자본금, 재무재표	트레저리, 스마트 콘트랙트
투명성	회계 감사	블록체인

기존 기업과 DAO의 차이점

DAO의 가능성

DAO는 기업과 달리 블록체인 기술을 활용해 자금 흐름과 거버넌스를 관리하며, 이는 일반적으로 DAO가 발행한 토큰에 의해 촉진된다. DAO와 암호화폐가 가진 무경계성, 3자 신용의 불필요성, 탈중앙성 등의 특성은 암호화폐 지갑$^{Crypto\ Wallet}$만 있다면 누구나 DAO에 참여할 수 있게 해주며, 기업보다 훨씬 투명한 감사 환경을 제공한다.

DAO는 기업의 운영 절차에서 발생하는 행정 부담 없이 인력과 자본이 조직되는 방식을 재창조할 수 있는 민첩함을 갖고 있다. 또한 DAO의 참여자들은 분기별로 발표되는 재무 정보의 공시를 기다릴 필요 없이 웹사이트를 통해 실시간 현황을 열람하거나, 블록체인을 통해 직접 DAO의 활동을 확인할 수 있다. 또한 미 증권협회SEC, Securities and Exchange Commission 공시 일정에 맞출 필요 없이 언제든 단체 통화나 화상 회의를 열 수 있으며, 이메일이나 우편으로 소통하는 대신 디스코드Discord, 텔레그램Telegram, 트위터Twitter와 같은 웹 도구를 사용하여 빠르고 쉽게 의견을 나눌 수 있다. 블록체인 기술 덕에 참여자들의 위임투표 역시 언제든 즉시 가능하고, 항상 추적이 가능하다. 이처럼, DAO는 아직 대중의 조직화 방식의 틀을 깨는 초기 단계에 있음에도 아주 명백한 강점을 갖고 있으며, 추가적으로 더 많은 혁신을 주도할 것으로 기대된다.

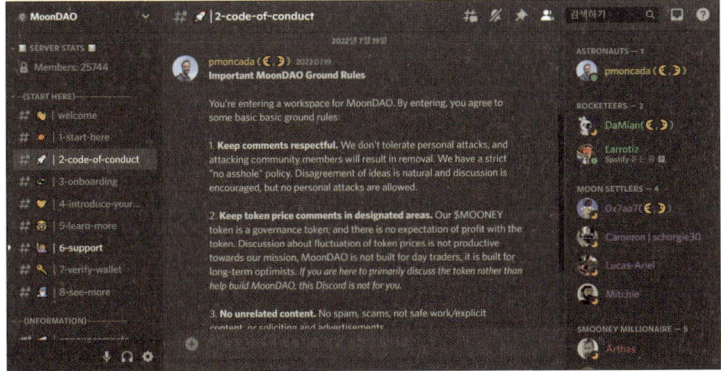

DAO는 시간과 물리적 제약 없이 디스코드에서 자유롭게 의견을 나누며 회의를 진행할 수 있다.

출처 : Moon DAO 디스코드

DAO의 작동 방식

DAO는 기본적으로 스마트 콘트랙트 기술을 통해 규칙을 설정하고 자금 조달 및 이익배분 구조를 설계한 후 구현해 내는 방식이다. 좀 더 구체적으로 설명하자면 시스템의 작동을 위해 지켜야 할 일련의 규칙을 만드는 과정이라 할 수 있다. 이러한 규칙들은 스마트 콘트랙트로 인코딩^{Encoding} 되는데, 이는 본질적으로 컴퓨터 프로그램으로서 인터넷상에 존재하지만 스마트 콘트랙트의 규칙은 사람이 정해야 한다.

규칙이 정해지고 나면 DAO는 자금 조달 단계로 들어가게 되며, 이것은 매우 중요한 부분이 된다. DAO는 일종의 내부 재산, 즉 조직에서 지출하거나 조직 내의 특정 활동에 대한 보상으로 사용할 수 있는 토큰이 있어야 하며 토큰은 DAO의 지분이자 투표권의 역할을 한다. 사용자는 DAO에 투자함으로써 토큰(투표권)을 갖게 되고 이를 활용해 운영 방식에 영향을 미칠 수 있게 된다. 자금조달 기간이 끝나고 DAO가 배치되면 스마트 콘트랙트로 인해 완전 자율화된다. 독립적인 조직이 되는 것이다. 또한 DAO는 기본적으로 오픈 소스이기 때문에 코드는 누구나 볼 수 있으며, 모든 규칙과 금융 거래는 블록체인에 기록된다. 따라서 DAO는 투명하고 독단적인 규칙 변경이 어려우며 부패되기 힘든 구조를 가지게 된다.

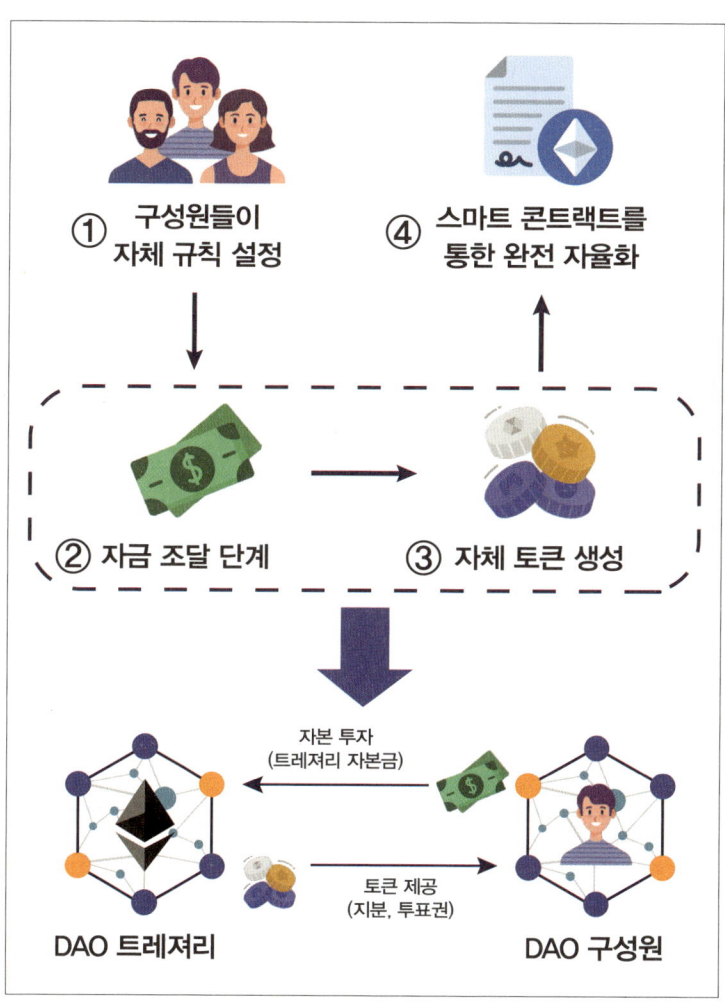

DAO는 크게 네 가지 단계를 거쳐 생성된다. 특히 자금을 조달하는 과정과 토큰을 생성하여 거버넌스를 구축하는 일은 DAO의 핵심이라고 할 수 있다.

DAO의 작동

DAO가 작동하면 트레저리에 보관된 자금의 사용처와 방법에 대한 모든 결정이 사용자들의 합의를 통해 이루어지게 된다. DAO의 지분을 구매한(토큰을 보유한) 모든 이들이 DAO의 미래에 관하여 제안할 수 있게 된다는 뜻이다. 그러나 네트워크가 너무 많은 제안으로 포화되는 것을 막기 위해, 제안을 하려면 일정 금액의 예금이 필요하도록 설정하는 경우도 있다.[13]

제안이 열리게 되면, 해당 DAO의 토큰을 보유한 모든 사용자는 해당 제안에 투표를 할 수 있게 된다. 제안에 대한 결정을 내리기 위해서는 투표자의 과반수가 이에 동의해야 하며, 투표율이 결정을 위한 큰 쟁점이 된다. 투표율의 기준은 DAO에 따라 달라질 수 있으며, 해당 사항은 DAO의 코드에 공개적으로 명시된다.

본질적으로 DAO를 통해 사람들은 자신의 자금을 전 세계 누구와도 교환할 수 있다. 이는 투자, 기부, 모금 등의 다양한 형태로 이루어질 수 있으며, 모든 과정이 중재자 없이 이루어질 수 있다.

다음 다이어그램은 외부 프로젝트 투자를 위해 모인 DAO가 어떻게 작동하는지에 대한 예시이다. 이 예시에서 참여자는 이더리움을 DAO의 스마트 콘트랙트에 예치하고, 그 대가로 DAO의 거버넌스 토큰을 받는다. 그 후 참여자는 거버넌스 토큰을 사용하여 DAO

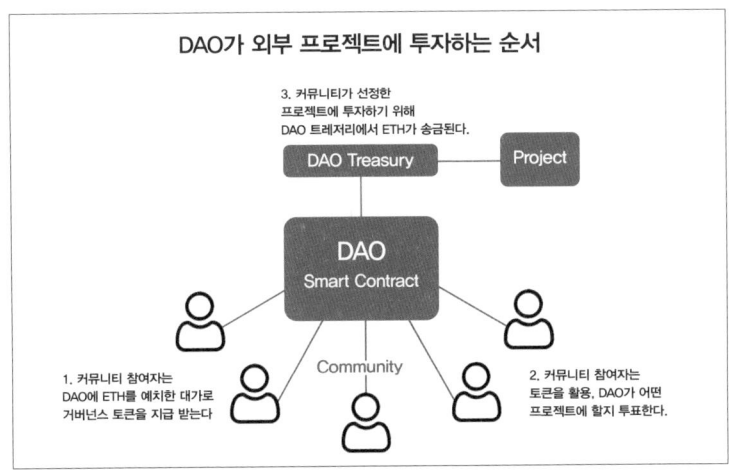

외부 프로젝트에 투자하기 위해 모인 DAO는 위와 같은 구조로 작동하게 된다.

커뮤니티에서 제안한 투자 아이디어에 투표할 수 있게 된다.

투표에서 통과한 제안은 DAO의 스마트 콘트랙트를 발동시켜, 트레저리에서 프로젝트의 주소로 이더리움이 송금되게 하여 프로젝트에 투자하게 되는 구조이다. 시간이 흘러 DAO의 투자 성과가 성공적으로 누적되어 사람들의 관심을 받게 되면, 결국 DAO 트레저리에 대한 권한의 일종인 거버넌스 토큰의 가격이 상승하게 되고, 이를 통해 토큰 보유자에게는 투자의 성과가 재분배된다.

3

가장 이상적인 조직 구조
DAO의 장점

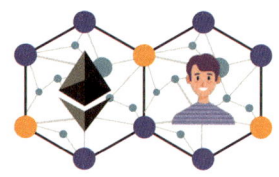

　DAO는 기존의 조직이 운영되는 방식을 완전히 뒤집었다. 이상적으로 구조화된 DAO는 모든 투자자들에게 조직을 구성할 기회를 준다. 수평적인 구조를 가지고 있기 때문에 다양한 아이디어를 누구라도 제안할 수 있으며, 조직 전체가 이를 고려할 수 있다. 사전에 작성된 규칙^{스마트 콘트랙트}은 모든 투자자들이 조직에 가입하기 전부터 알 수 있고, 투표를 통해 모든 것이 결정되는 구조이므로 분쟁이 쉽게 발생하지 않는다. 이처럼 극도로 수평적인 시스템은 DAO의 대표적인 장점이자 특징으로 제시할 수 있으나, 이외에도 DAO가 어떠한 이유로 2022년 트렌드로 주목받게 되었는지[14] 꼼꼼하게 살펴보자.

수평적인 구조 : 플랫폼 권한의 제한

웹 2.0의 시대에서 가장 문제점으로 지적된 부분은 플랫폼이 일정 규모 이상 성장하고 나면 사용자들은 플랫폼이 정한 서비스와 규칙을 강요받고, 정작 플랫폼 성장에 기여한 사용자에게는 플랫폼 성장의 성과가 합리적으로 공유되지 않는 구조적인 부분이다. 골목 상권 침해나 수수료의 적정성 문제 등 번번이 사회적 갈등이 발생했던 것은 이러한 이유 때문이었다. 예를 들어, 《배달의민족》이 갑자기 배달 수수료를 올린다든지, 《애플》이 앱스토어 제3자 결제를 막아버린다든지, 《페이스북》이 특정 콘텐츠를 금지를 시킨다든지 하는 강력한 정책을 펼친다면 사용자들은 무조건 따라야 하는 것이 지금까지의 현실이었다. 그러나 구조가 잘 짜인 DAO에서는 조직의 구성원이 의견을 낸 규칙을 각자가 보유하고 있는 지분(토큰)에 따라 투표권을 행사하여 민주적으로 규칙을 결정하게 된다.[15]

만약 DAO 내의 자본 상의 문제가 생겨서 수수료를 올려야 하는 이슈가 발생하더라도, 해당 DAO의 토큰^{거버넌스 토큰}을 가지고 있는 참여자들의 투표를 통해서 결정되는 구조를 가지게 되는 것이다. 이는 여태 플랫폼이 독점해왔던 권력을 실제 사용하는 사용자들에게 나누어 주는 혁명적인 구조이다.

토큰 생태계 :
수익의 공평한 분배

　DAO에서는 사용자가 이런 중요한 투표에 참여하는 것을 포함해, DAO 내 활동에 기여를 하면 인센티브가 주어진다. 일반적인 기업에서 주식을 발행하고 지분을 나누듯, DAO에서는 토큰을 발행하여 권한을 나눈다. DAO에서는 모두의 참여와 의사결정이 가장 중요하기 때문에 지속적으로 인센티브를 제공해 활동 동기를 부여해야 한다. 이를 위해서 초기 참여자들에게 토큰을 별도로 배정하기도 하고, 활동을 열심히 할수록 토큰을 추가로 받을 수 있는 구조를 만들어 커뮤니티 참여 동기를 지속적으로 부여한다.
　토큰은 기업의 지분보다 더 많은 사람들에게 자유롭게 인센티브를 제공할 수 있다는 장점이 있다. 기업의 지분이란 주식이라는 형태로 표현되어 직접적으로 일하고 있는 직원에게 분배되는 것이 아닌, 자본으로 구입해야 하는 구조로 되어 있다. 그러나 DAO의 토큰은 DAO의 생태계에서 영향을 주고 있는 사람들에게 직접적으로 인센티브를 제공하고, 권한을 부여할 수 있다. DAO를 구성하는 이해관계자들, 참여 유저들, 그리고 DAO의 구조 개발에 참여한 개발자들에게도 인센티브를 제공할 수 있다. 인센티브를 부여받은 참가자들을 계속해서 의사결정에 참여하게 함으로써 활발한 커뮤니티 분위기를 계속해서 유지할 수 있는 선순환을 구성하는 것이 DAO의 목표라고 할 수 있다.

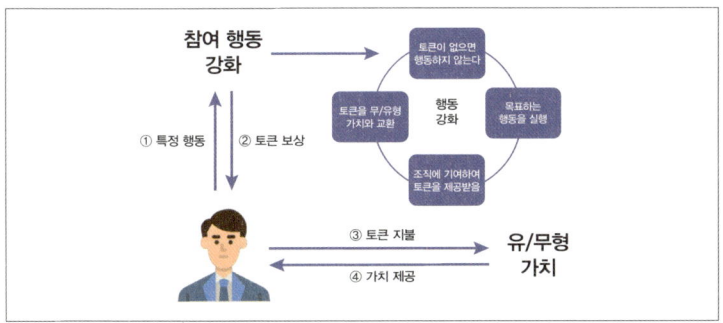

DAO는 토큰을 통해 사용자들에게 행동 강화에 대한 동기를 부여하며, 다양한 가치를 제공한다.

블록체인 :
신뢰할 수 있는 투명성

　블록체인 기술 활용의 가장 큰 장점은 제3자에 대한 신뢰를 기반으로 거래를 할 필요가 없다는 것이다. 모인 자금을 어디에 투자할지, 이를 어떻게 결정할지에 관한 규칙을 스마트 콘트랙트로 설정해 놓으면 해당 서비스를 직접 개발한 개발자일지라도 독단적으로 규칙을 바꿀 수 없게 된다. 기존 조직은 운영 주체가 위법 행위로 자금을 사용하면 사건이 일어난 후에 처벌하는 방법을 통해서 규칙을 준수하도록 하지만, 블록체인 기술을 기반으로 운영되는 스마트 컨트랙트는 규칙에 어긋난 행위를 실행하는 것 자체를 막게 된다.

　또한, DAO는 타 비즈니스 구조에 비해 이점이 많다. DAO는 자본 획득과 배포의 프로세스를 블록체인 기반의 투표 알고리즘으로 간소화할 수 있고, 그 덕분에 인간의 실수 가능성으로 인해 일어날 수 있는 문제에 빠르게 대응할 수 있다. 특히 중요한 이점은, DAO는 기존의 비즈니스 구조보다 더 다양한 이해 관계자를 포용할 수 있기 때문에 관리자 없이 더 많은 이들을 의사 결정에 참여 시킬 수 있다는 점이다. 또한, 구성원들이 동의해야만 사업이 진행될 수 있기 때문에, 구성원들은 결국 DAO의 이익과 자신의 이익을 위해 투표를 하게 된다. 구성원들의 합리적인 투표가 기대되는 이유다.

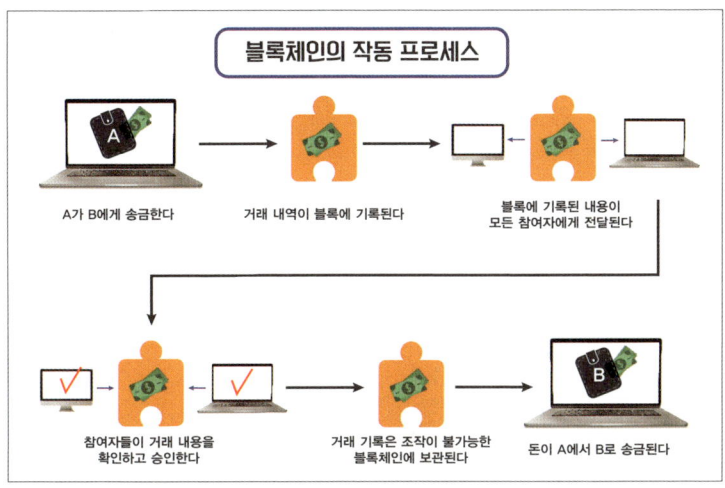

블록체인은 모든 거래를 기록함으로써 조작이 힘들고 투명한 거래를 하기 위해 활용되는 기술이다.

4
극초기 시장 기술의 한계
DAO의 단점

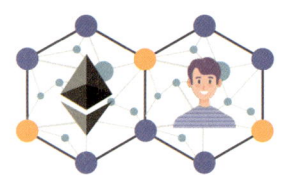

DAO의 종류는 점점 다양해지며, 역할도 광범위해지고 있다.[16] DAO는 웹 3.0에서 조직적 차원의 기틀이 되어 우리의 삶을 혁신적으로 바꿀 수 있게 도와줄 확률이 높다. 그러나 아직 DAO가 가야 할 길은 멀다. 새로운 기술을 핵심적으로 사용하는 만큼 새롭게 개념과 법을 정립해야 하는 부분도 많고, 대중들에게 진입 장벽이 높게 느껴지며 인프라가 부족하다는 사실은 계속해서 지적받고 있는 DAO의 대표적인 문제점이다.

법·규제적 명확성 부족 : 정립되지 않은 DAO의 포지션

　DAO의 문제점을 제기할 때 첫 번째로 지적되는 부분은, DAO의 '법적인 위치'가 아직 명확하지 않다는 점이다. 아직 법으로써 규제의 범위나 토큰을 발행하며 발생하는 수익의 세금 문제 등이 정해지지 않았고, DAO가 사업을 진행하는 경우 법인으로 인정해야 하는지도 불명확하다.

　기업은 항상 특정 지역에서 시작되었고, 도시와 국가에 의해 생존권이 부여되었다. 지역의 자치단체들은 항상 그들의 관할 구역에 있는 기업들이 지켜야 할 규칙들을 정해왔다. 하지만 DAO는 특정한 장소에 귀속되지 않고 자유롭게 운영되는 조직이기 때문에 기존의 규제 방식이 통하지 않는다.

　기업이 설립되는 과정과 규칙이 어느 정도 정립된 현 상태에서, DAO는 온갖 종류의 까다로운 규제 및 법적 문제와 싸워야 한다. 'DAO 토큰과 재무 활동에 대한 세금은 어떻게 처리되어야 할까?' 'DAO 멤버들에게 지급되는 수입은 어떻게 보고 되어야 할까?'

　이러한 불확실한 상황 속에서도 국외에서는 최근 마셜 제도에서 DAO를 하나의 법인으로 인정한 사례가 등장[17]했으며, 미국에서도 적극적으로 DAO를 지원하는 분위기이다. 이런 추세를 통해 우리

나라도 점차 DAO를 인정하고 대중화하는 과정으로 나아갈 것이라 믿는다.

2022년 2월 15일 마셜 제도가 DAO를 법인으로 인정한다고 공식 발표했다. 국가 차원에서 DAO를 법인으로 인정한 것은 마셜 제도가 최초이다.   출처 : 구글 이미지

모순된 민주주의

　　DAO 내에 대부분의 의사 결정은 투표로 이루어지며, 최소 투표 수가 채워지지 않으면 해당 건은 무효 처리가 된다. 이는 매우 민주적인 과정을 거치는 것처럼 보인다. 그러나 자세한 내용을 살펴보면 의문점이 존재한다.

모두에게 권한을 준다는 말은, 책임 또한 분산된다는 뜻이다. 적극적으로 DAO의 생태계에 관심을 가지는 참여자라면 투표에 참여하겠지만, DAO 토큰의 단기 시세차익을 노리는 투자자라면 투표에 참여하지 않은 확률이 존재한다. DAO의 토큰^{거버넌스 토큰}을 가지고 있는 모두에게 의사결정에 참여할 수 있는 권한을 주는 것이 DAO의 핵심 중 하나이지만, 그만큼 책임감이 분산되고 그로 인해 소수 발의자에 의해 결정이 좌지우지될 수 있는 가능성이 존재한다.

또한, DAO는 토큰 하나당 투표권 하나를 제공하는 것을 기본으로 하는데, 바꿔 말하면 부자(돈으로 많은 토큰을 구입한 자)에게는 10표를 주고, 가난한 자(토큰을 많이 보유하지 못한 자)에게는 0.5표를 주겠다는 뜻이 될 수도 있다. 실제로 미국 헌법 사본을 낙찰받기 위해 결성된 헌법 DAO의 참가자 상위 1%가 전체 토큰의 66%를 보유하고 있다는 자료가 공개되며, DAO의 민주주의에 대한 근본적인 의문점이 제기되기도 했다.

비효율성
지나친 의사결정 비용

DAO에서는 대부분의 의사 결정을 참여자들의 투표를 통해 결정한다는 말을 반복해서 강조했다. 모든 참여자의 의견을 듣고 취합하여 민주적으로 결정하겠다는 원대한 이상은, 참여 인원이 많아질수록 시간과 비용이 기하급수적으로 많이 필요하다는 현실에 부딪히게 된다.

많은 참가자들의 의견을 전부 모으는 것이 불가능하다는 점은 조직과 기업이 왜 중앙화가 되었는지와 직결되는 문제이다. 참가자들이 많아지면 다양한 의견이 존재하게 되고, 이는 공동체 안에서 그룹이 나눠지며, 결국 의사결정이 늦어진다는 뜻이다. 또한, 참가자들이 이기적으로 행동하게 될 가능성도 생긴다. 어떤 참가자들은 DAO의 생태계보다 DAO 토큰의 가격이 더 중요할 수 있다. 그렇기 때문에 한 번에 많은 토큰을 구매해 의사결정에 강력한 힘을 발휘해 자신들이 원하는 대로 규칙을 바꿀 수도 있다는 리스크가 존재한다. 주식회사는 그걸 방지하고자 베스팅^{Vesting}이라는 옵션을 두기도 하는데, DAO에서도 이러한 옵션을 만들고 실행시켜야 한다.

구성원들에게 권한을 주어도 DAO 참여자들의 투표율이 저조하다는 것 또한 문제점으로 지적된다. 금 연동 암호화폐 프로젝트인 디직스^{Digix} DAO는, 해당 DAO의 토큰을 가진 참여자들이 직접 토큰 소멸을 결정해 화제가 되기도 했다. 그러나 이 결정은 참여자들의 투표율 저조로 고작 0.5%의 투표율로 통과된 결정이었다.[18] 디직스 DAO의 사례 이외에도 투표율이 저조해 재투표를 진행하는 경우가 DAO에서 빈번하게 나타난다.

디직스 DAO 토큰을 보유하고 있는 지갑의 수는 11,000개이지만 토큰을 없애는 안건은 58표로 통과되어 토큰이 소멸되었다.
출처 : Digix DAO

    이런 한계를 극복하기 위한 시도는 계속 진행되고 있다. 비효율성을 해결하기 위한 시도 중 하나가 배심원 제도의 도입이다. DAO를 구성할 수 있는 플랫폼인 아라곤^{Aragon}은, 2020년부터 DAO에 배심원 제도를 도입해 참여자들에게 투표를 장려하고 있다. 아라곤 배심원 제도에 사용되는 ANJ 토큰을 1만 개 이상 보유하고 있는 홀더들은 누구나 배심원으로 신청할 수 있다. 이 중 세명을 선정하여 배심원의 권한을 주고, 배심원들은 특정 사안을 결정할 수 있는 권한을 가진다. 이때 다수 의견(채택된 방안)에 표를 던진 배심원은 소수 의견(채택되지 않은 방안)에 투표한 배심원의 토큰을 갖게 된다. 투표 참여에 따른 보상 외 추가 이득을 얻을 수 있기 때문에 투표율이 올라갈 수 있다. 또 배심원 선정 기준이, 일정 조건을 만족하면 랜덤으로 선정되는 시스템이라 단순히 토큰 보유량에 따라 투표권을 부여하는 시스템에 비해 형평성이 좋다. 블록체인 업계 관계자는 아라곤 사례에 대해 "단순 토큰 홀더 투표 시스템으로는 해결하기 어려운 사안이 나왔을 때 좀 더 효율적으로 해결할 수 있는 절충안"이라고 평가했다.[19]

배심원 시스템은 DAO의 낮은 투표율을 극복하기 위해 채택한 제도이다.

출처 : freepik

이처럼 DAO는 현재 초기 단계로 수많은 실패와 실험 과정을 거치며, 발전하고 있다. 블록체인 관계자들은 DAO를 한시적인 유행이 아닌 시대의 흐름이라고 예측했다. "DAO는 이제 막 시작 단계"라며 "해외나 국내에서 DAO는 계속 생겨날 것"이라고 전망했다. 특히 윤석빈 서강대학교 지능형 블록체인 연구센터 교수는 "탈중앙화는 시대의 흐름"이라고 이야기하며 동시에, "DAO 같은 경우 아직 초기 단계이기 때문에 검증이 덜 되어 있다. 기여한 만큼 보상받는 프로토콜 경제가 시작되었다."라는 말을 남겼다.[20]

높은 차원의 기술 활용과 이상적인 새로운 조직 구조의 형태로 많은 주목을 받고 있지만, 여전히 극초기 생태계로 분류되는 DAO의 시작과 역사를 다음 장에서 살펴보겠다.

5
짧지만 강렬한 10년의 기록
DAO의 역사

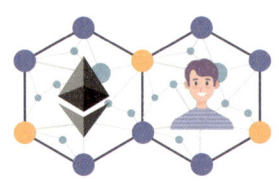

2013년 한 온라인 커뮤니티 게시판에 선생님과 학생의 짧은 대화가 담긴 글이 게시되었다.

학생 : 선생님 역사는 왜 배우는 거예요?

선생님 : (꿀밤) 배워야지

학생 : 아! 왜 때려요!!

선생님 : (꿀밤) 어쭈 이것 봐라 피했네

학생 : 아 왜 자꾸 때려요 역사는 왜 배우냐니까요!

선생님 : 네가 나한테 맞았던 걸 기억하지 못했다면, 두 번째로 때렸을 때 피할 수 있었을까?

이 짧은 글은 우리가 역사를 공부해야 하는 이유를 대변해 준다. 역사를 알아야 하는 이유는 숱한 비극과 시련과 문제를 해결하기 위한 당대인들의 노력과 그 결과를 배움으로써 비슷한 사건이 터졌을 때 의연하게 대처하기 위한 방법을 배우기 위함이다.

DAO의 역사는 10년이 채 되지 않는 것으로 알려져 있지만, 그 과정에 있었던 사건들은 결코 가볍지 않다. DAO는 미래에 더 보편적으로 사용되는 조직구조가 될 확률이 높다. 여전히 극초기 시장으로 분류되는 DAO의 구조를 활용하며 다양한 변수가 생겼을 때, 허둥대지 않고 침착하게 문제를 해결하기 위해 DAO의 역사를 살펴보도록 하자.

DAO의 전신 DAC의 등장

DAO의 전신은 DAC$^{\text{Decentralized Autonomous Company}}$에 있다. DAC는 스팀^{Steem} 코인과 이오스$^{\text{EOS, Eosio}}$ 코인의 창립자인 댄 라리머$^{\text{Dan Larimer}}$가 2013년 9월 최초로 아버지와 대화를 나누면서 탄생되었다.

새로운 개념이었던 DAC의 의미에 대해서 살펴보자면 탈중앙화^{Decentralized}를 빼놓고 논의할 수 없다. 기존 사회는 신뢰와 속도를 위해 조직, 기업, 단체 등을 세워 중앙 집중화^{Centralized}전략을 취하는 것이 대부분이었다. 그러나 블록체인 기술이 활용되며 중앙 집중화 구조를 벗어나서도 신뢰와 속도를 얻을 수 있게 되었다.

다음으로는 자율화^{Autonomous}가 있다. 여기서 자율화는 크게 두 가지 의미로 나뉘게 된다. 첫 번째는 인간의 자율화이다. 이는 중앙화된 시스템 없이 개인들의 자율적인 제안과 투표를 통해 운영되는 것을 뜻한다. 두 번째는 인간이 개입할 수 없는 규칙$^{\text{스마트 콘트랙트}}$하에 운영되는 자율화를 의미한다.

마지막은 회사^{Company}를 뜻한다. 처음 DAC라는 개념이 나왔을 때는 회사 운영의 구조로만 생각했기 때문이다. 그러나 기존 기업들과 다르게 조직 구조를 없애고 주식을 암호화폐로 만들어 모든 것을 공개적으로 운영하는 DAC의 구조는 기업 입장에서 많은 리스크를 가지게 되었다. 이익을 목적으로 하는 기업의 특성상 경쟁사와 정보를 공유할 수 없는 부분이 많은데, 모든 것을 공개한다는 DAC 구조는 현실적으로 힘든 일이기 때문이다.

    DAC가 구조적으로 한계에 부딪히자 2015년 비탈릭 부테린^{Vitalik Buterin}이 DAO라는 새로운 용어를 탄생시켰다. DAO는 회사 대신 조직^{Organization}이라는 더 넓은 의미를 차용하며 개념을 확장시켰다. 이로써 DAO는 돈을 벌기 위한 목적^{회사}이 아닌 공동의 목적만 있다면 만들 수 있는 조직이 되었다.

이오스의 창시자 댄 라리머(좌), 이더리움의 창시자 비탈릭 부테린(우). 두 사람은 크립토 시장에서 절대 빼놓을 수 없는 천재 블록체인 개발자로 불린다.

출처 : HASHED POST

최초의 DAO
The DAO

최초의 DAO라고 할 수 있는 The DAO[이하, 더 다오]는 이더리움을 기반으로 탄생하게 되었다. 암호화폐 중 가장 유명한 비트코인이 아닌 이더리움을 바탕으로 더 다오가 형성된 이유는 이더리움은 다양한 정보를 기록할 수 있는 기능에 더해 계약을 처리할 수 있는 기능[스마트 콘트랙트]까지 있었기 때문이다. 이 기능을 통하여 참가자들이 동의한 계약을 모두가 확인할 수 있고, 신뢰할 수 있는 블록체인에 등록하면 조건이 충족될 시 자동으로 계약이 실행되는 구조를 가지게 될 수 있었다.

더 다오의 목적은 새로운 이더리움 기반 스타트업이나 프로젝트를 지원하기 위해 탈중앙화된 벤처 캐피탈[VC, Venture Capital]이었다. 블록체인과 이더리움의 기술을 바탕으로 기존 투자회사들이 하지 못한 투자자들에 대한 공정한 보상이 이루어지고, 이에 대한 안정성이 보장되는 조직을 만드는 것이 더다오의 목표였다. 이러한 뜻에 동조한 사람들의 투자금을 모아 더 다오는 약 1억 5천만 달러[한화 약 1800억 원]를 모집하는데 성공하며 크라우드 펀딩 역사상 가장 성공적인 프로젝트가 되었다.[21]

The DAO 해킹 사건

더 다오는 처음 만들어질 때부터 참여자 모두에게 완전히 공개된 시스템으로 사람들에게 신뢰를 받아 엄청난 금액을 모집하게 되었지만, 한가지 간과한 사실이 있었다. 완전히 공개된 시스템은 공격을 받기도 쉽다는 것이다.

더 다오는 투자를 목적으로 모인 조직이며 이에 참가한 사람들은 더 다오 토큰^{거버넌스 토큰, 참여권}을 받았는데, 처음 투자에 참여하지 않은 사람들이 더 다오의 참여권을 얻기 위해서는 이더리움으로 참여권을 구입해야 했으며 수요량을 만족시키기 위해 반대로 더 다오 토큰을 보유하고 있는 사람들은 이더리움으로 되팔 수 있는 생태계가 형성되어야 했다.

이러한 일련의 과정들은 컴퓨터 코딩으로 진행되었고, 코드는 모두 공개되었다. 그러나 더 다오 토큰을 이더리움으로 판매하는 시스템에 치명적인 결함이 있었고, 이를 확인한 해커는 실제로 토큰을 상대방에게 넘기지 않았는데 이더리움을 받을 수 있는 버그를 발견했고, 이를 통해 전체 예산의 30% 이상인 이더리움 360만개^{한화 약 640억 원}를 해킹하는 사건이 일어났다. 이 사건이 발생한지 1시간 만에 이더리움의 가치와 더 다오 토큰의 가치는 절반 이상 떨어져 버렸다.

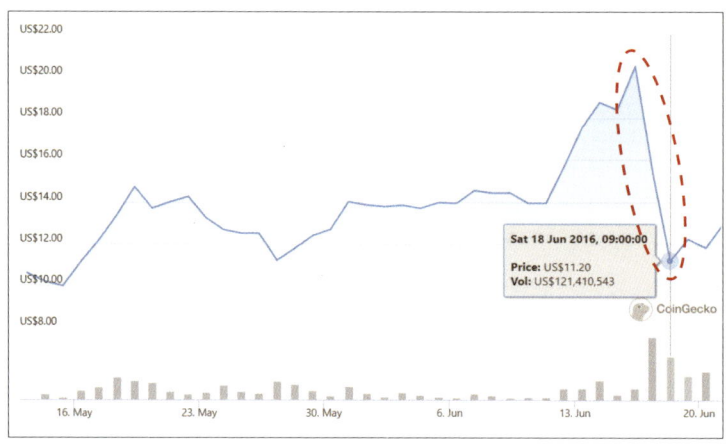

이더리움의 가격은 해킹 발생 1시간 만에 기존 가격에서 50% 가까이 폭락했다.

출처 : CoinGecko

그러나 불행 중 다행으로 해커는 훔친 이더리움을 바로 출금할 수 없었는데, 더 다오 규정 중 48일 후에 출금할 수 있는 조항이 있었기 때문이다. 이 기간 동안 더 다오 운영진들은 재빠르게 하드 포크_{기존 블록체인과 호환되지 않는 새로운 블록체인에서 다른 종류의 가상화폐를 만드는 것}를 진행했는데, 이는 해커가 훔친 이더리움을 토큰 보유자들에게 다시 되돌려주는 방법이었다. 이로써 해킹 사건은 큰 피해 없이 마무리되는 듯했으나 더 다오는 본질적인 문제에 직면하게 된다. 완벽한 탈중앙화를 목표로 했던 조직에서 문제가 생기자 결국 중앙에 있는 개발진들이 해결하게 된 아이러니한 상황이 발생하게 된 것이다.

이더리움 vs 이더리움 클래식

이러한 사건은 결국 '이더리움'과 '이더리움 클래식'으로 체인이 분리되는 상황으로 전개되었다. 아직까지도 이더리움은 이미 기록된 블록 내용을 번복해서 바꾼 것이라는 오해가 있지만, 당시 하드 포크는 과거 블록의 데이터를 다시 쓰는 롤백 Rollback, 현재 데이터가 망가졌을 때 기존 데이터로 되돌리는 행위을 한 것이 아니라, 버그로 해커의 손에 이더가 넘어가지 못하도록 막은 새로운 룰을 새 블록에 포함시켰을 뿐이다.[22]

그럼에도 이더리움의 내부에서 하드 포크가 실행되며 새로운 규칙이 발생하게 되었고 이더리움은 서로 다른 두 개의 블록체인으로 나뉘게 되었다. 블록체인은 코드에서 법과 마찬가지다. 해킹을 막기 위해 어쩔 수 없이 취한 조치였지만, 중앙집권의 운영진들이 법을 바꾼 것은 탈중앙화라는 블록체인의 근간을 뒤흔드는 행위였다. 결국, 이더리움 내에서 블록체인의 신념을 지켰던 사람들은 더 이상 이더리움이라는 단어를 사용하지 않고, '이더리움 클래식'이라는 새로운 블록체인을 만들기로 했다. 이것이 우리가 알고 있는 심볼명 ETC 이더리움은 ETH이다.

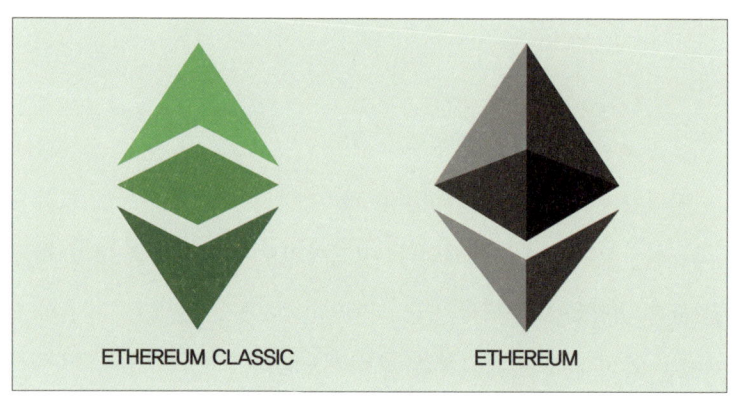

더 다오 해킹 사건으로 인해, 이더리움은 두 개의 다른 블록체인으로 분리되었다.

이 사건으로 인해 더 다오의 코드는 신뢰성에 큰 타격을 입었고, DAO라는 개념마저 탈중앙화 펀드가 가진 불안정성을 상징하는 대명사로 각인될 만큼 굴욕을 겪었지만 아톰릭스랩의 정우현 대표는 칼럼[24]을 통해 더 다오의 실패로 배운 교훈 3가지를 이야기했다.

첫째, 스마트 컨트랙트는 철저한 보안 감사가 필요하다.
둘째, 하나의 DAO에 너무 많은 자금이 모이지 않도록 해야 한다.
셋째, DAO 운영을 위한 효과적인 거버넌스 시스템이 필요하다.

DAO의 확산 가능성

아쉽게도 더 다오라는 실험적인 프로젝트는 실패해서 부정적인 선례를 남겼지만, 이 실패를 통해 이더리움 생태계는 한 단계 더 성장하는 계기가 되었다. 2020년 디파이^{Defi, 중앙기관 중개 없이 블록체인을 통해 제공되는 금융 서비스}와 2021년 NFT가 급성장하며 DAO 또한 부정적인 이미지를 극복하고 많은 탈중앙화 프로젝트들이 DAO 구조를 활용하며, 적극적으로 이를 발전시키고 있다.

DAO의 활용 범위는 다양한 시대적 배경과 기술의 발전을 통한 NFT와 메타버스의 성장으로 함께 더 다각화되고 있다. 다양한 NFT의 커뮤니티 형성에 DAO 구조가 활용되기도 한다. 메타버스의 발전은 현실 세계에 직접적으로 종속되지 않는 새로운 조직의 필요성을 더욱 부각시키고 있다. 대부분의 활동이 가상 세계로 연결되기 때문에 DAO의 스마트 콘트랙트를 사용하기 매우 좋은 대상이 될 수 있으며, 보다 민주적이고 자율적인 운영이 가능하게 된다. 다음 장에서는 NFT와 메타버스와 연계되어 활용되고 있는 실제 DAO 사례를 통해 DAO의 가능성을 살펴보도록 하겠다.

PART 2

메타버스와 NFT 그리고 DAO

1
더 넓은 세계를 향해 도약하다
BAYC

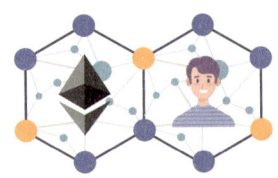

어느 날 당신은 파티에 초대받았다. 파티 초대장에는 오직 100명 만을 위한 VIP 파티라는 글귀가 금빛으로 새겨져 있고, 당신의 이름이 초대장 아래에 크게 적혀있다. 파티에 초대받은 사람들은 인플루언서, 예술가, 사업가 등 일반적인 경로로 만나기 어려운 사람들이 대부분이다. 이 초대장을 받기 위해 당신은 상당한 거금을 사용하였지만, 후회는 없을 것이다. 당신도 이제 그들과 같은 커뮤니티에 속한 사람이라는 소속감을 얻었기 때문이다.

당신은 위 이야기처럼 특정 그룹에 소속되는 초대장을 받기 위해 수천만 원 아니 수백만 원이라도 지불할 용의가 있는가? 당신의 결정을 쉬이 짐작할 수는 없지만, 중요한 점은 실제로 거금을 주고 초대장을 구입하는 사람이 있다는 사실이다. 심지어 그들은 몇백만 원, 몇천만 원 수준이 아니라 말 그대로 '억'대로 가격을 지불한다. 그 소속감이 뭐라고 그렇게 많은 돈을 지불하는 것이냐고 반문할 수도 있지만 같은 물건이라도 누구에게나 같은 가치를 지니는 것은 아니다. 관점 디자이너이자 강연가인 박용후 대표는 『세상을 바꾸는 시간 15분^{세바시}』에서 "가치는 해석에 의해 결정된다"라고 말했다.[1] 같은 가치를 가진 물건이더라도 구입하는 사람의 해석에 따라 가치가 달라진다는 뜻이다. 우리는 실제로 수억 대에 거래되고 있는 시장을 이해하지 못하겠다며 고개를 젓기만 할 것이 아니라, 도대체 저 사람들은 어떤 가치를 보고 수억 원을 흔쾌히 지불하는지 이해할 필요가 있다. 가장 먼저 NFT 시장을 얘기할 때 항상 언급되는 BAYC$^{Bored\ Ape\ Yacht\ Club}$의 이야기부터 알아보자.

BAYC, 지루한 원숭이들의 모임

BAYC는 21년 4월 면밀한 스토리텔링과 인류의 니즈를 파고드는 세계관을 제시하며 남들과 '차이'와 '다름'을 원하는 슈퍼리치들에게 어필하며 등장했다.

BAYC는 자신들의 세계관에 맞게 슈퍼리치 및 셀럽들을 공략하였고, 세계적인 유명인들이 스스로 원숭이 PFP$^{Profile\ Picture}$를 자신의 SNS 프로필로 변경하며 단번에 유명해졌다.[2]

스테픈 커리는 자신의 트위터 프로필을 원숭이 이미지로 업데이트했다.

출처 : Stephen Curry 트위터

이처럼 BAYC는 유명인들의 인증 때문에 가격이 급격하게 상승한 거품이라고 주장하는 사람들도 있으나, 실제 전문가들은 BAYC의 진정한 힘을 '커뮤니티의 힘'으로 분석한다. 즉, 홀더끼리의 유대감, 결속력에 그 답이 있다.

BAYC 소유자들은 "암호화폐 가치 급등으로 재벌이 되어버려 세상의 모든 것이 지루해진 원숭이들이 본인들만의 아지트를 만들어 숨어버렸다"라는 하나의 세계관을 공유한다. 이들은 서로 강력하게 결속되어 있다. BAYC에 일종의 멤버십 카드 기능을 부여하여 끈끈한 유대관계를 형성해 열성적 지지자들을 만들어 내고 있다.

예를 들어 BAYC 소유자들은 Bathroom^{화장실}이라는 디지털 그래피티 공간에서 15분당 하나의 점을 찍어 낙서와 같은 흔적을 남길 수 있다. 남들에게는 낙서와 같아 보이는 흔적일지라도 이들에게는 BYAC 소유자들이 함께 자발적으로 모여 개인의 흔적으로 하나의 작품을 완성하는 의미 있는 행위이다.

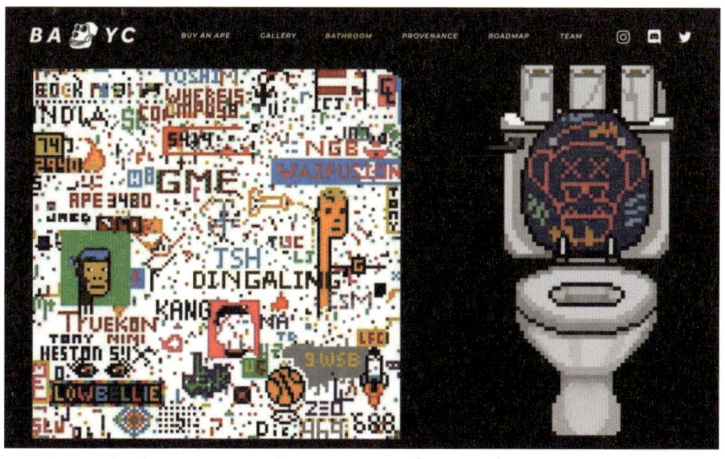

BAYC는 소유자들만 접속하여 낙서를 할 수 있는 게시판인 'Bathroom'을 만들어 구성원들에게 소속감과 새로운 경험을 제공했다.

출처 : BAYC 홈페이지

오프라인에서도 BAYC 소유자들을 위한 행사들이 개최되고 있다. 대표적으로 2021년 10월 말 미국 뉴욕에서 원숭이 축제^{Ape Fest}라는 이름의 행사가 열려 BAYC 이미지 전시회, 할로윈 가장무도회, 요트 파티 등의 프로그램을 진행하며 커뮤니티의 유대감을 강화시키고 있다.

이렇듯 커뮤니티는 웹 3.0 생태계를 구성하는데 아주 중요한 역할을 하고 있다. NFT 프로젝트가 대중적으로 주목받고 있는 이유는 그들이 가지고 있는 가치와 희소성이 높은 이유도 있지만, 내가 조직에 속함으로써 커뮤니티에 기여하고 그에 따른 보상을 받을 수 있는 블록체인 기술을 통한 탈중앙화적인 DAO의 구조를 활용하고 있기 때문이다. 현시점에서 가장 성공적으로 활동하는 NFT로 평가받는 BAYC는 어떤 식으로 커뮤니티를 DAO로 발전시켰는지 확인해 보자.

ApeCoin DAO와 APE 토큰

2022년 3월 16일, BAYC를 제작한 회사 유가랩스^{Yuga Labs}가 NFT 구매자를 위한 APE 토큰을 오픈했다. 대외적으로 위와 같은 사실로 알고 있지만, 사실 정확히 이야기하자면 APE 토큰은 유가랩스가 아닌 ApeCoin DAO가 만든 것이다.[3] 유가랩스가 자체적으로 커뮤니티를 제어하게 될 시 지나친 중앙화될 수 있는 위험이 있기 때문에 다른 조직을 구성한 것으로 보인다. APE 토큰은 ApeCoin DAO의 거버넌스를 위한 토큰으로 사용되며 이를 이끄는 담당자로써 APE 재단APE Foundation을 설립했다. 재단은 감독관의 역할이 아닌 일일 관리, 프로젝트 관리, DAO 커뮤니티 아이디어들이 실현될 수 있도록 지원하는 작업들에 대한 책임을 지니게 된다.

ApeCoin DAO는 NFT 보유자들의 거버넌스를 위한 토큰으로 APE 토큰을 만들었다.
출처 : ApeCoin 홈페이지

APE 재단 위원회는 6개월의 임기기간을 가지며, 초기 위원회는 크립토 시장의 유명 인사 5명으로 구성되었다. 이후의 위원회는 매년 거버넌스 투표에 따라 결정되며 위원회는 APE 조직의 비전에 봉사하는 역할을 수행하는 것으로 알려졌다.

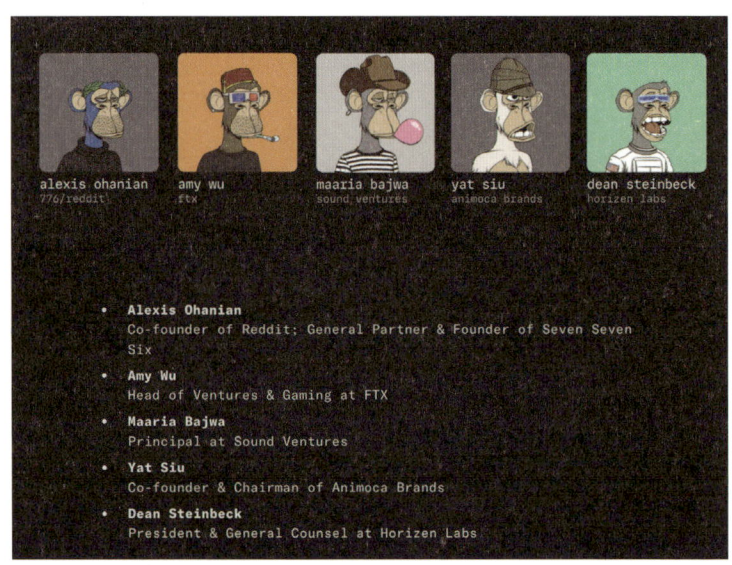

APE DAO의 초기 위원회는 총 5명으로 크립토 세계에서 활발한 활동을 하고 있는 인플루언서들이다.
출처 : BAYC 홈페이지

APE DAO에서 발행한 APE 토큰은 기본적으로 APE DAO 자금 활용에 관한 아이디어와 제안을 자유롭게 제출할 수 있고, 시스템 변경 제안에 대한 발언권과 제안에 대한 거버넌스 투표권을 가지게 된다. 그 외에도 스테이킹^{자신이 보유한 암호화폐의 일정한 양을 지분으로 고정시키는 것}을 통해 리워드^{Reward, 보상}를 받을 수 있는 스테이킹 풀 시스템을 갖추고 있으며, 자신이 소유하고 있는 NFT를 활용해 스마트폰 케이스를 제작, 주문^{NFT Your Case}할 수 있는 재미있는 요소도 가지고 있다.[4]

글로벌 테크 액세서리 브랜드 케이스티파이가 NFT 인증 기술을 활용하여 맞춤형 폰 케이스를 만드는 플랫폼 NFT Your Case를 선보였다. 출처 : 케이스티파이 홈페이지

 APE 토큰의 사용처는 다방면으로 확장되며 토큰 보유자들을 웃게 만들고 있지만, 기존 NFT 보유자들이 가장 기대하고 있는 프로젝트는 유가랩스와 애니모카 브랜즈$^{Animoca\ Brands}$의 자회사 앤웨이플레이^{nWayPlay}가 함께 개발하고 있는 메타버스 게임 아더사이드^{Otherside}이다. 유가랩스는 APE 토큰을 아더사이드 생태계에서도 사용할 수 있을 것이라 전하며 동시에 유튜브와 트위터를 통해 아더사이드 티저 영상을 공개했다. 해당 영상에서는 BAYC, MAYC$^{Mutant\ Ape\ Yacht\ Club}$, 크립토펑크^{Cryptopunks}, 쿨캣츠^{Coolcats}, 월드오브우먼$^{World\ of\ Women}$ 등 유명 NFT 시리즈가 총출동해 사람들의 기대를 모았다.[5]

BAYC는 공식 유튜브를 통해 아더사이드 프로젝트에 대한 1분 30초 분량의 짧은 영상을 게시하였고, 이는 60만 이상의 조회수를 기록하며 주목받았다.   출처 : Bored Ape Yacht Club 유튜브

유가랩스의 자료에 의하면 아더사이드는 일반적인 메타버스가 아닌 상호 호환이 가능한 '탈중앙화된 게이밍 메타버스'라고 정의했다. 유가랩스 공동 창업자 와일리 애로노우[Wylie Aronow]는 '아더사이드는 완전하게 탈중앙화되고 게임화된 상호 운용할 수 있는 세계[interoperable world]를 구축하고자 한다'라며 영화 〈레디 플레이어 원[Ready Player One, 2018]〉과 같은 경험이[6] 사용자들에 의해 창출될 것'이라고 전했다.[7] 또한, 유가랩스 CEO 니콜 뮤니즈[Nicole Muniz]는 "아더사이더를 개발하기 위해 다수의 게임 스튜디오와 다양한 파트너십을 맺고 있다"라며 "아더사이드는 BAYC 홀더만을 대상으로 한 것이 아니다.

아더사이드는 유가랩스와 애니모카 브랜즈 그리고 APE DAO가 합작하고 있는 메타버스 프로젝트이다.
출처 : BAYC 트위터

모두가 참여할 수 있는 생태계를 만들기 위해 다른 프로젝트들의 NFT까지 사용될 수 있는 개발자 툴을 구축하는 것을 계획 중"이라고 밝혔다.

결국 이 방대한 세계관을 가진 또 다른 세계^{메타버스}에서 모든 거래에 APE 토큰이 사용되며, 스토어를 통해 자신만의 캐릭터를 만들 수 있고, NFT 아이템을 거래할 수도 있게 된다는 뜻이다. 유가랩스는 아더사이드를 단순한 게임이 아닌 하나의 경제체제를 갖춘 새로운 세계로 만들 계획을 세우고 있는 것이다. 그 중심에 APE 토큰이 자리 잡을 가능성이 크고, 유가랩스가 구축한 세계에 APE 토큰이

기축통화^{국제 간의 결제나 금융거래의 기본이 되는 통화}로 활용될 수 있다는 가능성을 보여주고 있다.

이처럼 NFT 프로젝트가 성공하기 위해서는 구성원들이 적극적으로 커뮤니티에 참가해 활동하는 만큼 보상을 약속받는 웹 3.0 시대의 기본 구조가 반드시 필요하다. 현재 대부분의 거버넌스 토큰은 명확한 용도를 가지고 있지 않다. 그렇기 때문에 토큰의 가치가 결정되기 힘들었고, 그 안에서 커뮤니티 활성화보다는 시세 차익을 노리는 투자자들이 많았던 것이 현실이다. 그러나 APE 토큰은 이미 탄탄한 BAYC, MAYC와 같은 브랜드의 거버넌스를 책임지는 용도를 가지고 세상에 나왔기 때문에 향후 BAYC 브랜드의 행보가 APE 토큰의 가치에 영향을 미칠 수밖에 없다.[8] 그렇기 때문에 APE 토큰 보유자들은 자연스럽게 BAYC의 행보에 관심을 가지게 되며, 커뮤니티에 참여하게 된다. 이렇게 자신과 커뮤니티의 이익을 위해 자발적으로 커뮤니티에 참가하는 사람들이 많아지며, 중앙기관 없이 자율적으로 참여자들이 직접 만들어가는 탈중앙화 조직이 형성되는 것이 DAO의 주요 목표 중 하나라고 할 수 있다.

BAYC는 현재 NFT와 DAO가 결합된 가장 대표적이고 성공적인 사례라고 부를 수 있을 만큼 훌륭하게 커뮤니티를 성장시키고 있다. 특히 기존의 NFT 세계관에 메타버스를 결합해 세계관을 확장시키는 사례는 쉽게 찾기 힘들다. 결국 메타버스와 NFT, DAO는 함께 발전해 나가야 한다는 것을 가장 선두에 있는 BAYC가 좋은 선례가 되어 보여 주고 있다. BAYC가 분발하는 가운데, 커뮤니티 중심적인 운영 정책을 펼치며 많은 사람들의 지지를 받고 있는 또 다른 프로젝트를 소개해 보겠다.

2

커뮤니티를 위한 거버넌스에 집중하다
두들스

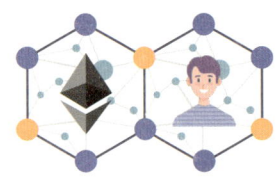

두들스Doodles는 NFT계의 조상으로 불리는 크립토키티Cryptokitties 프로젝트에 참여했던 에반 키스트Evan Keast와 조던 카스트로Jordan Castro가 NFT 디자이너로 이름을 날렸던 스콧 마틴Scott Martin과 함께 2021년 10월 출시한 PFP NFT 프로젝트이다. 알록달록한 색깔과 개성 넘치는 캐릭터들의 컬렉션은 총 1만 개 발행되었으며, 프로젝트가 시작되자마자 많은 주목을 받았다.

두들스의 최초 민팅 가격은 0.123 이더리움당시 한화 약 25만 원이었으나 프로젝트가 시작된 지 3개월 만에 최저가 대비 100배 가까이 상승해 2021년 5월에는 평균 약 23 이더리움^{당시 한화 약 4600만 원}의 가격을 기록했다. 특히 두들스가 대단하게 평가받는 이유는 NFT 시장이 좋지 않은 시기에도 계속 거래가 활발히 일어나며 좋은 성과를 내고 있기 때문이다. 두들스는 2022년 6월 기준으로 누적 거래량이 5억 달러^{한화 약 6500억 원}를 돌파했고, 누적 거래 건수 2만 5000건을 돌파하며 세계에서 여덟 번째로 비싼^{2022.07.26 기준} NFT에 등극했다.[9]

두들스는 파스텔 톤의 화려한 색감과 만화같이 친근하고 유쾌한 이미지로 많은 사람들의 관심을 받고 있다.
출처 : Doodles 홈페이지

고작 1년도 안 된 짧은 시간 동안 두들스는 어떻게 이렇게 급성장할 수 있었을까? 위와 같은 질문에 대해 두들스의 프로젝트 매니저 머시^{Mushy}는 네 가지 이유를 제시했다.[10] 첫째는 누구나 접근하기 쉬운 포용적인 스타일이다. 두들스는 파스텔 톤의 색상을 기반으로 해골, 풍선, 커피, 꽃, 오이와 같이 다양한 형태의 NFT들을 선보이며 대중의 관심을 끌었다. 두 번째는 NBA 톱 샷$^{NBA\ Top\ Shot}$과 크립토키티를 만든 대퍼 랩스$^{Dapper\ Labs}$라는 훌륭한 실력의 팀과[11] 함께 하며 신뢰를 주었다는 점이다. 세 번째는 유행처럼 모든 프로젝트가 고수하는 NFT 로드맵, 유틸리티, 토큰 등의 키워드를 무시하고 독자적인 프로젝트를 이어가고 있는 것을 꼽았다. 마지막으로 커뮤니티 고유의 금고 시스템과 프로젝트의 홀더$^{NFT\ 보유자}$들이 제안할 수 있는 거버넌스 시스템이 갖춰져 있다는 점을 강하게 이야기했다.

스페이스 두들, 혁신적인 마케팅

두들스는 1만 개의 컬렉션을 세상에 선보인 지 4개월 뒤, 새로운 프로젝트 스페이스 두들$^{Space\ Doodle}$을 출시했다. 스페이스 두들은 출시되자마자 상당히 이슈가 되었는데, 해당 프로젝트가 두들스 팀 고유의 혁신적인 서비스였기 때문이다.

스페이스 두들은 기존 두들스 캐릭터들이 다양한 모양의 우주선을 타고 무지개를 발견하기 위해 모험하는 세계관을 공유한다. 이 프로젝트는 기존 두들스 홀더를 위한 시스템으로써 자신의 두들 등

두들스는 스페이스 두들이라는 프로젝트를 공개하며 기존 홀더들에게 큰 환영을 받았다.

출처 : 오픈씨

급이 낮다면 자신의 두들을 맡기고 스페이스 두들 NFT로 교환할 수 있게끔 하였다. 두들스와 스페이스 두들은 서로 동일한 가치를 지니며, 서로 등가교환할 수 있다. 이로써 기존 홀더들은 처음 구입한 자신의 두들이 마음에 들지 않는다면, 두들을 파는 선택을 하는 것이 아닌 스페이스 두들로 교환하여 더 높은 등급을 얻을 수 있는 선택지를 가질 수 있게 되었다. 두들스 팀은 기존 홀더들이 계속 커뮤니티의 구성원으로써 함께 하기를 원하는 모습을 확실하게 보여 주었다. 이 시스템이 특히 혁신적으로 평가받는 이유는, 두들스와 스페이스 두들을 등가교환할 수 있게 만들었지만 동시에 사용은 불가하게 만듦으로써 홀더들이 가장 민감해 하는 희소성을 위한 NFT

총 공급량은 유지하면서 두들스 NFT에 대한 수요를 늘렸기 때문이다. 이는 두들스 NFT를 보유하고 있는 홀더들의 충성심을 강화시켰고, 커뮤니티 활성화로 이어졌다.

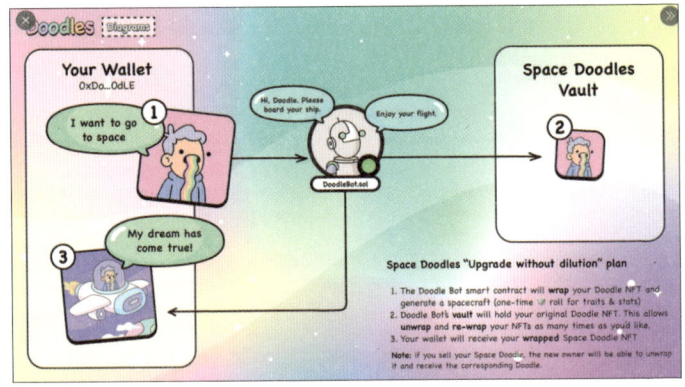

두들스와 스페이스 두들을 등가교환할 수 있게 하여 NFT의 가치는 유지하면서 두들스에 대한 수요를 늘렸다.
출처 : Doodles 홈페이지

두들 뱅크, 두들스 커뮤니티 금고

많은 사람들이 두들스의 성공의 가장 큰 비결로 PFP 이미지 캐릭터가 귀엽다는 것을 이야기한다. 두들스 캐릭터들은 누구나 좋아할 법한 만화같이 친근하고 유쾌한 이미지로 대중들을 사로잡았다.

그러나 두들스 프로젝트를 조금 더 가까이서 들여다보면 다른 NFT 프로젝트와 차별되는 두들스만의 시스템으로 운영되고 있는 거버넌스 시스템 두들 뱅크DoodleBank가 굉장히 중요한 역할을 하고 있다는 것을 알 수 있다.

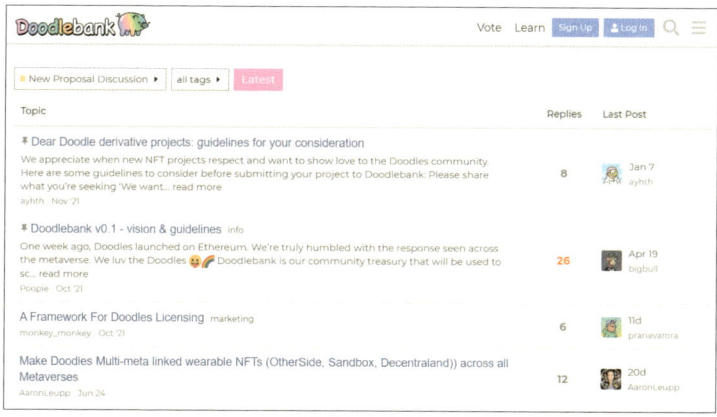

두들 NFT 보유자라면 DoodleBank에서 자유롭게 두들스 프로젝트에 대해 제안하고 토론하며 관련 사항에 투표할 수 있다.
출처 : DoodleBank

두들 뱅크는 커뮤니티의 금고로 운영되고 있는데, 현재 약 650 이더리움^{한화 약 13억 원}을 보유하고 있으며 두들스라는 상품 가치를 높이고 커뮤니티를 확장시키기 위해 사용된다.

두들 뱅크는 NFT 프로젝트가 운영하는 DAO의 정석이라고 불릴 만큼 체계적인 거버넌스 구조를 지닌 시스템이다. 두들 NFT의 보유자들은 언제라도 두들스 프로젝트의 기능, 제품, 이벤트 등을 공개적으로 제안 및 토론할 수 있고, 안건에 투표할 수 있는 권리를 NFT 보유자 1명당 1표로 산정하여 부여받게 된다.

현재 두들 뱅크에는 160개의 새로운 제안이 올라와 있으며, 그 중 7개의 안건이 최종 제안으로 선정되었다. 실제 두들 뱅크에 접속하면 "두들스 팀의 확장 제안", "세계관 콜라보 제안"처럼 프로젝트 확장을 위한 의견들부터 "두들스 세계관을 활용한 어린이 동화책 제안", "두들스 NFT 카드 게임 제안" 등 다양하고 재미있는 의견들이 많이 올라와 있다. 두들 뱅크에 올라온 제안들은 투표 결과에 따라 실제로 실행되는 구조를 가지게 되며, 결과적으로 창업자와 홀더^{NFT 프로젝트 보유자}들이 함께 만들어가는 프로젝트의 가치를 지속적으로 유지하는 것이 궁극적인 목표라고 할 수 있다.

실제 두들 뱅크에 올라와 있는 〈두들스 세계관을 활용한 어린이 동화책 제안〉의 글

출처 : DoodleBank

두들스의 공동 창업자 조던 카스트로가 코인텔레그래프 Cointelegraph와의 인터뷰에서 남긴 말은 왜 두들스가 두들 뱅크라는 거버넌스 시스템을 구축하고 커뮤니티를 형성해 나가는지를 설명한다. "우리는 브랜드의 미래가 무엇이라고 생각하는지 사례를 통해 세상에 보여주고 있습니다. 커뮤니티가 주주가 되는 것입니다. 커뮤니티가 브랜드 성장의 미래 플라이휠Flywheel, 성장을 만드는 선순환의 수레바퀴를 의미이 되는 것이 우리의 철학이며 우리의 접근 방식은 커뮤니티 내에서 성공적이고 창의적이며 기술적이고 기업가적인 인재를 육성하는 것입니다."[12]

실제로 훌륭한 거버넌스의 구조를 가진 DAO의 형태로 커뮤니티를 운영하며 홀더들과 함께 성장하고 있는 두들스는 NFT 프로젝트의 커뮤니티가 어떠한 구조로 운영되어야 하는지에 대한 좋은 선례가 되고 있다.

3
크립토 인플루언서가 만든 VIP 사교 모임
문버드

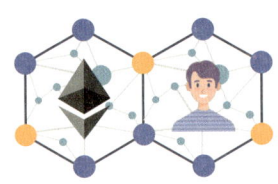

　문버드는 2022년 4월 16일에 시작된 픽셀 아트 기반의 부엉이 모습을 가진 아바타로 구성된 1만 개 한정 PFP NFT 프로젝트이다. 이 프로젝트는 저명한 미국 인터넷 기업가 케빈 로즈^{Kevin Rose}가 설립한 프루프 콜렉티브^{Proof Collective}의 프로젝트 중 하나로 만들어졌다고 알려져 많은 사람들의 관심을 불러 모았다. 케빈 로즈는 문버드에 합류하여 NFT 씬에서 주목받기 시작 전부터 이미 팟캐스터 및 뉴스 수집업체 딕^{digg}의 설립자로써 이름을 알린 인플루언서이다.

케빈 로즈는 트위터 팔로워 167만 명을 보유하고 있는 슈퍼 인플루언서이다.

출처 : Kevin Rose 트위터

문버드는 기존 NFT와는 다른 방식으로 민팅^{minting, NFT를 발행하다}을 하여 주목받았다. 문버드는 총 1만 개의 물량을 세 가지 방법을 통해 공급하였는데, 우선 125개의 물량은 향후 협업, 마케팅에 사용하기 위해 문버드 팀이 보유했다. 문버드 팀의 발전을 위한 소량의 물량을 제한 다음, 가장 먼저 기존 프루프 콜렉티브 회원이 혜택을 받을 수 있도록 프루프 콜렉티브 티켓이 있는 사람들에게 2개의 무료 NFT를 제공했다. 프루프 콜렉티브 티켓은 총 1,000개가 존재하므로, 2,000개의 NFT 물량을 기존 회원들을 위해 제공한 셈이다. 마지막으로 남은 7,875개의 물량을 일반 대중들에게 공개했는데,

문버드는 픽셀 아트 기반으로 부엉이 모습을 가진 아바타로 총 1만 개의 물량이 생성되었다.

출처 : 오픈씨

이조차 돈이 있다고 무조건 구입할 수 있는 것이 아니었다. 문버드는 NFT 구입을 원하는 사람들의 지갑에 2.5 이더리움^{당시 한화 약 1천만 원}을 보유하게끔 공지한 후 복권처럼 행운의 당첨자를 추첨하는 형식으로 민팅을 진행하였다. 이 방법이 굉장히 현명했던 이유는 쉬운 조건^{지갑에 돈을 보유하고 있으면 됨}을 제시하되, 그 금액^{한화 약 1천만 원}이 결코 보편적인 금액은 아니었기 때문에 자체적으로 문버드 커뮤니티에 속하기 위한 1차 조건을 제시한 것이 되며, 이후 실제로 NFT 구입자를 선정하는 과정은 모두에게 공평한 방법을 제시함으로써 조건을 만족하는 사람들에게 문버드를 차별성 있게 홍보하는 효과를 가질 수 있었다.[13]

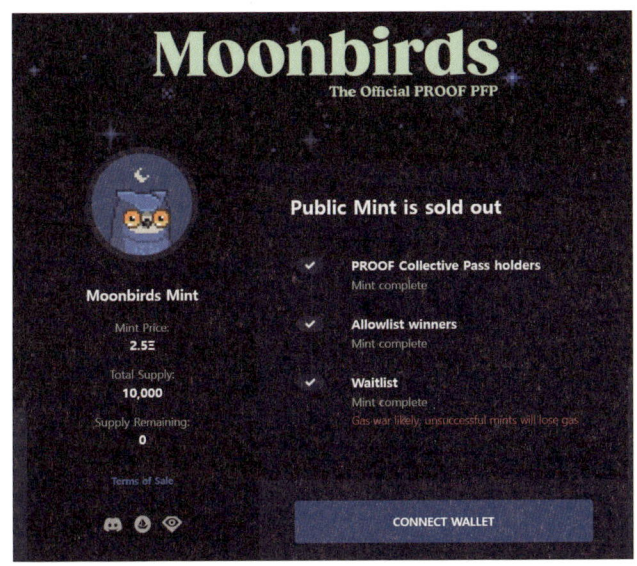

문버드는 퍼블릭 민팅을 추첨을 통해 진행함으로써 많은 사람들의 관심을 얻었다.

출처 : 문버드 홈페이지

과연 천만 원이나 주고 부엉이 그림을 구입한 사람들은 그만한 가치를 얻게 되었을까? 놀랍게도 문버드는 민팅이 끝나고 시장에 나오자마자 폭발적인 반응을 일으키며, 사흘 만에 바닥가^{시장에 나와있는 가장 낮은 가격}26 이더리움^{당시 한화 약 1억 원}까지 상승하며 NFT 구입자들에게 최소 10배의 수익을 안겨주었다. 그렇다고 단순히 가격만 상승한 것은 아니다. 더블록리서치^{The Block Research}는 듄애널리틱스^{Dune Analytics}의 데이터를 인용해 문버드가 일주일 만에 총 3억 6000만 달러^{한화 약 4700억 원}의 거래액을 기록했다고 전했다.[14] 이는 NFT의 가격이 상승한 후에도 2차 거래가 활발하게 일어났다는 것을 알려주는 지표이다.[15] 이렇게 문버드의 가격이 단기간에 폭발적으로 상승한 이유는 무엇일까?

폐쇄적인 VIP 사교 커뮤니티
프루프 콜렉티브 패스

문버드를 이해하기 위해서는 처음 언급했던 케빈 로즈와 저명한 사업가 라이언 카슨Ryan Carson, 구글과 트위터 등과 협력하는 디자이너 저스틴 메젤Justin Mezzell이 함께 만든 '프루프 콜렉티브'에 대해서 알아야 한다. 프루프Proof는 케빈 로즈에 의해 만들어진 팟캐스트의 이름이다. 프루프는 정기적으로 유명 아티스트, NFT 전문가, 크립토 거물들을 초대하며 강력한 네트워크 커뮤니티를 만들었다. 그렇게 형성된 커뮤니티 회원들을 위한 멤버십 NFT 컬렉션을 발행했는데, 이것이 바로 프루프 콜렉티브이다. 이 커뮤니티에 입장하기 위해서는 프루프 콜렉티브 티켓 NFT를 보유하고 있어야 하며 해당 NFT는 단 1천 개만 발행되었다. 프루프 커뮤니티는 유명 NFT의 초기 보유자들이 모인 곳으로 이들이 보유하고 있는 NFT는 총 15만 개가 넘으며, 이들이 가진 BAYC만 800여 개, 최초의 NFT라 불리는 크립토펑크는 150여 개를 보유하고 있다고 전해진다. 이러한 NFT씬 VIP들의 사교클럽에 접근하기 위해 필요한 프루프 콜렉티브 티켓 NFT의 바닥가는 현재^{2022.07.26 기준} 80 이더리움으로 세계에서 두 번째로^{첫 번째는 BAYC, 바닥가 86 이더리움} 비싼 NFT이다.

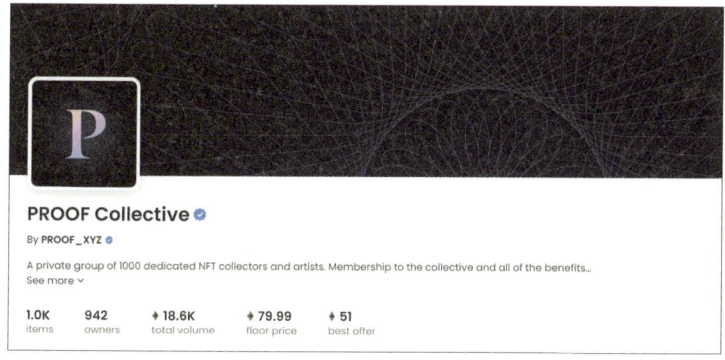

프루프 콜렉티브는 오픈씨에서 두 번째로 높은 바닥가를 자랑하고 있다.

출처 : 오픈씨

그러나 프루프 콜렉티브 또한 처음부터 비싼 가격이었던 것은 아니다. 프루프 콜렉티브 NFT는 2021년 12월 11일에 발행되었으며 1천 개의 물량은 개당 1 이더리움^{당시 한화 약 500만 원}에 판매되었다. NFT 보유에 대한 혜택은 디스코드에 대한 접근 권한, 프루프 팟캐스트 에피소드, 대면 이벤트 및 기타 프로젝트^{문버드 포함} 정보에 가장 빨리 접근할 수 있는 권한을 제공하는 것이었다. 프루프 컬렉티브 패스의 가격은 2021년 약간의 변동을 보이며 횡보하다가 점점 가격이 상승하더니 2022년 2월, 바닥가 30 이더리움^{당시 한화 약 1억 1천만 원}에 도달했고, 문버드 출시 후 일주일 만에 120 이더리움^{당시 한화 약 4억 5천만 원}까지 가격이 오르며 존재감을 확실히 알렸다.

케빈 로즈의 PROOF 멤버십은 현재 NFT 시장에서 가장 유명한 커뮤니티 중 하나이다.

출처 : Kevin Rose 트위터

　문버드는 프루프 컬렉티브의 공식 PFP이다. 따라서 문버드 NFT를 소유하고 있는 사람들은 프루프 콜렉티브 비공개 디스코드에 입장하는 것을 포함하여 일부 비공개 클럽의 회원 자격을 얻을 수 있다. 이는 문버드 커뮤니티의 상당한 비중이 기존의 프루프 커뮤니티에 의해 구축되었다는 것을 나타내며 이는 사람들에게 프로젝트에 대한 신뢰감과 소속감을 주었다.

장기 보유자를 위한 혜택
신규 스테이킹 '네스팅'

문버드가 높은 가격을 계속 유지할 수 있는 이유는 문버드만의 특별한 스테이킹 기능 네스팅Nesting을 추가했기 때문이다. 네스팅은 부엉이 모습을 한 문버드를 둥지에 집어넣음으로써 보관한다는 의미를 위트 있게 표현한 말이며, 문버드 NFT를 락업Lockup, 가상화폐시장에 유통되지 않도록 묶어두는 것하여 자동으로 혜택을 받을 수 있는 스테이킹과 같은 기능을 한다.

하지만 자신들의 지갑에서 NFT를 밖으로 이전해야 하는 스테이킹과 달리 네스팅은 보유자들이 자신의 지갑에서 NFT를 락업할 수 있도록 허용한다. 또한 NFT가 네스팅하기 위해 락업되면, 세컨더리 마켓오픈씨와 같은 NFT 거래 플랫폼들에서 거래가 불가능해지도록 설정되어 있어, NFT의 안전을 보장하면서 동시에 홀더들이 혜택을 즐길 수 있는 기능을 제공하고 있다.

안정성에 관한 이슈 외에도 네스팅에는 여타 프로젝트들과 다른 특별한 기능이 있는데, 바로 '장기 보유자'들을 위한 혜택이 주어진 다는 것이다. 문버드는 NFT를 장기 보유할수록 더 큰 혜택을 주는 기능을 추가했다. 네스팅을 한 기간이 오래될수록 새로운 티어 레벨을 달성하고, 둥지를 업그레이드하여 더 많은 혜택을 받을 수 있

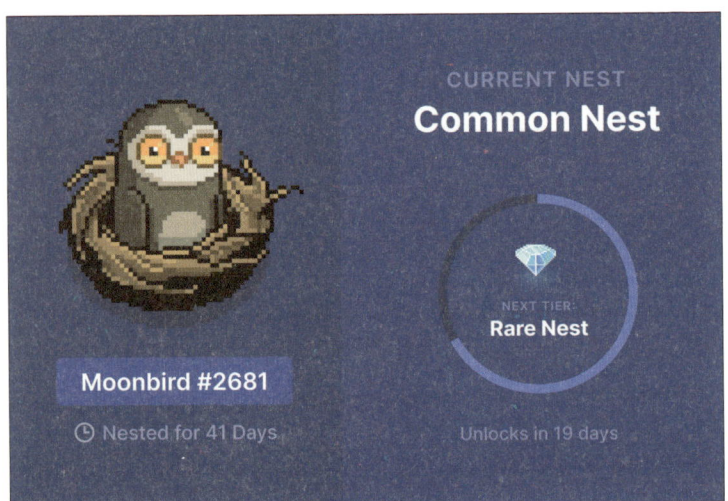

문버드는 네스팅 기능을 통해서 장기 보유자에 대한 혜택을 약속했다.

출처 : 문버드 홈페이지

는 프로세스를 구현하여 홀더들에게 재미와 동시에 커뮤니티에 대한 충성심을 가지게 했다. 커뮤니티에 기여하는 NFT 소유자에게 지속적인 혜택을 제공하는 것을 약속한 것이다.

　이러한 기능은 DAO가 추구하는 가치와 매우 유사하다고 볼 수 있다. 커뮤니티를 구성하고 있는 구성원들을 존중하고, 그 구성원들이 스스로 커뮤니티에 기여할 수 있게 재미와 혜택을 약속하며 생태계가 형성되고, 기여한 구성원들에게 지속적인 보상이 주어지는 시스템은 DAO가 강조하는 탈중앙화와 자율성의 가치에 적합한 구조이다.

케빈 로즈는 PROOF 공식 유튜브에서 "문버드를 통해 모인 자본_{한화 약 2000억원 이상일 것으로 추정}은 프루프가 새로운 미디어 회사를 건설하는 데 사용할 것이며 수많은 자본이 유입되었기 때문에 책임감을 가지고 구성원 모두에게 혜택을 돌려줄 것이다. 기업가가 가지는 책임감과 함께 문버드를 통해 많은 혜택을 제공할 계획"이라고 말했다. 또한 "이것은 예술을 파는 행위가 아닌, 기금을 통해 새로운 사업 확장을 위한 것"이라고[16] 다시 한번 강조하며 프루프와 문버드 프로젝트의 확장 및 가능성에 대해 알렸다.

이미 웹 3.0 세계에서 유명한 셀럽이 시작한 프로젝트인 만큼, 처음부터 많은 주목을 받았지만 만족하지 않고 더 좋은 프로젝트가 되기 위해 노력하는 문버드가 어떤 커뮤니티를 만들어갈지 귀추가 주목된다.

4

기존의 법칙을 무시하다
고블린 타운

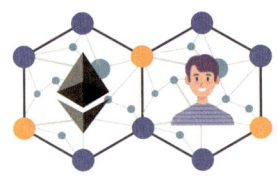

    2022년 5월 23일, NFT 세계에 역사적인 사건이 일어났다. 이름도 모습도 생소한 프로젝트가 갑자기 오픈씨^{Open Sea, 세계 최대의 NFT 거래소} 거래액 1위에 등극하며 파란을 일으킨 것이다. 너무나 생소한 프로젝트의 등장에 사람들은 오픈씨가 해킹을 당했거나, 오류가 일어났다는 합리적 의심까지 하게 되었지만, 실제로 해당 프로젝트가 거래액 1위를 달성한 것이 사실이라는 것이 밝혀졌다. 수많은 논란과 의문을 일으키며 NFT 시장의 역사에 한 획을 그은 프로젝트의 주인공은 바로 '고블린 타운$^{Goblin\ Town}$'이다.

찌그러진 얼굴에 못생긴 이목구비. 기괴한 모습의 도깨비들이 모여 사는 마을엔 비밀이 있다. 마을을 만든 이들이 누구인지, 마을에서 무엇을 하는지, 마을의 미래는 어떻게 될지 아무도 모른다는 것이다. 마치 전설 속 이야기 같은 이 이야기는 동화가 아닌 대체불가능 토큰^{NFT} '고블린 타운'의 이야기다. 미스터리투성이인 이 프로젝트는 개발자도 알 수 없고 그 흔한 로드맵도 보이지 않는다. 프로젝트의 소통 창구로 쓰이는 디스코드 채널도 없다. 그럼에도 세계 최대 NFT 거래소 오픈씨 24시간 거래량 기준 1위를 차지하는 저력을 보여주었다. 베일에 싸인 도깨비 마을의 정체는 뭘까.

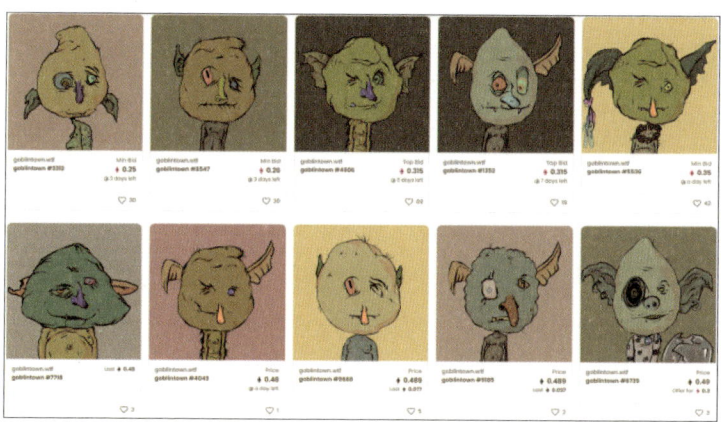

고블린 타운은 못생긴 것을 넘어서 기괴하다는 표현이 어울리는 모습으로 세상에 등장했다.

출처 : 오픈씨

상식을 뒤엎어 버린
삼무(三無) 정책

고블린 타운이 크게 주목을 받았던 이유는 대부분의 NFT 프로젝트가 제시하는 로드맵^{일을 추진하기 위한 종합적인 계획}이 없었고, 유틸리티^{활용성, 실용성}가 없었으며, 심지어 가격까지 없었기 때문이다. 기존 NFT 팀들이 투자자들을 모으기 위해 각 프로젝트의 청사진^{미래에 대한 희망적인 계획이나 구상}을 열정적으로 소개하는 것과 다르게 특별한 '비전' 없이 기괴한 모습으로 등장한 고블린 타운은 어떻게 오픈씨 거래금액 1위까지 오를 수 있게 된 걸까?

고블린 타운 공식 홈페이지는 다른 프로젝트들과 다르다. 뛰어난 경력을 자랑하는 팀원들과 거대한 프로젝트의 비전을 제시하며 신뢰를 얻고자 하는 대부분의 프로젝트와는 다르게 고블린 타운의 홈페이지는 굉장히 단순하고 파격적이다. 고블린 타운 공식 홈페이지에는 "지갑 당 1개씩 무료로 민팅할 수 있으며 가스비^{Gas Fee, 코인을 다른 지갑으로 옮길 때 드는 수수료}만 든다"라고 명시되어 있다. 다른 프로젝트들이 초기 민팅가격을 제시하여 자금을 모으려 하는 것과는 달리 무료로 NFT를 발행한 것이다.

대부분의 NFT 프로젝트는 초기 민팅 금액을 제시하여 NFT를 판매해 자금을 모으고, 해당 NFT의 2차 거래 수수료로 추가 수익을 거두는 것이 일반적이었다. 그렇기 때문에 NFT 프로젝트는 뚜렷한 목적을 가진 로드맵을 제시하고, 디스코드를 통해 커뮤니티를 만들어 활발하게 소통하는 것이 규칙처럼 정의되어 있었다. 그러나 고블린 타운은 이 모든 규칙들을 무시하고 다른 행보를 보여주었다. 그들은 홈페이지에 "욕심부리지 말아라. 그래서 우리가 여기에 온 것이다.Don't be fucking greedy. That's how we got ourselves here."라는 문장을 적어둠으로써 자신들의 생각을 밝혔다.

고블린 타운은 공식 홈페이지에 다소 도발적이고 솔직한 문장을 적어 놓았다.

출처 : 고블린타운 홈페이지

투자자 입장에서는 황당할 수밖에 없다. 당연하게 여겨왔던 기존의 법칙을 모두 무시한 고블린 타운은 다양한 NFT 프로젝트들이 내놓은 로드맵이나 유틸리티 등이 무용지물이라는 풍자로 느껴진다. 특히 고블린 타운의 실제 프로젝트 명$^{goblintown.wtf}$에 들어가 있는 비속어$^{wtf,\ what\ the\ fxxx}$는 그런 의도를 더욱 강조한다.

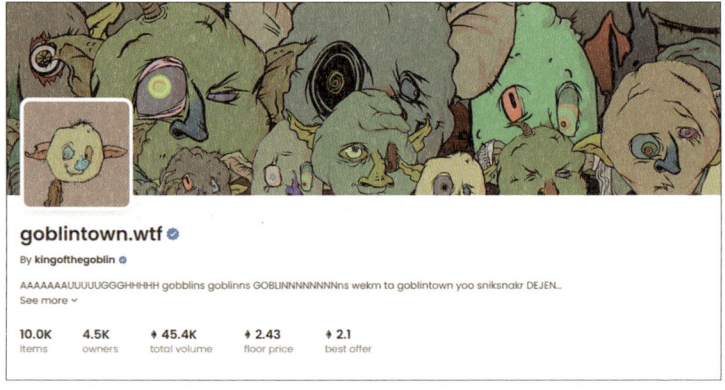

고블린 타운의 정식 프로젝트명에는 그들이 NFT 세계에 던지고 싶은 메시지가 표현되어 있다.

출처 : 오픈씨

NFT 시장 풍자와 밈 문화

고블린 타운의 가격이 이렇게 단기간에 폭발적으로 상승하게 된 것은 단순히 기행적인 행보를 했기 때문만은 아니었다. 고블린 타운은 NFT 프로젝트라면 기본적으로 갖추고 있어야 하는 조건들을 _{로드맵, 가격, 유틸리티 등} 무시하며 등장했지만, 인기를 얻기 위해 NFT 시장을 비판하는 단순한 프로젝트가 아닌, 꼼꼼한 디테일과 치밀한 계산을 통해 시작된 프로젝트라는 의견들이 나오고 있다.

앞서 설명했던 것처럼 고블린 타운은 공식 홈페이지와 프로젝트명에서 무분별하게 과열된 NFT 시장을 풍자하는 프로젝트라는 뜻을 직접적으로 내비쳤다. 또한 '고블린타운^{Goblintown}'은 실제로 암호화폐 약세장을 설명하는 용어로 쓰이는 은어로 영화 〈호빗 : 뜻밖의 여정^{⟨The Hobbit: An Unexpected Journey⟩, 2012}〉에서 나오는 노래에서 따온 단어라는 것이 알려지면서, 사람들은 더욱 고블린 타운의 의도에 관심을 가지기 시작했다.[17] 실제 고블린 컬렉션에도 NFT 문화를 조롱하는 특성들이 보인다. 몇몇의 고블린은 2022년 5월 초에 추락한 암호화폐 루나^{Luna}의 문신을 하고 있으며, 마찬가지로 과거 러그풀_{rugpulls, 프로젝트 개발자가 프로젝트를 중단해 투자금을 가로채는 사기} 프로젝트 참여 소식이 밝혀지며 폭락을 경험했던 아즈키^{Azuki}의 이름이 적힌 티셔츠를 입고 있는 고블린들도 보인다.[18]

고블린 타운의 고블린은 암호 화폐 시장을 조롱하는 특성들을 가지고 있다.

출처 : 오픈씨

 이렇게 노골적으로 NFT 시장을 저격해 조롱하고 풍자하는 "NFT 프로젝트"가 나타났다는 점에서 역설적으로 고블린 타운은 사람들에게 흥미로운 프로젝트로 각인되었다. 프로젝트 제작자가 누군지도 모르고, 소통을 위한 디스코드도 없는 고블린 타운이지만 유일하게 존재하는 공식 트위터를 통해 프로젝트의 목적에 대한 물음에 이렇게 답했다. "고블린 타운은 모든 고블린이 사는 곳입니다. 그들은 스스로를 좋아하고, 자신의 재능을 축하하는 것을 좋아합니다. 그들은 또한 햄버거를 먹고 소리치는 것을 좋아합니다. 모든 사람은 내부에 작은 고블린이 있고, 그들을 그냥 내보내세요" 결국 고블린 타운은 너무 과열되고 폐쇄적인 NFT 커뮤니티에 대한 자기 성찰이며 해학적인 프로젝트라고 볼 수 있다.

IT 전문 업체 《씨넷》은 고블린 타운에 대해 '고블린 타운 NFT는 전례 없는 상승세를 보였다'라며 'NFT 거래자들조차 이 현상을 혼란스러워하고 있다'라고 분석했다. 실제로 국내 NFT 시장에서도 소유시 실생활에서 혜택을 볼 수 있는 유틸리티형 NFT 프로젝트 개발에 한창이지만 실제로 인기를 끄는 건 로드맵과 유틸리티가 없는 고블린 타운 NFT이다 보니 시장 안에서 '쓸모가 있는지 없는지'에 대한 유무가 크게 중요하지 않다는 지적도 나오고 있다. 이장우 한양대 글로벌 기업가 센터 겸임교수는 "쓸모 있는 NFT라는 것이 시장 안에서 절대적인 기준이 될 수는 없다"라며 "많은 NFT가 우후죽순처럼 나오다 보니 그 안에서 '최소한 효용 가치가 있어야 하는 거 아니냐'라는 하나의 필터링일 뿐"이라고 말했다. 이 교수는 "가지고 있는 것만으로도 증표가 되는 NFT는 굳이 특별한 로드맵이 없어도 가치를 지닌다"라며 "소위 '아우라가 있는' NFT들은 굳이 억지로 효용성을 고집할 필요는 없다"라고 강조했다.

　고블린 타운이 이토록 이슈가 될 수 있었던 이유는 해외의 밈 meme, 인터넷·소셜네트워크에서 인기가 높은 콘텐츠로 유행 시키기 좋은 짤방을 뜻함 문화가 큰 역할을 했다. 고블린 타운 NFT의 보유자는 기본적으로 소유자가 원하는 방식으로 NFT를 상용화할 수 있다. 이러한 자유로운 권한과 우스꽝스러운 생김새를 가진 이미지, 거기에 더해 공식 트위터에 올라오는 장난기 가득한 고블린 언어를 통한 대화를 통해 사람들은 서로를 태그하고, 장난을 주고받으며 점점 대중들에게 알려지기 시작했다. 고블린 언어라고 불리는 문자는 대, 소문자가 서로 섞이고 폰트 크기를 다르게 표현하여 유쾌하고 장난스러운 프로젝트 이미지에 적절하게 부합한다. 이는 정말 많은 사람들의 장난에 사용되며 웹으로 퍼져나갔고, 심지어 버드 라이트^{Bud Light, 미국 맥주 회사} 공식 트위터 계정에서도 고블린 언어를 사용한 게시물이 트윗 되며 인기에 박차를 가했다.

고블린 타운 유저들은 서로에게 오줌을 발사하는 장난과 트위터 스페이스에서 괴상한 소리를 내면서 하나의 밈 문화를 만들었다.
출처 : 트위터

공식적인 콜라보인지 밝혀지지는 않았지만, 버드 라이트는 트위터 공식 계정에 고블린 언어를 사용해 트윗을 남겼다.
출처 : Bud Light 트위터

기존의 법칙을 과감하게 무시하고 프로젝트를 완벽하게 개방하면서 시작한 고블린 타운은 처음부터 관리자가 공개되지 않은 상태에서 중앙 관리 기관 없이 시작되었지만, 커뮤니티를 이루고 있는 유저들끼리 서로 소통하면서 생태계를 형성했다. 이는 웹 3.0의 기본 정신인 탈중앙화와 자율성에 기초를 두며 새로운 형태의 스토리텔링으로 전개한 NFT 프로젝트의 성공적인 사례로 볼 수 있다. 고블린 타운은 중앙 기관(관리자)이 프로젝트의 시작부터 비전을 제시하고 관리를 해야만 자본이 모이며 생태계가 형성되고 활성화될 수 있다는 규칙을 깨트렸고, 이는 탈중앙화된 자율 조직을 꿈꾸는 DAO의 가능성에 굉장히 긍정적인 부분을 강조할 수 있는 훌륭한 프로젝트가 되었다.

5
다양한 방식을 끊임없이 시도하다
사이버콩즈

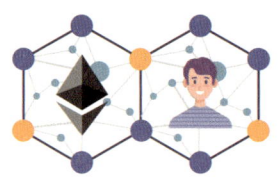

    2021년 8월, NFT 열풍이 불기 시작했을 때 24시간 동안 무려 1,430개^{당시 한화 약 54억 원}가 넘는 이더리움을 소각시킨 프로젝트가 등장했다. 2021년 8월 16일 12시^{한국 시간}기준, 평균 이더리움의 소각 속도가 분당 3.31^{당시 한화 약 1200만 원}이더리움이었음을 볼 때, 24시간 전체 이더리움의 소각량^{3.31*60*24}은 4,766^{당시 한화 약 180억 원}이더리움이 된다. 이렇게 계산하였을 때 무려 전체 소각량의 30%에 달하는 이더리움을 한 프로젝트에서 소각시켰다는 것은 대단히 놀라운 일이다. 이더리움이 소각된다는 뜻은 네트워크에서 초과 수수료^{가스비}가 발생하였다는 뜻이다.[19] 다시 말해 사람들이 해당 프로젝트 NFT를 얻기 위해 경쟁적으로 입찰을 하여 이로 인해 소각되는 이더리움의 비율이 높아졌다는 말과 동일하다. 하루 만에 수수료만 무려 50억원 가까이 지불된 프로젝트는 바로 사이버콩즈 VX^{CyberKongz VX}이다. 24시간 안에 이렇게나 많은 수수료가 소진되었다는 것은 사이버콩즈VX의 수요가 그만큼이나 컸다는 말과 동일하다. 대체 사이버콩즈는 어떤 가치를 가지고 있기에 이렇게나 많은 사람들의 수요를 부를 수 있었을까?

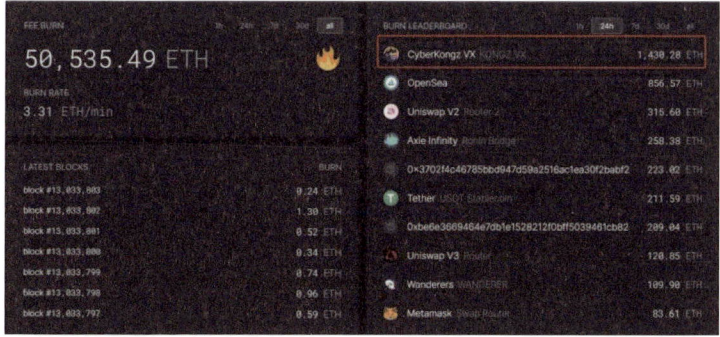

2021년 8월 16일, 사이버콩즈 VX가 24시간 만에 1430개의 이더리움을 수수료로 소각시키며 화려하게 세상에 나왔다.
출처 : ultrasound.money

NFT와 토큰의 결합
토크노믹스 생태계

사이버콩즈는 2021년 3월에 유인원의 모습을 한 1천 개의 픽셀 형식의 이미지 파일로 처음 세상에 등장했다. 가장 먼저 등장한 1천 개의 사이버콩즈는 제네시스$^{Genesis, 창세기·기원}$콩즈라고 불리며, 초기 기능은 프로필로 사용할 수 있는 이미지의 기능밖에 없었지만, NFT 시장이 아직 형성되기 전의 극초기 프로젝트$^{2021년 3월 사이버콩즈 런칭, BAYC는 2021년 4월에 런칭하였다}$였으므로, 34x34 픽셀 사이즈의 사이버콩즈 이미지는 디스코드와 소셜미디어 상에서 프로필 사진으로 적합해 큰 인기를 끌었다. 사이버콩즈는 대대적인 홍보 활동을 하지 않았지만, 사용자들이 프로필로 사이버콩즈 이미지를 사용하며 많은 관심을 받았고, 단기간에 커뮤니티가 크게 확장되었다.

사이버콩즈는 34x34 픽셀의 서로 다른 파츠가 조합된 이미지 파일의 형태로 세상에 나왔다.

출처 : 오픈씨

사이버콩즈는 단순히 프로필 용도로 사용할 수 있는 이미지 파일로 세상에 나왔지만, 프로젝트가 성공적으로 자리 잡으며 사이버콩즈를 커뮤니티 기반으로 확장시켜 나가자는 의견이 나왔고 커뮤니티 내 참여하고 있던 개발자 및 전문가들이 나서서 아이디어를 발전시켰다. 아이디어를 발전시키기 위해 커뮤니티 참여자들은 자발적으로 자신의 기술과 시간을 투자했으며, 짧은 기간 내에 자체 생태계 토큰 BANANA를 발행하였다.[20] 사이버콩즈는 토큰 발행과 동시에 룰을 설정했는데, "1천 개 한정으로 발행한 제네시스콩즈는 향후 10년간 매일 10개의 BANANA를 생산하며, 이렇게 생산된 BANANA는 사이버콩즈의 이름을 바꾸거나 베이비 콩즈를 탄생시킬 때 사용할 수 있다"라는 것이었다.[21] 베이비 콩즈의 경우 BANANA 토큰의 소각을 위한 브리딩 Breeding, 기존 NFT를 활용하여 새로운 NFT를 만드는 것 시스템으로, 두개의 사이버콩즈로 교배를 일으켜, 베이비콩즈가 탄생한다는 설정이다. 베이비콩즈는 총 4천개로 물량을 제한했

사이버콩즈는 자체적으로 BANANA라는 자체 토큰을 만들어서 생태계 구조를 형성하였다.
출처 : 사이버콩즈 홈페이지

고, 한 번 브리딩 할 때마다 600개의 BANANA 토큰을 소모하도록 하였다. 프로젝트 자체 토큰이 건강한 가치를 유지하기 위해서는 토큰의 유용한 사용처를 계속해서 만들어내어야 한다. 그래야만 사람들이 토큰을 원하게 될 것이고, 그로 인해 거래가 일어나게 되며 사용된 토큰은 계속 소각되어 가치를 유지하게 될 것이기 때문이다. 결국 모든 상품은 수요와 공급이 균형을 이루어야 한다.

모든 생산자의 주된 고민 중 하나는 '우리의 상품을 어떻게 소비시킬 것인가?'일 것이다. 사이버콩즈는 NFT에 토크노믹스를 결합한 초기 시장의 사례로써 빠른 시간 내에 다양한 방법을 시도하며, 커뮤니티 구성원들과 신뢰 관계를 형성한 좋은 사례이다.

토큰 소각을 위한 다양한 방법론

사이버콩즈는 커뮤니티의 아이디어로 NFT에 토크노믹스를 도입하여 네이티브 토큰을 만들고 브리딩 시스템을 구축하여 베이비콩즈라는 새로운 세계관을 가진 NFT를 만들어 토큰의 소각처를 발생시켰다. 그러나 지속적으로 제공되는 토큰^{공급}과 제한적 브리딩 시스템^{수요}은 토큰의 가치를 유지하기에 한계가 있었다.

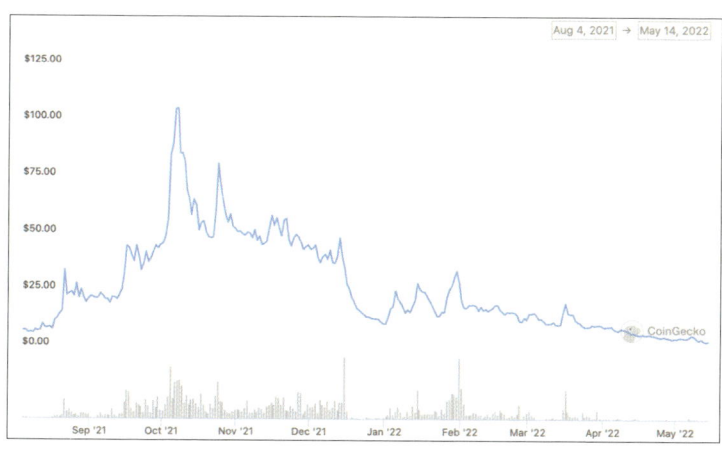

바나나 토큰은 초기 가격 8$에서 105$까지 급격하게 상승하였다가, 브리딩 소각 시스템이 힘을 잃자 급격하게 가격이 추락했다.
출처 : CoinGecko

    지속되는 공급에서 인플레이션을 방지하기 위해서는 구체적이고 지속적인 소각 모델이 필요하다. 지금까지 많은 프로젝트들이 시도했던 토큰 소각의 방법은 크게 다섯 가지로 나눌 수 있다.

1. **브리딩** - 새로운 NFT 생성
2. **온라인 공간 확장** - 소셜 기반 메타버스나 게임으로 확장
3. **오프라인 연계** - 실물 상품 혹은 서비스 제공
4. **타 프로젝트와 결합** - 세계관 결합을 통한 통화로써 기능
5. **투표권** - 화폐를 투표권처럼 사용

사이버콩즈가 대단하다고 평가받는 이유는 이러한 방법론을 모두 빠른 시간 내에 시도해 보았다는 점이다.

사이버콩즈는 2021년 6월, 3D 복셀[Voxel, 2차원의 픽셀을 3차원의 형태로 구현] 형태의 사이버콩즈VX를 만들었다. 사이버콩즈VX의 사용처는 크게 두 가지로 나뉘는데, 메타버스의 소셜 아바타로 활용됨과 동시에 게임 캐릭터로 사용할 수 있도록 설계되었다. 이와 동시에 사이버콩즈는 메타버스 플랫폼 샌드박스[Sandbox]와 파트너십을 맺으며 12x12, 24x24 크기의 땅[Land NFT]을 구매하고, 이곳에서 사이버콩즈VX를 사용할 수 있도록 하겠다는 계획을 발표하며, 사이버콩즈 보유자들의 기대감을 불러일으켰다. 사이버콩즈가 보여준 과감한 행

사이버콩즈VX는 3D 복셀의 형태로 만들어져, 메타버스에서 사용할 수 있도록 하겠다고 발표했다.
출처 : NFT Cable

사이버콩즈는 샌드박스에 랜드를 구입하고, 그곳에 콩즈랜드를 건설했다.

출처 : SANDBOX

보와 공개된 컨셉 이미지 등은 사용자들의 기대감을 불러일으키기에 충분했지만, 아쉽게도 1년이 지난 현재 아직 메타버스 플랫폼을 통한 토큰의 명확한 소각처는 밝혀지지 않았다.

    메타버스를 통한 토큰 소각 계획은 시기상조였다는 평가가 지배적이지만 사이버콩즈는 포기하지 않고 다음 계획을 이어갔다. 2021년 10월, 사이버콩즈는 자체 커뮤니티에서 투표로 선정된 아이디어인 콩즈 탱크 Kongz Tank를 발표한다. 콩즈 탱크는 사이버콩즈의 세계관이나 바나나 토큰을 사용할 수 있도록 설계된 프로젝트를 지원하는 일종의 VC 벤처 캐피털, Venture Capital 역할을 한다. 사이버콩즈는 선정된 프로젝트에 대해 보조금으로 10 이더리움 2021년 10월 기준, 한화 약 4000만 원과 1,000개의 바나나 토큰을 지원하며, 마케팅에 힘을 실어줄 것이라고 약속했다. 콩즈 탱크의 역할은 같은 세계관을 가진 유통 채널을 확장시킴으로써 토큰의 사용처를 더욱 넓히는 것이었다.

사이버콩즈는 위와 같은 프로그램을 통해 더 리틀즈$^{\text{The Littles}}$, 젠에이프^{ZenApe} 프로젝트를 선정하고 지원하였고, 두 프로젝트 모두 완판에 성공하며 2차 거래도 활발히 일어났지만 프로젝트 로드맵에 제시했던 BANANA 토큰을 활용한 계획은 아직 진행되지 못하고 있다. 콩즈 탱크 프로젝트는 당초 계획이었던 토큰 소각에 직접적으로 도움을 받지는 못했지만, 프로젝트 커뮤니티의 의견을 반영해 실행한 아이디어와 실행력은 좋은 귀감이 되고 있다.

콩즈 탱크의 첫번째 수혜자가 된 the littles 프로젝트

출처 : the littles 홈페이지

콩즈 탱크의 세계관이 결합된 ZenApe 프로젝트

출처 : ZenApe 트위터

2021년 11월, 사이버콩즈는 언테임드 아일랜드와 협업을 발표했다. 해당 프로젝트는 포켓몬스터와 동물의 숲 스타일을 결합한 어드벤처 형식의 게임을 제공할 계획이라고 밝혔다. 사이버콩즈는 해당 프로젝트에 자문 역할을 하며, 모험의 장이 될 야생의 섬에 독립적으로 사이버콩즈 테마 섬을 만들고 다양한 방식으로 협업하며 토큰 소각 및 NFT 활용 방안을 구상하고 있다고 발표했다.

사이버콩즈는 게임 시장에서 많은 경험을 쌓고 있는 언테임드 아일랜드와 협업하여 게임을 만들고 있다.
출처 : CyberKongz 블로그

이외에도 사이버콩즈는 BANANA 토큰으로만 구입할 수 있는 실물 상품^{티셔츠, 후드티 등}을 판매하는 사이트를 만들어 한정적으로 판매를 하기도 하고, 개인의 투표권 계산을 제공하는 토큰 기반의 분산형 투표 시스템 스냅샷^{Snapshot}을 차용하여 프로젝트 NFT 소유와 BANANA 토큰 소유 비율에 따라서 커뮤니티 투표권인 'OOH'를 제공하는 전략을 사용했다.[22] 투표가 커뮤니티에 올라오면 스냅샷이 자동으로 생성되어 지갑당 OOH^투표권 수를 계산하여 커뮤니티 구성원들에게 분배된다. 이 과정은 수수료가 들지도 않으며 프로그램으로 자동 진행되기 때문에 투표에 참여하기 쉽다.

사이버콩즈는 사이버콩즈VX의 이름을 바꿀 때 소모되는 토큰의 수량을 정하는 안건을 투표로 올렸고, 68.78%의 지지를 받아 BANANA 토큰 2개를 소모하기로 결정되었다.　　　　출처 : Snapshot

　　사이버콩즈는 NFT 시장의 선두주자로써 빠른 실험과 시도를 통해 커뮤니티에 강력한 신뢰를 주며 끊임없이 발전하고 있는 프로젝트이다. 사이버콩즈는 빠른 도전으로 많은 부진과 실패를 경험하기도 했지만 프로젝트를 지지하고 있는 커뮤니티와의 신뢰 관계를 강력하게 구축할 수 있었던 이유는 끊임없이 프로젝트의 방향성을 지키고 생태계를 확장시키려고 시도하는 과정에서 계속해서 커뮤니티의 목소리를 들으려고 노력했고 실제로 실행에 옮겼기 때문이다. 이는 탈중앙화된 자율성 있는 커뮤니티를 가장 중요하게 생각하는 웹 3.0의 정신을 지켰기 때문이다.

이렇게 빠른 실행력과 다양한 시도를 바탕으로 활동하고 있는 사이버콩즈를 롤모델로 삼아 국내에서 성장하고 있는 프로젝트가 있다. 다음 장에서는 국내에서 시작된 프로젝트 메타콩즈에 대해서 알아보자.

6

세계 최초 웹 3.0 비대위의 움직임
메타콩즈

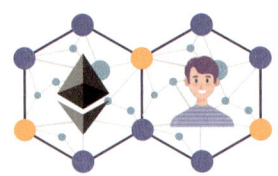

    2021년 12월, 천재 프로그래머라고 불리는 이두희를 필두로 국내 PFP 프로젝트 메타콩즈가 출범했다. 메타콩즈는 프로젝트 오픈과 동시에 국내 사용자들에게 많은 관심을 받으며, 세계 최대 NFT 거래소 오픈씨에 등록된 4가지 체인 중[23] 클레이튼 1위로 올라서며 국내 프로젝트 중 독보적인 사례로 평가받았다. 메타콩즈는 NFT 조상 프로젝트 격인 사이버콩즈를 롤모델로 두고 있는 프로젝트로 서커스장에서 지루해하고 있던 고릴라들이 파라다이스에 가기 위해 하수구에 들어가 엔진을 개발한다는 세계관을 바탕으로 만들어졌다. 메타콩즈는 대다수의 NFT 프로젝트처럼 2D가 아닌, 3D로 입체감 있게 설계되었다. 메타콩즈를 입체감 있게 구현한 이유는 처음 기획 단계부터 메타콩즈를 메타버스와 연결할 생각이었기 때문이라고 프로젝트 파운더^{Founder, 창립자·설립자} 이두희가 직접 인터뷰를 통해 밝혔다. 메타콩즈는 크립토복셀 마이애미 지역, 디센트럴랜드 랜드 등 다양한 메타버스 플랫폼의 가상공간을 매입하며, 메타콩즈 NFT가 활용될 수 있도록 하겠다고 발표했다. 메타콩즈의 로드맵은 굉장히 흥미롭지만, 장밋빛 미래를 이야기하는 것만으로는 국내 1위 프로젝트라는 타이틀을 쟁취할 수는 없다. 메타콩즈가 국내 1위 프로젝트가 될 수 있었던 이유를 알아보자.

메타콩즈는 처음부터 메타버스 플랫폼에서 사용될 것을 염두에 두어 3D 형태로 입체감 있게 제작되었다.
출처 : 메타콩즈 홈페이지

성공 사례를 활용한
메타콩즈 생태계 구조

메타콩즈는 국내 기업 카카오의 자회사 그라운드X가 개발한 플랫폼인 클레이튼^{Klaytn} 체인 기반으로 등장하여 국내 사용자들에게 많은 관심을 받았다. 메타콩즈의 최초 민팅 가격은 150 클레이^{당시 한화 약 25만 원}였지만 프로젝트가 시작된 지 4주 만에 2,000 클레이^{당시 한화 약 300만 원}까지 가격이 상승하였으며, 3개월 만에 바닥가 14,000 클레이^{당시 한화 약 2000만 원}를 달성하는 기염을 토하며 국내에서 독보적인 프로젝트가 탄생하였다는 것을 알렸다. NFT 시장에서 이처럼 단기간에 가격이 100배가량 오른 사례가 없지는 않지만, 굉장히 드물며 상대적으로 시장이 작은 국내에서 이런 성공적인 사례가 나온 것은 대단히 이례적인 일이다. 메타콩즈는 앞서 해외에서 성공을 거둔 프로젝트의 시스템을 벤치마킹하며 빠르게 성장하고 있다.

메타콩즈의 성공에는 다양한 요인이 있었지만, 중요한 요인 중 하나를 신뢰성으로 꼽는다. 이전까지 국내에서 진행했던 프로젝트들은 개발진들이 캐릭터의 뒤에 숨어 모습을 드러내지 않는 경우가 대부분이었다. 아직 NFT 시장이 정립되지 않았고, 그만큼 불안한 요소가 많았기 때문이다. 그러나 메타콩즈의 경우, 국내에서 공인으로 인정받는 글로벌 프로그래밍 교육 브랜드 '멋쟁이사자처럼'의 대표 이두희를 필두로, 임원진들의 얼굴을 공개하고 로드맵대로 프로젝트 공약을 실행하며 신뢰를 쌓았다.

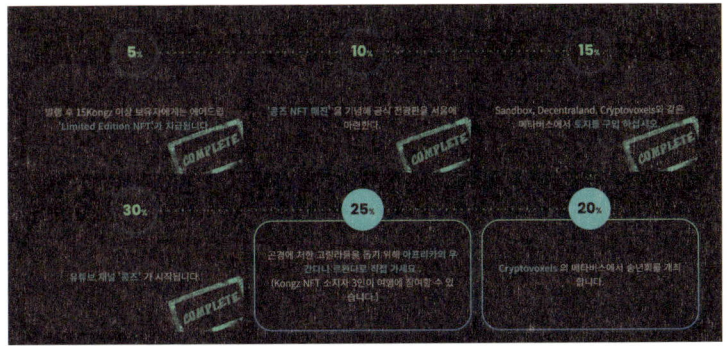

메타콩즈는 빠르게 두 달 만에 제시했던 로드맵의 30%를 수행하며, 신뢰를 쌓았다.
출처 : 메타콩즈 홈페이지

메타콩즈의 파운더 이두희는 인터뷰에서 '이게 되는 사업일까?' '이걸 사람들이 왜 살까?'라는 고민에 너무 빠지지 않고 실제로 일어나는 현상을 인정하고 막 개화하는 NFT 사업에 뛰어들었다고 밝혔다.[24] 메타콩즈는 먼저 시장에 진입하여 시장을 선점하고 빠르게 성장해야 한다는 생각과 동시에 커뮤니티 구성원들과 소통하며 신뢰를 먼저 쌓아야 한다는 것을 이해한 것으로 보인다. 실제로 프로젝트 개발자들의 빠른 피드백과 디스코드에서 일어나는 활발한 소통은 NFT를 보유하고 있는 구성원들에게 소속감과 자부심을 가져다주고 있다.

    메타콩즈는 국내 1위라는 타이틀을 유지하기 위해 해외에서 앞서 성공한 NFT 프로젝트의 구조를 벤치마킹하여 공격적으로 생태계를 확장해 나갔다. 앞서 설명했던 사이버콩즈의 토큰 시스템과 브리딩 시스템을 차용하여 메콩 코인$^{MKC,\ Meta\ Kongz\ Coin}$을 발행하고, 2개의 메타콩즈를 보유한 상태에서 메콩 코인을 소비하면 만들 수 있는 베이비 콩즈와 연결되는 추가 생태계를 발표했다.

종류	준비물	MKC 채굴량 (하루)	소모되는 MKC
베이비 콩즈	메타콩즈 2개 (소각 되지 않음)	0	244
주니어 콩즈	베이비 콩즈 + 100MKC (둘 다 소각)	0.1	348
시니어 콩즈	주니어 콩즈 + 200MKC (둘 다 소각)	0.3	552
고스트 콩즈	시니어 콩즈 + 240MKC (둘 다 소각)	4	796

메타콩즈는 토큰 소각처로 브리딩 시스템을 활용하여 베이비 콩즈 생태계를 확장시키고 발표했다.

출처 : 메타콩즈 홈페이지

    메타콩즈는 사이버콩즈뿐 아니라 세계 1위 NFT 프로젝트라고 불리는 유가랩스의 BAYC의 구조도 함께 차용하였는데, 대표적인 것이 뮤턴트$^{Mutant,\ 돌연변이}$ 세계관 확장과 IP$^{Intellectual\ Property,\ 지적\ 재산}$ 활용권 부여이다. 메타콩즈는 BAYC가 확장된 세계관으로 MAYC를 만든 것처럼 뮤턴트 콩즈와 지릴라 프로젝트를 선보이며 세계관을 확장시켰다. 메타콩즈 팀은 추후 마블의 '시빌 워^{Civil War, 내전}'와 유사하게 메타콩즈 세계관과 뮤턴트콩즈의 세계관이 격돌하는 '콩즈 워'를 언급하며 확장되는 세계관에 대한 당위성을 부여했다.

메타콩즈는 BAYC의 구조를 차용해 새로운 생태계인 뮤턴트콩즈&지릴라 프로젝트를 발표했다.
출처 : 뮤턴트콩즈 홈페이지

또한 메타콩즈는 BAYC의 주요 전략이었던 NFT 보유자에게 캐릭터 IP를 완전히 인정해 주며 자신의 캐릭터를 어떠한 제약 없이 2차 창작 또는 상업적 활용으로 사용할 수 있게 캐릭터 IP를 완전히 공개했다. 위와 같은 방법론은 NFT 보유자들이 스스로 자유롭게 자신의 캐릭터에 이야기 서사를 부여하며 애정을 가지게 만들었다.

IP 활용 권한을 완전히 부여하면 개인들은 자신의 캐릭터에 몰입할 수 있다는 장점이 있지만 2차 창작이나 상업적으로 활용하기는 현실적으로 쉽지 않다. 그러나 기업 입장에서는 NFT를 보유하고 있으면 캐릭터 IP를 활용해 새로운 스토리를 만들어 광고 모델로 사용해 전면에 내세워 실제로 상업적으로 활용할 수 있다는 장점이 있다. 기업 입장에서는 커뮤니티가 형성되어 있는 캐릭터 IP를 자유롭게 사용할 수 있었고, NFT 프로젝트 입장에서는 튼튼한 기업이 캐릭터를 사용함으로써 일반 대중들에게 알려질 수 있는 기회가 되는 좋은 상부상조 관계가 형성되었다.

　메타콩즈는 국내 1위 NFT 프로젝트라는 브랜드 캐릭터를 앞세워 GS리테일, 현대자동차 등 국내 대기업들과 협업하고 다양한 프로젝트들에 광고 모델로 나서며 활발하게 활동했다.

메타콩즈는 GS리테일과 현대자동차 등 국내 대기업들과 콜라보를 통해 활발하게 활동하고 있다.
출처 : (좌) 메타콩즈&GS리테일, (우) 메타콩즈&현대자동차

메타콩즈는 여러 프로젝트들과 콜라보 하며, 세계관을 급속도로 확장시키며 승승장구하는 듯했지만, 곧 문제에 봉착하게 되었다. 너무 많은 콜라보로 인한 비슷하면서도 다양한 모습의 캐릭터들 때문에 사람들이 헷갈려 하기 시작했고, 모습을 조금씩 바꾼 많은 새로운 캐릭터들이 등장하며 엄격히 제한된 물량으로 희소성을 강조하는 NFT 프로젝트의 근본적인 부분에 의문을 품기 시작한 것이다. 이로 인해, 사람들의 관심이 조금 시들해지기 시작했을 때 여러 가지 악재가 겹치며 메타콩즈의 거래 통화였던 클레이튼의 가치가 급격하게 하락하게 되었고, 이는 위기의 메타콩즈에게 직격타가 되었다.

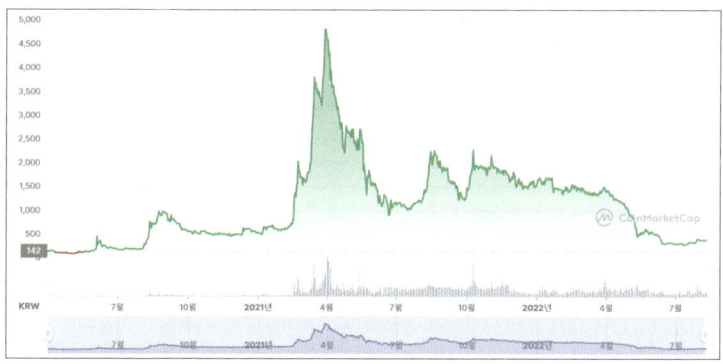

여러 가지 악재가 겹치며 메타콩즈의 거래 통화인 클레이튼의 가치가 하락하게 되었고, 이는 메타콩즈의 가격까지 낮추는 결과가 되었다.

출처 : CoinMarketCap

거버넌스를 통한
커뮤니티 투표의 중요성

　과도한 생태계의 확장과 경제 악화로 인한 거래 통화의 가치 하락으로 위기가 온 메타콩즈는 발 빠르게 해결 방안을 제시하며 움직였다. 메타콩즈 팀이 제시한 방법은 프로젝트의 체인을 변경하면서 거래 통화를 바꾸는 것이다. 결론적으로 국내 한정으로 쓰이는 클레이튼이 아닌 전 세계 공용 암호화폐로 인정받고 있는 이더리움으로 체인을 변경하자는 전략을 제시한 것이다. 메타콩즈의 파운더 이두희는 위와 같은 논지를 던지며, 메타콩즈가 더 넓은 세계로 나가기 위해서는 체인을 변경하는 것이 훨씬 유리하다고 주장했다. 이는 충분히 설득력이 있는 주장이었는데 실제로 국내 한정으로 쓰이는 클레이튼은 세계 시장에서 인지도가 부족했고, 심지어 클레이튼이라는 화폐가 있는지조차 알지 못하는 경우가 대부분이었기 때문이다. 더군다나 개발자의 입장에서 변수가 많고 오류가 잦은 클레이튼보다 표준화되어 있는 이더리움 체인을 사용하여 개발을 진행하는 것이 훨씬 편리하고 유리하다는 의견이 지배적이었다.

　장기적으로 보았을 때 이더리움으로 체인을 옮기자는 운영진들의 의견이 합당해 보였지만, 메타콩즈 팀은 운영진들이 독단적으로 결정하지 않고 커뮤니티를 구성하고 있는 홀더[NFT 보유자]들의 의견을 반영해 거버넌스 투표로 결정하겠다고 입장을 밝혔다. 메타콩즈의 커뮤니티^{디스코드}내에서는 서로 상반된 의견으로 격렬하게 토론이 일어났지만 보유한 NFT 숫자만큼 표를 행사할수 있었던 거버넌스 투표 결과는 96.7%의 압도적인 찬성 표로 이더리움으로 체인 변경을 진행하게 되었다.

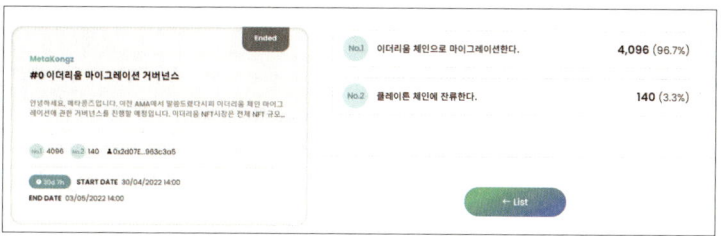

메타콩즈의 이더리움 체인 변경 이슈는 96.7%의 압도적인 찬성 표로 승인되었다.

출처 : 메타콩즈 홈페이지

 메타콩즈의 이더리움 체인 변경 이슈가 확정되자 메타콩즈 팀은 2주 동안 체인 변경에서 발생하는 수수료를 모두 부담하겠다고 발표하며 팀이 보낼 수 있는 최대한의 지원을 약속했다. 이더리움은 클레이튼의 생태계와 비교도 안될 만큼 거대한 생태계이기 때문에 많은 어려움이 생길 것이라는 의견이 있었고, 예상대로 많은 어려움을 만나며 고군분투하고 있지만 운영진들이 독자적으로 결정한 사항이 아닌 거버넌스의 투표로 정해진 사항이었기 때문에 우려의 목소리는 있었지만 비난의 목소리는 크지 않았다.

메타콩즈는 이더리움으로 체인을 변경하며 더 큰 생태계로 도약을 알렸다.

출처 : 메타콩즈 홈페이지

생태계를 완전히 뒤바꾸며 혁신을 꿈꿨던 메타콩즈는 또 한 번의 도약을 위해 새로운 프로젝트 "Life Goes On$^{이하\ LGO}$"을 공개한다. 이는 메타콩즈 최초의 브리딩 시스템이었던 베이비콩즈 세계관을 그대로 가져온 것이며, 기존에 메콩 코인을 소각하기 위해 만들어 놓은 브리딩 시스템을 이용하는 사람이 거의 없자, 브리딩 시스템을 폐기하고 베이비콩즈 세계관을 그대로 사용해 새로운 프로젝트로 만들겠다는 뜻이었다.

이 과정에서 메타콩즈 팀은 큰 실수 2가지를 저지르게 되었는데, 첫 번째는 가장 큰 메콩 코인 소각처인 브리딩 시스템을 개선해야 했는데 아예 없애버리면서 메콩 코인의 소각하는 큰 통로가 사라져 버렸다는 것이며, 두 번째는 기존의 뿌리였던 시스템을 없애고 새로운 세계관으로 발표하는 프로젝트의 아주 중요한 안건이었음에도 불구하고 거버넌스 투표를 하지 않고 운영진들의 판단으로만 강행했다는 것이다.

해당 이슈로 인해 커뮤니티의 구성원들의 믿음이 흔들리며 발표를 했다 하면 무조건 완판이라는 기록을 세웠던 메타콩즈는 LGO 프로젝트의 완판에 실패하게 된다. 이 사건이 기폭제가 되어 홀더들은 온라인 비상대책위원회^{이하 비대위}를 조직해 해당 결정을 비판하며 경영진의 퇴진을 요구하는 의견을 전달했다.[25]

메타콩즈는 새로운 도약을 위해 "Life Goes On"이라는 새로운 생태계를 발표했지만 완판에 실패했다.
출처 : 메타콩즈 홈페이지

이들은 해당 문제가 NFT 프로젝트에서 발생한 만큼 웹 3.0과 DAO의 개념을 비대위에 대입하는 시도를 했다. 비대위는 온라인 상에서 자신이 보유한 메타콩즈 NFT 캐릭터를 영정사진과 합성해서 '프로젝트의 부고'를 알리는 동시에 메타콩즈 팀에 대한 불만을 표현하는 밈을 생성하고 공유하며 프로젝트 성과 부진에 대한 경영 부진의 책임을 물어 최고경영자^{CEO}와 최고운영책임자^{COO}의 사퇴를 요구함과 동시에 최고기술책임자^{CTO}의 원톱 체제를 요구했다.

메타콩즈 홀더들은 운영진들에 대한 불만을 밈으로 표현하여 온라인으로 비대위를 결성하고 직접 목소리를 높였다.
출처 : 트위터

이는 전세계 최초로 온라인에서 발생한 웹 3.0 비대위 결성과 운영진 탄핵을 위한 움직임이었으며, 프로젝트를 구성하고 있는 홀더들의 목소리가 무엇보다도 중요하다는 것을 보여주는 사례이다.

메타콩즈 홀더 한 명의 트위터 스레드로 인해 메타콩즈의 비대위 움직임이 시작되었다.

출처 : 트위터

이러한 일련의 사건들을 통해 홀더들은 자신의 의견과 프로젝트에 원하는 바를 당당하게 개진하게 되었고, 결국 CEO와 COO는 자신의 책임을 인정하고 운영진의 자리에서 내려오게 되었으며 다수의 홀더들의 의견대로 메타콩즈는 CTO 원톱 체제를 선언하게 되었다.

2022년 7월 23일 메타콩즈의 디스코드에 운영진들의 입장문이 차례로 올라왔으며, 바로 그날부터 프로젝트의 가격이 상승세를 보여 3일 만에 가격이 2배$^{0.66이더 ▶ 1.35이더}$ 이상 상승하였다. 이로써 NFT 프로젝트의 가치는 중앙관리자가 아닌 직접 프로젝트를 보유하고 있는 홀더들이 결정한다는 것이 증명되었다. 이는 전세계 최초이자

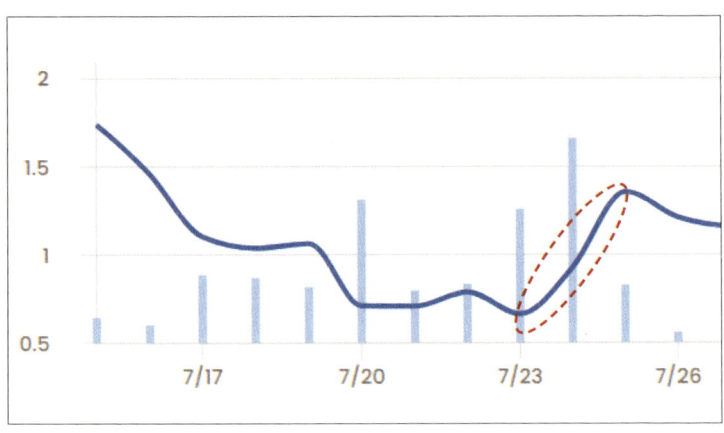

7월 23일 운영진이 입장문을 발표하며 운영진 퇴진 사태가 발발했고, 그 이후 가격이 상승세를 보여 바닥가가 2배 이상 상승하였다.
출처 : 오픈씨

유일한 사례이며 많은 웹 3.0 관계자들과 다른 NFT 프로젝트들에게 홀더와 거버넌스의 중요성에 대해 경각심을 주는 사건이 되었다.

기존의 수직적인 조직 구조를 가지고 있는 대부분의 기업에서는 일반 주주들이 일상적 의사결정에 참여하지 못한다. 그러나 DAO의 구조를 가지면 커뮤니티를 구성하고 있는 모든 구성원들이 자신의 의견을 자유롭게 이야기하고 투표 권리를 행사할 수 있게 된다. 외부에서 자본을 유입하는 기업과는 다르게, 프로젝트를 시작하기 위해서 프로젝트의 구성원이 되는 개인으로부터 자금을 유입하는 과정이 필요한 NFT 프로젝트의 경우, NFT를 보유하고 있는 홀더들의 목소리를 주의 깊게 듣고 반영하려는 노력이 반드시 필요하다. 사용자들의 거버넌스는 얼핏 사소해 보이지만, 웹 3.0 생태계에서 핵심이 되는 중요한 가치이다. 거버넌스를 가지고 있는 대다수의 NFT 프로젝트의 경우, 프로젝트의 방향성과 로드맵을 착실하게 이행하는 것도 물론 중요하지만 프로젝트의 근간이 홀더와 거버넌스 시스템이라는 것을 잊지 않고 홀더들과의 소통에 힘써야 한다.

웹 3.0의 생태계에서 작동하고 있는 NFT 프로젝트들은 수없이 많지만 대다수의 프로젝트들은 사라질 것이며, 끝까지 살아남는 프로젝트들은 DAO의 조직 구조를 활용해 홀더와 관리자가 동등한 위치에서 끊임없이 소통하고 피드백을 통해 같은 방향으로 나아가기 위해 노력하는 프로젝트가 될 것이다.

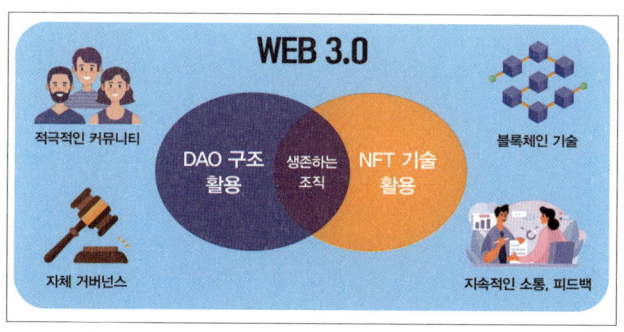

웹 3.0 생태계에서 결국 NFT 기술을 활용하여 DAO의 조직 구조가 결합되어 끊임없이 소통하고 발전하는 프로젝트만이 끝까지 살아남을 것이다.

PART 3

DAO는 어떻게 활용되는가?

1
모두의 투표로 이루어지는 조직
프로토콜 DAO

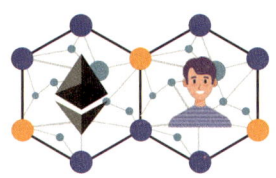

DAO라는 용어를 처음 접하는 사람들은 굉장히 전문적이고 어려운 개념이라고 생각할 수 있지만, 이미 DAO는 새로운 경제 참여자 구조로써 시장에 자리 잡고 있다. DAO 생태계 분석 플랫폼 딥다오^{deepdao.io}에 따르면, 현재^{2022년 8월 기준} 4,800개 이상의 DAO가 존재하며 110억 달러^{한화 약 14조 원}이상의 자본이 관리되고 있으며, DAO의 참여자 수^{거버넌스 토큰 보유자}는 무려 380만 명에 이른다. 2018년 약 10개의 DAO가 결성된 것을 시작으로 2020년에 약 200개로 증가하였고, 지금에 이르기까지 DAO의 역할은 더 다양해지고 고도화되며 급격하게 성장을 하고 있다. DAO는 특정한 목적 또는 미션에 공감하는 사람들이 협업하고 투자하기 위해 모인 커뮤니티로써 작동한다. 이번 장에서는 실제로 작동하고 있는 DAO를 확인해 보는 시간을 가져보려 한다. 먼저 프로토콜 DAO에 대해 알아보겠다.

프로토콜 DAO의 기본 정의

프로토콜 DAO는 서비스와 플랫폼을 기반으로 하는 DAO이다. 다소 생소하게 들릴 수도 있는 프로토콜^{Protocol}이라는 단어의 사전적 의미는 '컴퓨터 통신 규약'이라 명시되어 있다. 즉, 컴퓨터 간 데이터를 교환할 때 빠르게 거래를 하기 위해 사전에 정해놓은 규칙을 뜻한다. 만약, 여러분이 『창세기』에 등장한 바벨탑 이야기를 알고 있다면 프로토콜에 대해 이해하기 더 쉬울 것이다. 높고 거대한 탑을 쌓아 하늘에 닿으려 했던 인간들의 오만한 행동에 분노한 신은 본래 하나였던 언어를 여럿으로 분리하는 저주를 내렸고 결국 탑을 세우고자 했던 인간들은 불신과 오해 속에서 서로 다른 언어들과 함께 뿔뿔이 흩어지게 되었다는 이야기다. 이 짧은 이야기에서 우리는 사용하는 언어가 통일되어야 하는 이유를 알 수 있다. 아마 신의 저주를 받아 언어가 분리되는 일이 없었다면, 바벨탑은 완공되었을 것이다. 사람과 사람이 소통하는데 모두 같은 언어를 사용하여 말하는 사람이 전달하는 내용을 듣는 사람이 한 번에 완벽하게 이해할 수 있다면 어떻게 될까? 아마 일의 모든 과정이 쉽고 빠르게 진행될 것이다. 이와 마찬가지로 컴퓨터와 컴퓨터도 서로 이해할 수 있는 언어를 사용해야 작업이 쉽고 빨라지는데, 이렇게 상호 간에 약속을 통해 통일시켜 놓은 언어를 바로 프로토콜이라고 한다.

프로토콜은 컴퓨터끼리 정보를 주고받을 때 상호간에 약속을 통해 통일시켜 놓은 언어를 뜻한다.

이더리움이 탄생하며 새로운 화폐를 통한 거래가 폭발적으로 증가했다. 블록체인 기술을 활용할 수 있는 개발자들은 사람들이 이런 크립토 자산을 거래하고 빌려줄 수 있는 프로토콜을 만들었다. 그러나 이런 프로토콜은 분산화되어 있어, 성장과 발전의 속도가 너무 늦다는 것이 문제였기에 이를 모아 규모를 키우는 과정이 필요했고 이들은 DAO의 방식을 선택하게 된다.

프로토콜 DAO들은 모든 주요 결정을 소규모 개발자 팀에 맡기기보다 사용자들에게 향후 방향성에 대해 집단 발언권을 주는 방식으로 등장했다. 일반적으로 유저들은 과거 사용량 및 조직의 기여 정도에 따라 의결권을 전달받는 거버넌스 토큰을 발행 받는다. 누구든 프로젝트 개선방안을 제안할 수 있고, 토큰 보유자들은 제안의 추진 유무에 대해 투표할 수 있다. 결국, 프로토콜 DAO란 서비스나 정책 등에 투표를 통해 영향을 미칠 수 있는 DAO를 말한다.

프로토콜 DAO란 서비스나 정책 등에 투표를 통해 영향을 미칠 수 있는 DAO를 말한다.

출처 : freepik

대표적인 프로토콜 DAO로 구분되는 유니스왑Uniswap, 스시스왑Sushiswap, 컴파운드Compound 등은 기존 거래소와 다르게 탈중앙화된 토큰 거래소를 지향한다. 탈중앙화 거래소는 두 종류의 토큰이 1:1 비율로 담겨있는 유동성 풀을 만들어 이 풀 안에서 사용자가 서로 다른 토큰을 교환할 수 있게 한다. 예를 들어 이더리움을 클레이로 바꾸고 싶다면 이더리움-클레이 풀에 이더리움을 제공하고 그 가격만큼 클레이를 받는 구조이다. 이렇게 유동성을 제공한 공급자들은 그 대가로 해당 거래소의 거버넌스 토큰을 받을 수 있다. 토큰을 받은 공급자들은 해당 거래소 DAO의 구성원이 되어 투표권을 가지게 된다. 그러나 프로토콜 DAO들이 지금의 규모와 시스템을 갖추기까지는 많은 사건 사고들이 있었다. 다사다난했던 사건 사고를 이야기하려면 유니스왑의 이야기를 먼저 언급할 수밖에 없다.

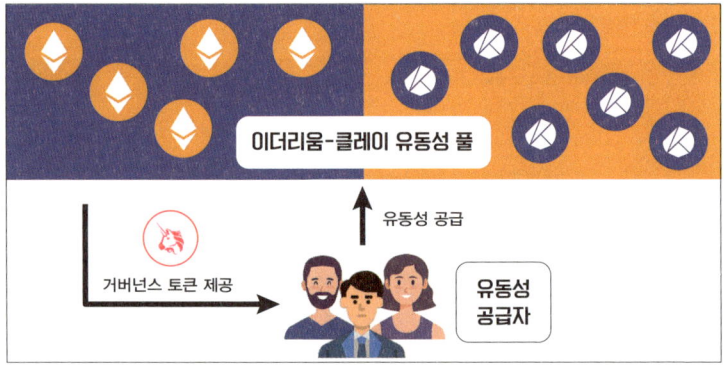

유동성 공급자는 유동성을 공급하는 대신 그만큼의 파밍 이자를 해당 거래소 거버넌스 토큰으로 받을 수 있다.

최대 규모 탈중앙화 거래소
유니스왑

유니스왑^{Uniswap}은 이더리움 체인을 기반으로 가지고 있는 자본만 35억 달러$^{한화\ 약\ 4조\ 6천억\ 원}$, 활동하는 멤버만 36만 명이 넘는 세계 최대 규모의 탈중앙화 가상자산 거래소이다. 유니스왑을 소개하기 전, 꼭 알고 있어야 하는 기본 개념에 대해 먼저 소개하고 넘어가려 한다. 유니스왑을 이해하기 위해서는 디파이^{DeFi}와 탈중앙화 거래소$^{DEX,\ Decentralized\ Exchange}$라는 개념을 알고 있어야 한다. 디파이는 Decentralized Finance의 약자로, 탈중앙화된 금융서비스를 뜻한다. 탈중앙화라는 개념이 들어간 만큼 거래 참여자가 은행, 증권사 등 중앙 금융기관이 없이도 금융 서비스를 이용할 수 있다는 것을 전제로 한다. 디파이가 사람들의 관심을 받았던 이유는 중앙정부의 검증 없이 자신의 재산을 투명하게 관리할 수 있기 때문이다. 그리고 이런 디파이 서비스를 적용하여 만든 것이 바로 탈중앙화 거래소이다. 여기서 헷갈리지 말아야 하는 부분은 가상 자산을 거래한다고 해서 모두 탈중앙화 금융 서비스는 아니라는 것이다. 국내에서 활발하게 사용되는 업비트^{Upbit}, 코인원^{Coinone}, 빗썸^{Bitsome} 같은 가상 자산 거래소는 중앙화 거래소$^{CEX,\ Centralized\ Exchange}$라고 부른다. 이 같은 중앙화 거래소는 구매자와 판매자 모두가 신뢰할 수 있는 제3

자의 역할 즉, 기존 금융 시스템에서 은행이 담당하는 역할을 거래소가 담당하는 것이기 때문에 탈중앙화 금융 서비스와는 다르다.

구분	핀테크	중앙화 거래소	탈중앙화 거래소
거래수단	법정화폐	가상자산	가상자산
규제	전자금융거래법	특정금융정보거래법	미정
관리 주체	중앙화	서비스 제공자	탈중앙화
거래장부	단일	단일/분산	분산
데이터 접근	허가받은 사용자	등록 사용자	모든 참여자
데이터 저장	중앙화	중앙화	노드 참여자
익명성	실명거래	익명거래	익명거래
투명성	불투명	불투명	투명

기존 핀테크 기업과 중앙화 거래소, 탈중앙화 거래소는 위와 같은 차이점이 있다.

출처 : 한국4차산업혁명정책센터(KPC4IR) 2020

초기 탈중앙화 거래소는 느린 거래 속도, 비싼 수수료, 부족한 유동성 등으로 여러 가지 문제점이 있었다. 거래가 이루어질 때마다 블록체인을 이용해 기록하는데, 이 속도가 상당히 느리기 때문에 거래를 마치기까지 평균 10분 이상이 소요되며, 주문을 할 때마다 수수료가 발생하는 문제점이 있었다. 그러나 거래소로써 가장 문제점은 유동성이 부족하다는 것이다. 유동성은 적절한 가격에 얼마나 쉽게 자산을 구매 또는 판매할 수 있는가 하는 것이다. 더 쉽게 이야기하자면, 거래소를 사용하는 사람이 얼마나 있는가이다. 유동성이 높은 시장에서는 매수와 매도의 가격 차이가 거의 없으며, 이는 구매자와 판매자가 경쟁하듯이 거래를 일으킨다는 뜻이다. 반대로 비유동적인 시장은 거래를 원하는 사람이 부족하다는 뜻이 된다. 이러한 문제들로 인해 탈중앙화 거래소는 시장에서 외면받았다. 그러나 유니스왑이 등장하면서 시장의 판도는 완전히 바뀌게 된다.

AMM (자동 마켓메이커) 프로토콜 등장

유니스왑은 이러한 문제를 자동화된 마켓메이커$^{\text{AMM, Automated Market Maker}}$ 중에서 CPMM$^{\text{Constant Product Market Maker, 수의 곱이 항상 유지되는 모델}}$이라는 프로토콜을 이용해 해결했다. 기존 중앙화 거래소에서는 매수자와 매도자의 호가에 따른 거래로 가격이 결정되었다. 그러나 탈중앙화 거래소에서는 미리 지정된 수학 공식을 바탕으로 토큰의 가격이 결정된다. 이때 사용되는 공식은 굉장히 단순하다.

$$A \times B = K$$

여기서 A와 B는 유동성 풀 안의 거래자가 거래하고 싶어 하는 토

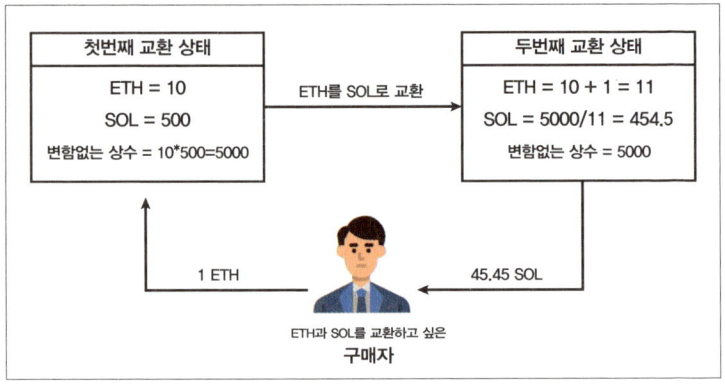

AMM의 거래 체결 방식은 두 토큰의 개수의 곱을 일정하게 맞추는 것이 핵심이다.

큰의 수량을 의미한다. K는 상수^{변하지 않고, 항상 일정한 값을 갖는 수}이다. 즉, 이 공식을 바탕으로 전체 유동성 풀은 언제나 동일하게 유지된다. 만약 거래자가 대량의 A 토큰을 사면 유동성 풀에 A 토큰이 부족해진다. 당연히 A 토큰의 구매 가격은 높아진다. 수요와 공급에 따라 토큰의 가격이 달라지는 것이다. 간단하게 말하자면 구하려는 사람이 많고 귀할수록 비싼 원리를 수학적으로 계산한 것이다. 결국 유니스왑의 구조를 간단히 설명하자면, 유동성을 위해 유동성을 제공하는 사람들에게 일정한 예치 시 보상을 해주고, 그 유동성을 이용해 알고리즘을 통해 계산^{두 토큰 개수의 곱을 일정한 수로 맞춤}하여 서로 교환해 주고, 거래 시에 수수료를 받음으로써 탈중앙화된 거래가 이루어지게 도와주는 방식이다.[1]

일반적으로 거래소에서 이더리움을 비트코인으로 교환하고 싶은 경우, 반대편에 비트코인을 이더리움으로 교환을 원하는 상대가 있어야 했다. 그러나 유니스왑에서는 이러한 거래 과정이 코딩을 이용해 스마트 콘트랙트로 자동으로 이루어진다. 즉, 거래 상대방이 없더라도 누구든 시장을 생성할 수 있게 된 것이다.

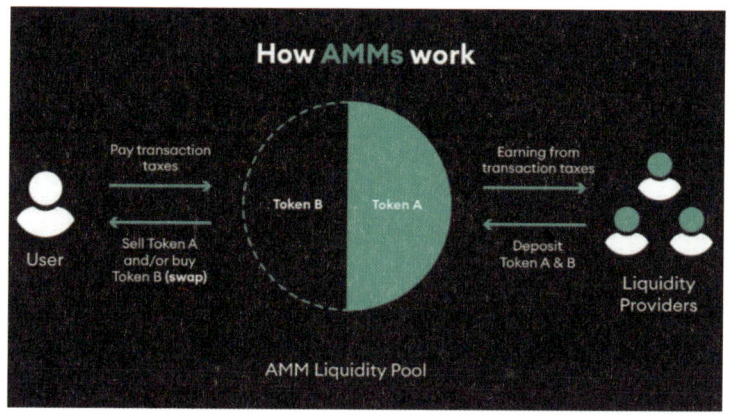

자동화된 마켓 메이커를 이용하면 누구든 자유롭게 시장을 생성할 수 있다.

출처 : cryptorobin.com

유니스왑 프로토콜^{AMM}의 발명가이자 유니스왑 연구소 CEO인 헤이든 아담스^{Hayden Adams}는 자신의 트위터를 통해 2022년 목표에 대한 트윗을 남겼다. "2022년에 유니스왑 연구소가 향하는 방향은 다음과 같다. 더 많은 개발 도구 및 위젯^{widget}을 제공해 개발자에게 영감을 주고 커뮤니티 거버넌스에 더 쉽게 참여할 수 있도록 하며,

저렴하고 안전하며 원활한 거래를 위한 더 많은 방법을 생성하여 계속해서 디파이 혁신에 앞장서는 것을 목표로 한다." 또한, 그는 2022년 유니스왑 프로토콜의 누적 거래량이 1조 달러^{한화 약 1300조 원}를 넘을 것이라 예상하였고, 2022년 5월 실제로 유니스왑의 누적 거래량은 1조 달러를 돌파하였다. 유니스왑의 하루 평균 수수료 금액은 약 410만 달러^{한화 약 54억 원}에 달한다.[2] 이처럼 유니스왑에서 운용되는 천문학적인 금액의 유동성은 어떻게 나오는 것일까?

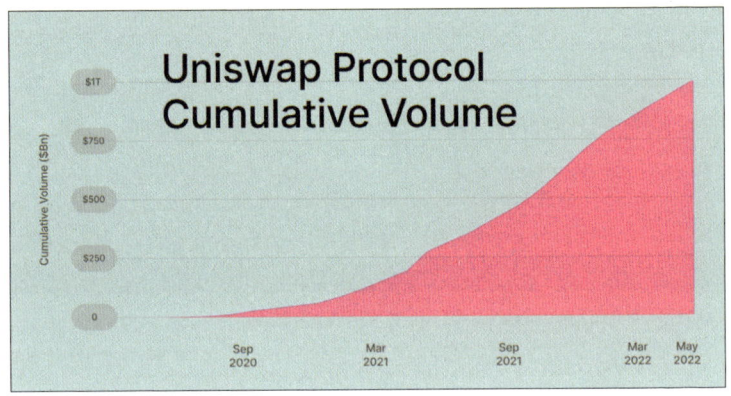

2022년 5월 유니스왑의 누적 거래량은 1조 달러를 돌파하였다.

출처 : Uniswap Labs 트위터

스마트 콘트랙트의 유동성은 유동성 공급자^{LP, Liquidity Provider}에 의해 공급된다. 즉, 유니스왑이 제대로 작동하기 위해서는 반드시 유동성 공급자들이 필요하다는 뜻이다. 물론 유동성은 다른 자산을 취급하는 거래소에서도 매우 중요한 요소로 작용한다. 때문에 거래소들은 통상적으로 주문을 등록하는[Make order] 주체에게 수수료 할인 등의 혜택을 제공하는 정책을 펼친다. 유니스왑은 여기에서 한 발 더 나아가 자신들의 이익을 챙기지 않고 유동성 공급자들에게 일정 비율의 거래 수수료를 가지고 갈 수 있도록 하였다.[3]

유니스왑은 CPMM 프로토콜의 사용과 유동성 공급자들에게 수수료를 제공하며 빠르게 거대한 규모의 유동성을 확보해나갈 수 있었지만, 곧 문제에 봉착하게 된다. 바로 블록체인 기술을 활용한 탈중앙화 성격을 지닌 유니스왑의 특성상 코드가 모두 오픈소스로 공개되어 있었고, 이를 활용해 다른 개발자들이 포크[Fork, 하나의 소프트웨어 소스코드를 통채로 복사하여 새로운 소프트웨어를 개발하는 것]를 통해 뱀파이어 어택[Vampire attacks, 신생 디파이 프로젝트가 기존 프로젝트보다 좋은 이율을 제시하여 유동성을 흡수하는 라이벌 프로젝트의 공격]을 한 것이다. 유니스왑의 유동성 공급자를 흡수하고자 뱀파이어 어택을 감행한 것은 바로 유니스왑 킬러라고 불리는 스시스왑[Sushiswap]이다.

스시스왑의 등장

스시스왑Sushiswap을 간단히 표현하면, 토큰을 분배하는 유니스왑이다. 스시스왑의 아이디어 시작은 2020년 8월, 더 블록The Block의 디렉터 래리 서막Larry Cermak, 이하 래리의 한 트윗으로 시작되었다. 래리는 트윗에서 유니스왑의 단점과 함께 단점을 해결할 수 있는 아이디어를 함께 제시했다.

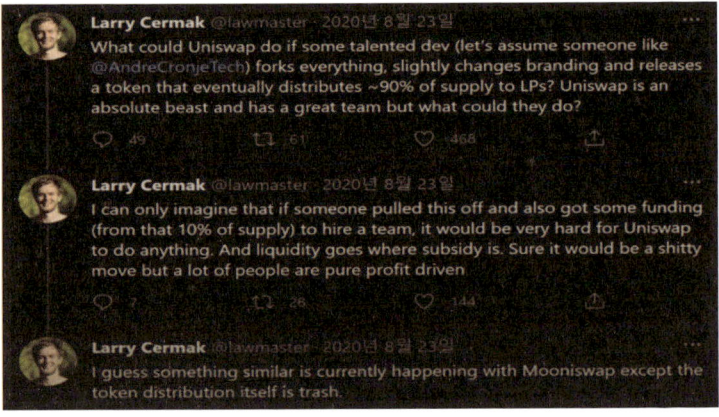

더 블록의 리서치 디렉터 래리 서막의 트윗으로 스시스왑의 아이디어가 시작되었다.

출처 : Larry Cermak 트위터

그가 제시한 유니스왑의 단점은 플랫폼 성장에 가장 큰 기여를 하는 유동성 공급자들에게 돌아가는 보상이 적다는 것이었다. 유니스왑은 유동성 공급자가 공급한 풀에서 0.3%의 거래 수수료를 제공하지만, 플랫폼 전체의 성장에 기여한 것에 비하면 턱없이 부족하다는 의견을 제시했다. 또한, 유니스왑 개발팀이 서비스를 개발하고, 유동성 공급자들은 유동성만 공급하는 형태는 탈중앙화적이지 않다는 비판이 있었기에, 래리는 그에 대한 해결책으로 자체 토큰을 발행할 수 있는 플랫폼이 필요하다고 주장한 것이다.

스시스왑의 시작

래리의 아이디어는 chef nomi^{월드오브워크래프트의 게임 캐릭터 이름}라는 아이디를 사용한 익명의 개발자에 의해 구현되었다. 스시스왑의 주된 아이디어는 다음과 같다.

- 탈중앙화 거래소 토큰 sushi^{이하 스시 토큰}를 발행하여 분배한다.
- 유니스왑에서는 0.3%의 거래 수수료를 제공하지만, 스시스왑에서는 수수료로 0.25%를 제공하고, 나머지 0.05%는 스시 토큰을 스테이킹^{Staking, 자신이 보유한 암호화폐의 일정한 양을 지분으로 고정시키는 것} 한 사람들에게 배분한다.

즉, 이는 사용자가 유동성을 제공하지 않은 풀에 대해서도 수수료를 받을 수 있고, 스시 토큰은 이 플랫폼에서의 주식이 되는 형태라고 생각할 수 있다. 또한 스시 토큰은 처음부터 거버넌스 기능을 할 수 있게 설계되었기 때문에 플랫폼이 성장할수록 참여자들이 이득을 볼 수 있는 구조로 만들어졌다.

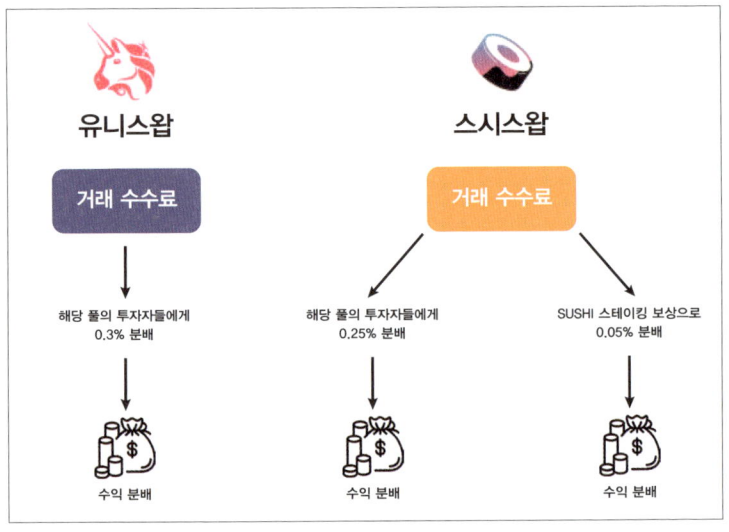

스시스왑은 유니스왑 구조에 거버넌스 토큰을 추가하여 이자 농사를 할 수 있는 구조로 만들었다.

유니스왑 킬러
스시스왑

스시스왑은 유니스왑의 유동성을 뱀파이어처럼 빨아서 흡수하는 뱀파이어 어택을 감행했다. 유니스왑 개발자 헤이든 아담스는 스시스왑이 런칭된 이후 아래와 같은 트윗을 올렸다. 이는 2017년 이더리움의 유동성을 뺏으려고 한 이오스^{EOS} 프로젝트를 예로 들어, 2020년 이와 같은 구조로 유니스왑의 유동성을 뺏으려고 하는 스시스왑을 언급하는 말이다.

헤이든 아담스는 트윗으로 유니스왑을 공격하는 스시스왑을 언급했다.

출처 : Hayden Adams 트위터

스시스왑은 실제로 유니스왑에서 유동성을 공급하던 공급자들이 스시스왑에서 유니스왑 LP 토큰을 스테이킹하면 스시 토큰을 분배해 주도록 했다. 스시스왑은 이런 식으로 10만 블록이 생성되는 동안, 매 블록마다 1000개의 스시 토큰을 추가 분배했고, 이는 거래 수수료와 별개로 엄청난 이자율을 자랑했다. 당연히 유니스왑에 자산을 예치한 유동성 공급자들이 유니스왑 LP 토큰을 스시스왑에 예치하기 시작했고, 많은 유동성이 스시스왑으로 넘어가며, 스시스왑은 런칭되지 몇 시간 만에 TVL^{Total Value Locked, 투자 금액 총규모} 1억 5천 달러^{한화 약 1800억 원}를 달성하게 된다.

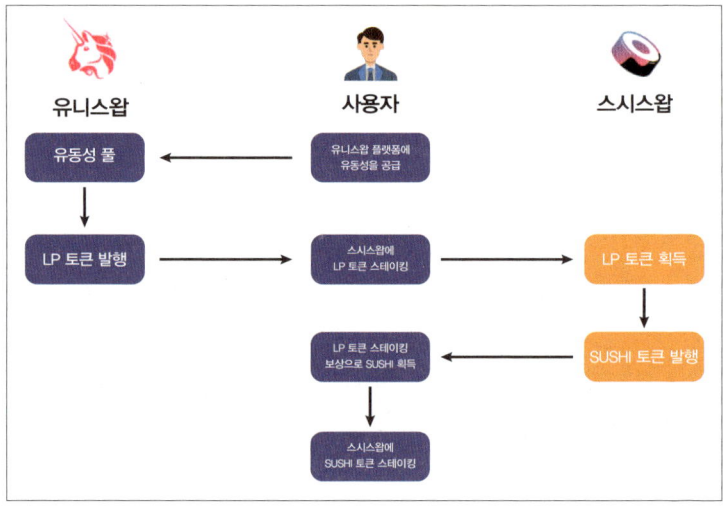

스시스왑은 세상에 나오자마자 유니스왑의 유동성을 빼앗아서 빠른 시간 내에 크게 성장했다.

유니스왑의 반격
거버넌스 토큰

유니스왑은 이를 가만히 보고만 있지는 않았다. 유니스왑은 스시스왑에게 뺏긴 유동성을 다시 찾아오기 위해 2020년 9월, 자체 거버넌스 토큰인 유니^{UNI}를 발행했다. 유니스왑의 코드를 하드 포크하여 발생한 스시스왑을 향해 원조가 칼을 빼든 것이다. 유니 토큰의 발행량은 총 10억 개로써 발행량의 60%는 유니스왑 사용자들에게 배분되며, 남은 물량은 팀원들(21.51%), 투자자(17.8%), 어드바이저 (0.69%) 등에게 4년에 걸쳐 지급할 예정이라고 밝혔다.

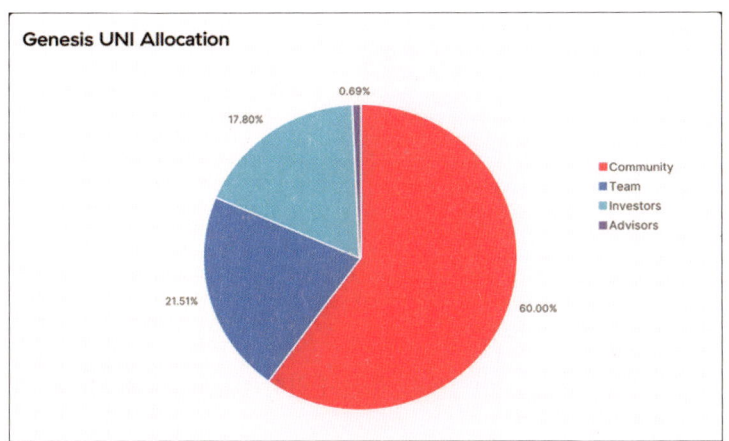

유니스왑의 거버넌스 토큰인 UNI 토큰은 사용자들에게 가장 많이 분배된다.

출처 : 유니스왑 홈페이지

유니스왑은 뺏긴 유동성을 다시 찾아오기 위해 토큰이 발행되기 이전 단 한 번이라도 유니스왑을 이용한 기록이 있는 모든 사용자들에게 유니 토큰을 400개씩 제공하겠다는 파격적인 전략을 제시했다. 유니 토큰은 발행과 동시에 대형 암호화폐 거래소인 바이낸스(Binance)에 상장되었으며, 상장가는 0.3달러(당시 한화 약 350 원)였지만, 한 시간 만에 가격이 무려 4,900%나 상승하며 15달러(당시 한화 약 1만 7천 원)를 기록하기도 했다. 유니 토큰이 상장된 지 2년이 지난 2022년 9월 현재 가격은 상장가 대비 2,400% 상승한 7달러(한화 약 9500 원) 정도에 거래되고 있다.

이렇게 유니스왑은 사용자들에게 빠른 보상을 해주며 신뢰를 얻고, 거대한 규모의 유동성을 재확보했다. 각 유동성 공급자는 공급한 유동성의 양에 비례하여 토큰을 지급받고, 이 토큰은 곧 해당 풀의 거래 수수료에 대한 일정 지분이 되었다. 거래 수수료로 유니 토큰을 제공받은 사용자들은 토큰을 보유하거나, 자유롭게 판매하여 현금으로 바꿀 수 있으며, 토큰을 보유하겠다고 결정한 사용자들은 유니스왑 DAO의 구성원이 된다. 이는 상당히 파격적인 구조인데, 누구나 자유롭게 유동성을 공급할 수 있는 유니스왑의 구조 덕분에, 누구든 유니스왑의 지분을 가진 주인이 될 수 있다는 뜻이기 때문이다.

유니스왑 DAO

유니스왑의 거버넌스 토큰인 유니 토큰을 보유하여 DAO의 구성원이 되면 초기 30일 간의 거버넌스 유예기간 이후에 유니스왑에서 임의로 ^{거버넌스를 통해 바뀔 수 있다} 정한 수량의 토큰을 보유하고 있다면 '신규유동성 풀 추가' '수수료 인하' 등 유니스왑 플랫폼 관련 이슈를 제안할 수 있으며, 제안에 대한 찬반 투표 권리가 주어진다.[4]

유니스왑 DAO의 구성원이 되면 올라온 제안들에 투표하거나 제안 생성 버튼을 눌러 새로운 제안을 하는 것이 가능하다.

출처 : 유니스왑 홈페이지

유니스왑의 첫 거버넌스 투표는 유니 토큰 주요 보유자인 가상자산 송금 솔루션 업체 다르마^{Dharma}에 의해 발의되었다. 다르마의 제안의 핵심은 투표 발의_{회의에서 심사할 안건을 내놓음} 조건을 기존의 1,000만 유니 토큰에서 300만 유니 토큰으로 낮추고, 안건 통과 기준 역시 4,000만 유니 토큰에서 3,000만 유니 토큰으로 조정하자는 내용이었다. 해당 제안은 안건 통과에 필요한 4,000만 유니 토큰의 1%가 미달된 39,596,759표로 부결되었다. 아쉽게 제안은 부결되었지만, 이는 유니스왑이 정한 기존의 정책 또한 거버넌스를 통해 얼마든지 바꿀 수 있다는 가능성을 보여 주었다.[5]

그로부터 8개월 뒤, 다르마는 다시 한번 투표 발의 조건을 낮추자는 내용이 담긴 제안을 발의한다. 제안 내용의 핵심은 투표 발의 조건인 1,000만 유니 토큰을 250만 토큰으로 내려, 더 많은 사용자들이 의견을 낼 수 있게 접근하기 쉬운 거버넌스 생태계를 조성하자는 주장이었다. 주장에 대한 설득의 근거로 지난 6개월간 토큰 가격이 급격하게 상승_{5개월 동안 9배 이상 상승}하였다는 점을[6] 언급했으며, 발의 조건은 낮추되, 안건 통과 기준은 4,000만 유니 토큰을 유지하는 것을 제안했다. 해당 제안은 찬성 90,980,769표 반대 2,035표로 압도적인 지지를 받으며 통과되었다. 이로써 유니스왑은 발의 조건을 기존의 1/4로 낮추며, 사용자들의 의견을 더 자유롭게 들을 수 있는 유연한 거버넌스 생태계를 조성할 수 있게 되었다.

유니스왑 투표 발의 조건을 낮추자는 내용이 담긴 안건은 압도적인 지지를 받으며 통과되었다.

출처 : 유니스왑 홈페이지

　유니스왑은 해결하기 어려워 보이던 문제점을 기술을 통해 해결하여 시장의 선두에 섰음에도 멈추지 않고, 부족한 점을 개선하기 위해 끊임없이 노력하고 있다. 특히 유니스왑의 코드를 포크하여 등장한 스시스왑 이후, 유동성이 스시스왑으로 대거 유출되는 뱀파이어 어택이라는 사건이 있었음에도 불구하고 거버넌스와 토큰을 만들어내며 전보다 더 강력한 커뮤니티를 형성하며 더 큰 발전의 계기가 되었다.

　재미있는 사실은 스시스왑은 유니스왑의 코드를 하드 포크하여 세상에 등장했지만, 유니스왑은 스시스왑의 거버넌스와 토큰 기능을 차용하여 유니 토큰을 만들었다는 사실이다. 스시스왑의 뱀파이어 어택으로 촉발된 유니스왑과 스시스왑의 경쟁 구도가 결과적으로 서로 긍정적인 영향을 준 셈이다.

세상이 바뀌고 있다. 아니 이미 바뀌었다. 웹 3.0 시대가 시작되며 각 업계 간의 경쟁은 더욱 치열해졌고, 개인의 힘은 더욱 강해졌다. 웹 3.0의 주요 키워드는 소유^{Ownership}이다. 웹 2.0 시대에서는 크리에이터가 만든 콘텐츠가 IT 기업의 중앙 서비스에 저장되는 만큼, 기업의 규정 및 검열 차원에서 삭제되는 경우가 더러 있었다. 이와 달리 웹 3.0에서는 콘텐츠가 탈중앙 분산 파일 시스템^{IPFS,} $^{InterPlanetary\ File\ System}$에 나눠서 저장되기 때문에 중앙 플랫폼에서 일방적으로 콘텐츠를 삭제할 수 없다. 중개인이 없고 정해진 알고리즘에 의해 보상이 지급되므로, 플랫폼 업체가 수수료를 과하게 요구하는 등 갑질을 할 수 없게 된다. 개인의 소유권이 보다 강화된 것이다. 웹 2.0의 키워드가 공유, 플랫폼, 콘텐츠였다면 웹 3.0의 키워드는 소유, 블록체인, NFT, 디파이, DAO 등이다. 웹 3.0은 암호화폐 생태계와 밀접한 관계를 가지고 있다.

웹 3.0의 시대에서 소유권이 강화되는 이유는 공유가 기본 전제 조건이 되었기 때문이다. 인터넷과 모바일의 발달은 언제 어디서나 자신이 원하는 정보를 공짜로 쉽게 찾을 수 있게 하였고, 개인에게 노출되는 방대한 정보의 양은 수많은 카피캣$^{Copycat,\ 잘\ 나가는\ 제품을\ 그대로\ 모}$ $^{방하여\ 만든\ 제품을\ 비하하는\ 뜻}$과 비슷한 아이템을 가진 후발 주자들을 만들어 냈다. 이는 앞으로의 세상에서 경쟁력을 갖추기 위해서는 각 프로젝트만의 고유한 무기가 있어야 한다는 것을 의미한다. 앞서 프로토콜 DAO의 사례로 등장한 유니스왑의 경우, 핵심 기술인 자체 프로토콜 구조가 노출 되며 생긴 치명적인 경쟁자와 경쟁하기 위해 자체 거버넌스를 만들고 구성원들에게 소속감과 권한을 나눠주기 위해 토큰을 만들어 DAO를 구성했다. 이는 더 많은 사람에게 지분과 권한을 나누어주고, 구성원들이 유니스왑에 애착을 가지고 변화를 줄 수 있도록 하기 위한 방법이며, 거버넌스를 형성해 구성원들의 목소리를 직접적으로 듣고 반영하여 세계관을 넓히고 자신들만의 룰과 특징을 만들어 고유의 무기를 가지기 위해서이다.

웹 2.0의 금융 업계에서는 단순 이자율의 고저^{高低, 높고 낮음}를 비교하여 유동성 공급자^{돈을 예치하는 사람들}들이 움직였다. 그러나 웹 3.0의 시대에서는 단순히 높은 이자율만으로는 유동성을 지속적으로 확보할 수 없다. 모든 것이 공유되고 공개되는 시대에서 현실에 안주하면 같은 전략으로 경쟁업체들이 계속 생길 것이기 때문이다. 이를 방지하기 위해서는 구성원들과 함께 호흡하는 거버넌스 시스템이 반드시 필요하게 된다. 바꾸어 말해 DAO는 웹 3.0의 시대를 살아가는데 필수 불가결한 요소가 될 것이다.

2

함께 구축하는 자본
투자 DAO

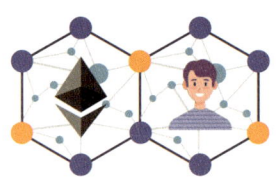

    2021년 NFT 붐이 일어나면서 관찰된 비싼 NFT에 대한 많은 사람들의 수요, 토큰의 초기 투자에 관한 수요가 폭발적으로 일어나면서 투자 관련 DAO들이 주목받기 시작했다. 특히 토큰 세일^{크립토 세계에서 적은 돈으로 초기 진입해 시세 차익을 노리는 것}의 경우, DAO의 운영 자금이 커지다 보니, 기존에 전통적인 벤처캐피탈^{VC, Venture Capital}만이 접근할 수 있었던 초기 투자 접근권을 DAO에서 중개하고 구성원들이 가질 수 있게 되었다. 이는 참여자 접근성을 넓혔다는 측면에서 전통적

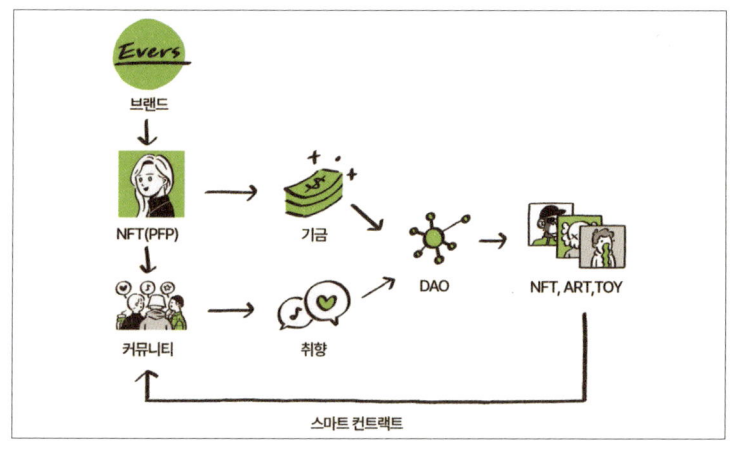

국내 프로젝트인 Evers DAO는 NFT를 활용해 커뮤니티 구성원을 모집하고, 그 가치를 바탕으로 투자를 하겠다는 목표로 형성된 DAO이다.

출처 : Evers Guidebook

인 VC와 대립하는 구도를 형성하기도 했다. 전통적인 VC는 주로 연기금 및 대형 기관들로부터 자금을 받아 투자를 집행하거나, 많은 자금을 가진 개인 투자자들은 직접 엔젤 투자자^{개인 투자자}로 참여하는 구조였다. 그러나 투자 DAO는 커뮤니티 합의만 있으면 누구나 투자자가 되어 투자 집행 및 의사결정에 참여할 수 있게 된다.

싱가포르 벤처캐피털 템부수 파트너스^{Tembusu Partners}의 앤디 림 회장은 "은행이나 증권사와 같은 별도의 중개기관 없이 스마트 콘트랙트만으로 대출·투자를 결정하는 DAO에 대한 수요가 있다"며 "수수료 없이 더 많은 수익을 분배받는 형태의 조직은 기존 금융에 없는 혁신"이라고 강조했다.[7]

일반인들에게 열린
벤처 투자의 기회

"3억이 8년 만에 3000억"

영화에서나 볼 수 있는 1,000배라는 비현실적인 수익률을 이뤄낼 수 있는 방법이 있을까? 물론 쉽지는 않겠지만, 실제로 3억을 투자해 3,000억의 가치를 얻은 유명한 사례가 있다. 바로 장병규 크래프톤 이사회 의장의 투자 사례이다. 그는 2011년 배달의민족을 운영하는 '우아한 형제'에 3억 원을 투자했는데, 8년 후 '우아한 형제'가 '딜리버리 히어로'에 매각되면서 지분 가치가 3,000억으로 무려 1,000배나 훌쩍 뛰었다.

이런 엄청난 수익률의 투자 사례는 일반 대중의 관심으로 이어진다. 그러나 이런 비현실적인 수익률이 가능한 투자는 일반인이 접근하기 힘든 벤처 투자인 경우가 대부분이다. 벤처 투자는 투자 결정을 내리려면 전문적인 지식이나, 경험이 필요하고 돈을 모두 잃을 수도 있다는 위험을 감수해야 하기 때문이다. 투자금의 규모가 크기 때문에 자본력이 부족하면 접근하기 쉽지 않고, 투자에 관련된 정보를 구하기도 어려우며, 혹여 정보를 구했다고 하더라도 투자 대상 기업이 반대하면 투자할 수 없는 장벽이 있기 때문이다.

그러나 벤처 투자의 높은 접근성을 허물어버리는 투자 DAO의 등장으로 투자의 판도가 완전히 바뀌게 되었다. 1911년 설립된 실리콘밸리의 벤처캐피털 '베세머 벤처 파트너스Bessemer Venture Partners'는 이러한 변화를 빠르게 인정하고 직접 '베세머 DAOBessemer DAO'를 설립하는 과감한 행보를 보여줬다. 베세머 DAO는 웹 3.0 창업자들에게 투자하며, 펀드 규모는 2억 5000만달러한화 약 3100억 원에 달한다. 이들의 목표는 암호화 커뮤니티 인재를 만나고, 제품·비즈니스 개발 및 토큰 경제학에 대한 아이디어를 거래하고, 혁신이 일어나고 있는 위치에 대한 가시성을 확장하고, 궁극적으로 웹 3.0의 세상에서 앞서 나갈 수 있도록 돕는 것이라고 밝혔다.

이처럼 투자 DAO는 '벤처 투자의 민주화'를 실현시키고 있다. 투자 DAO가 스타트업에 투자하는 구조를 가지게 되면, 스타트업과 투자자 양측 모두 도움이 된다. 투자 DAO의 구성원들이 커뮤니티를 형성하고 이들이 직접 초기 스타트업에 투자하면 스타트업은 초기 단계부터 팬들과 사용자들을 확보할 수 있게 된다. 반대로 투자자는 스타트업의 제품을 직접 사용하고 경험하며 쌓은 신뢰로 회사의 가치를 빠르게 파악하여 소액으로도 투자를 하고 높은 수익률을 기대할 수 있게 된다. 이처럼 투자 DAO는 DAO의 핵심 개념인 민주화를 투자 분야에서 일으키고 있다.

다양한 투자 저변 확대

투자 DAO는 중앙 기관 없이 크라운드 펀딩과 비슷한 구조로 구성원들의 자금을 모아 투자하는 커뮤니티이다. 이들은 높은 수익률을 기대할 수 있는 투자 방법이었던 전통적인 벤처 투자뿐 아니라 NFT 투자, 희귀한 역사 문서, 오래된 와인, 예술품 등 유형의 자산에 투자하기도 하고, 심지어 스포츠 구단 인수와 같은 다양하고 광범위한 범위로 투자를 진행한다.

대표적으로 스파이스 DAO^{Spice DAO}는 알레한드로 조도르프스키 감독의 영화 〈듄^{Dune}〉 미공개 원고를 낙찰받았다. 낙찰가는 266만 유로^{한화 약 36억 원}에 달한다. 스파이스 다오는 인수한 원고를 공개하고, 이에 기반한 오리지널 애니메이션을 제작하겠다고 밝혔다. 또한, 예술품 경매에 주로 투자하는 핑거프린트 DAO^{FingerPrints DAO}의 경우 예술가, 큐레이터 등 개인 단위의 사람들이 모여 공동으로 예술 작품을 수집하고 있다. 핑거프린터 DAO가 수집한 대표적인 시리즈는 라바랩스^{Larva Labs}의 '오토글리프^{Autoglyphs}'이며, 이들은 오토글리프 시리즈를 전 세계에서 세 번째로 많이 보유하고 있다고 한다. 오토글리프 시리즈는 NFT계의 조상인 '크립토펑크'의 회사로 유명한 라바랩스의 두번째 NFT 프로젝트로써 전 세계 최초의 온체인^{네트워크에서 발생한 모든 전송 내역을 블록체인에 저장하는 방식} 제너레티브 NFT 아트라는 점과

512개만 존재한다는 희소성 덕분에 시장에서 높은 가격을 유지하고 있는 현시점 최상위 가격을 형성하고 있는 NFT 작품이다.

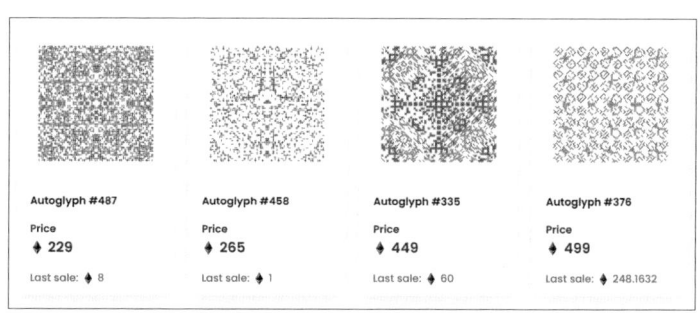

전 세계 최초의 온체인 제너레티브 아트인 오토글리프의 바닥가는 약 230이더, 한화 약 5억의 가치를 가지고 있다.

출처 : 오픈씨

그런가 하면, 실제로 스포츠 구단을 인수하기 위해 천문학적인 자금을 모은 DAO도 있다. 2022년 2월 미국 최고 인기 스포츠인 NFL^{미국프로풋볼}의 인기팀 덴버 브롱코스^{Denver Broncos}가 매각을 위해 시장에 나오며, 이를 인수하기 위한 DAO가 형성된 것이다. 덴버 브롱코스의 가격은 무려 40억 달러^{한화 약 5조 3700억 원}이상으로 북미 프로 스포츠 구단 사상 최고 가격으로 측정되었다. 해당 DAO는 40억 달러 이상을 모금하는 것을 목표로 하겠다고 밝혔으며 DAO를 통해 암호화된 크라우드 펀딩을 진행하였지만, 결국 구단 인수에는 실패하였다. 실제로 덴버 브롱코스는 미국 유통 업체 월마트 가문이 46억 5천만 달러^{한화 약 5조 8000억 원}에 인수되었다. 비록 실제 스포츠 구단 인수에는 실패하였지만, 전문가들은 개인 단위의 투자자들이 모여 세계 최고 수준의 거대한 스포츠 구단을 인수하려 시도할 수 있었던 DAO의 가능성에 주목한다. 덴버 브롱코스 인수를 위한 DAO의 자문 역할을 했던 케임브리지 대학 수학자인 데릭 소렌센은 "DAO는 본질적으로 기금 조달자로써 전혀 다른 지배 구조를 채택할 것이다"라며 '암호 화폐 세계에서는 분명히 가능한 일로서, 천문학적인 금액이 모금된 것은 전례가 없는 일이 아니다"라고 말했다.[8]

이렇듯 투자 DAO는 지금껏 개인 투자자가 투자하기 불가능하다고 여겨졌던 거대하고 다양한 가치를 가진 투자 물품에 접근할 수 있게 도왔다. 이제부터는 조금 더 체계적인 조직으로 형성되어 자금을 형성하고 투자를 진행하는 사례를 알아보겠다.

웨일 샤크 DAO

할리우드의 이슈메이커인 패리스 힐튼[Paris Whitney Hilton]의 이름을 한 번도 들어보지 못한 사람은 거의 없을 것이다. 그녀는 자신이 비트코인의 열렬한 지지자임과 동시에 "웨일 샤크, 킴 닷컴[Kim Dotcom]과 오리진 프로토콜[Origin Protocol] 창업자 등과 함께 일하며 NFT를 배우고 있다"라고 알리며 웨일 샤크 DAO의 존재를 세상에 알렸다.

웨일 샤크는 검은 모자와 독특한 안경을 쓴 노인의 모습을 한 아바스타스(Avastars) NFT 프로젝트 63번 이미지를 상징으로 활용하고 있다.

출처 : WhaleShark 미디움

2020년 5월에 등장한 웨일 토큰^{WHALE}은 2019년부터 희귀하고 가치 있는 NFT를 수집해온 WhaleShark라는 익명의 NFT 수집가에 의해 만들어졌다. 그는 NFT 중심 조직의 활동적인 구성원이 될 같은 생각을 가진 NFT 수집가들의 커뮤니티를 육성하는데 NFT 시장을 일찍 경험한 자신의 전문성을 활용하고자 했으며, 자신의 개인 컬렉션을 통해 NFT가 지원하는 최초의 암호화 토큰을 만들어냈다.

웨일 토큰은 전 세계 최대 규모의 NFT 거래 플랫폼 오픈씨에서 공개적으로 인증한 컬렉션인 "The Vault"에 NFT를 보관하고 있으며, 금고^{Vault}에 보관된 NFT 가치는 웨일 토큰의 가치를 결정하는 중요한 역할을 한다. 웨일이 보유하고 있는 금고에는 게임,

예술 및 가상 부동산뿐 아니라 희귀성으로 인해 가치가 계속 상승될 것이라 예상되는 기타 수집 자산에 이르기까지 수천 개의 NFT가 보관되어 있다. 이 금고는 NFT 데이터 회사 NonFungible.com에서 정기적으로 검사하며 그 내용은 모두가 공개적으로 볼 수 있다. 웨일 커뮤니티는 보유한 금고에 새로운 수집품 추가 및 NFT 시장의 성숙을 통해 시간이 지남에 따라 계속 발전할 것으로 기대된다.

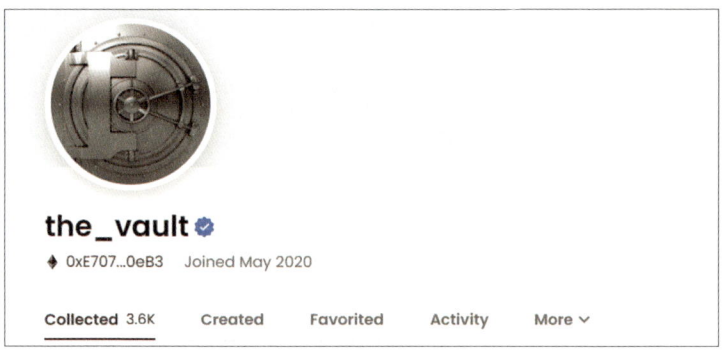

웨일 샤크 DAO의 NFT를 보관하고 있는 금고 계정은 오픈씨 인증 마크를 가지고 있다.

출처 : 오픈씨

초기에 WhaleShark는 웨일 토큰의 가치를 결정하게 될 투자 가치가 있는 NFT를 큐레이팅 하는 전적인 책임을 가지고 있었다. 때문에 NFT를 보관하는 금고^{Vault}의 암호화 보관을 위해 중앙 집중식으로 커뮤니티를 시작했지만, 규모가 커질수록 웨일 커뮤니티는 DAO^{분산형 자율 조직}로의 전환이 필요하다는 것을 실감하게 되었고, 프로젝트의 성장을 위해 DAO 구조로 전환함으로써 웨일 커뮤니티는 구매, 판매 및 임대할 NFT를 거버넌스 투표를 통해 결정할 수 있게 되었다.

웨일 샤크는 자체 조직에서 보유하고 있는 5,000 이더리움^{현 기준 한화 100억 원 이상} 상당의 NFT를 커뮤니티에 기부하고 '웨일 탱크'라는 엔젤투자^{개인 투자}기금을 만들어 커뮤니티에 전폭적인 지지를 얻었다. 웨일 샤크 커뮤니티 디스코드에는 2만 명 이상의 참여자가 가입되어 있고 이들은 웨일 샤크 지분인 웨일 토큰^{WHALE}을 구입해 NFT 투자와 운영에 대한 투표권을 행사한다. 웨일 샤크 DAO는 토큰의 가치를 유지하기 위해 지속적으로 희귀한 NFT를 발굴하여 투자하고 있다. 웨일 샤크가 투자한 NFT에서 수익이 발생하면 보유하고 있는 토큰 비율에 따라 수익을 정산 받게 된다. 웨일 토큰 또한 하나의 가상 자산이므로 웨일 샤크의 투자 수익률이 좋을 때는 토큰 가격이 상승하여 토큰 자체가 수익으로 이어지는 경우도 있다.

웨일 토큰의 기능은 더 다양하다. 대표적인 기능으로 NFT 랜딩 시스템과 스테이킹 기능이 있는데, NFT 랜딩은 NFT를 담보로 대출을 일으키는 시스템이며, 스테이킹은 토큰의 일정량을 지분으로 고정하여 예치하고, 유동성^{자유롭게 거래}을 제한하는 대신 토큰 지분율에 비례하여 플랫폼의 운영에 참여할 수 있는 의사결정 권한을 받을 수 있다. 또한, 웨일 샤크는 토큰을 스테이킹하는 수량에 따라 권한을 다르게 제공하는 계급제를 도입하였는데 이들은 낮은 계급 순으로 돌고래, 상어, 고래 총 3가지 등급으로 나누었으며 매달 계급을 유지하는데 필요한 토큰이 늘어나게끔 설계하였다. 이들 각각은 계급에 따른 커뮤니티에서의 권한이 다르며, 그 내용은 아래 사진에 자세히 설명되어 있다.

웨일 샤크 커뮤니티는 총 3가지 등급으로 나누어 권한을 부여했다.

출처 : WhaleShark 미디움

또한, 웨일 샤크 DAO의 역할에 대해서도 구분하였는데, 최소 1,000개의 웨일 토큰을 스테이킹 한 'DAO-Whale'과 500개의 웨일 토큰을 스테이킹 한 'DAO-Vote'로 거버넌스가 분리되어 있다. DAO-Whale은 NFT 투자 및 운영에 대한 제안서를 작성할 수 있으며, DAO-Vote는 이에 대한 투표권을 행사할 수 있다. 이렇게 역할과 계급을 차등으로 나눈 이유에 대해서 웨일 커뮤니티의 성장에 진심으로 기여하는 사람들을 대우하기 위함이라고 밝혔다.[9]

Whale Shark DAO는 다양한 플랫폼을 통한 꾸준한 소통으로 커뮤니티를 키워 나가고 있다.

출처 : WhaleShark 미디움

이처럼 웨일 샤크 DAO는 선구자의 눈으로 먼저 NFT의 가치를 알아보고 투자를 했던 개인 수집가가 같은 취향을 공유하는 커뮤니티를 만들기 위해 시작되었지만, 어느덧 회원 수 2만 명 이상을 자랑하는 거대한 규모의 커뮤니티로 발전했다. 웨일 샤크 DAO는 NFT에 관심이 있고 자금을 투자할 생각이 있는 사람이라면 제한 없이 누구든 참가할 수 있는 커뮤니티를 지향했다. 그러나 이와는 다르게 법의 범위 안에서 엄격한 기준으로 구성원을 모아 더 전문적이고 체계적으로 투자를 실행하는 커뮤니티가 있다.

투자 DAO의 조상
The LAO & Tribute Labs

유망한 NFT 프로젝트에 투자하는 플라밍고 DAO는 웨일 샤크 DAO보다 특성화된 형태의 조직이다. 플라밍고 DAO는 블록체인 생태계 육성을 목표로 하는 DAO인 'The LAO'의 주도하에 운영된다. The LAO는 2020년 4월에 시작된 "To pool capital, invest in projects, and share in any proceeds from the investment"라는 슬로건을 목표로 블록체인 프로젝트에 집중 투자하는 유한책임^{투자자들이 자신이 출자한 부분만큼만 책임을 지는 것}의 영리 목적^{수익을 목적으로 하는}을 가진 DAO이다. 이들은 트리뷰트 랩스^{Tribute Labs} 회사의 'Tribute DAO Framework'라는 DAO 개발 툴을 사용해서 만들어졌으며, 가장 먼저 트리뷰트 랩스의 지원을 받아 형성된 DAO로 알려져 있다.

The LAO는 초창기 트리뷰트 랩스의 지원을 받아 성장한 만큼 현재 우리가 알고 있는 투자 DAO의 기초가 된 DAO이며, The LAO는 트리뷰트 랩스의 툴을 사용 중인 다른 DAO 들과 각종 프로젝트들에 약 2,400만 달러[한화 약 325억 원]의 투자를 진행했다. The LAO와 같은 'Tribute DAO Framework' 툴을 사용하는 대표적인 DAO에는 P2E 생태계를 지지하기 위해 만들어진 'Ready Player DAO', 신인 예술가들을 지원해 주는 NFT 기반 박물관 'Muse0 DAO', 디지털 패션 수집가들이 모인 'RED DAO' 등이 있으며 현시점 투자 DAO 중 가장 유명한, NFT 수집가들이 모인 '플라밍고 DAO' 또한 해당 툴을 사용하여 만들어졌다.[10]

The LAO는 스마트 컨트랙트를 통해 관리되는 델라웨어 주[Delaware, 미국 동부 대서양 연안에 있는 주]의 유한책임회사이다. 그렇기 때문에 "The LAO Operating Agreement[Lao OA]"라는 유한책임회사[LLC, Limited Liability Company] 운영 계약서를 기반으로 조직이 운영된다. The LAO는 적극적으로 법적 효력을 받으면서 DAO를 운영하기 위해 노력하는데, 플라밍고 DAO 또한 이러한 영향을 받아 법적으로 인정받는 델라웨어 주의 유한책임회사로 조직되어 있다. 플라밍고 회원의 권리와 의무는 운영 계약에 명시되어 있으며, 델라웨어 유한책임회사 법률에 의해 보완된다.

현존하는 다수의 투자 DAO 기초가 된 'The LAO'는 초창기 트리뷰트 랩스의 지원을 받아 성장했다.

출처 : The LAO 홈페이지

The LAO는 적극적으로 DAO에 투자를 하며 투자 DAO 생태계를 이끌고 있다.

출처 : CRYPTORANK

플라밍고 DAO

The LAO의 지원을 받아 형성된 플라밍고 DAO는 주로 유망한 NFT 아티스트나 크리에이터의 작품에 투자한다. 플라밍고 DAO는 굉장히 엄격한 기준으로 구성원들을 선정하며, NFT에 투자하기 전 충분한 회의와 토론을 거쳐 투표를 통해 투자 여부를 결정하는데, 이와 관련된 재미있는 이야기가 있어서 소개하려 한다.

2021년 2월, 디지털 예술 작품에 블록체인 기술을 적용하여 NFT를 만들고 거래하는 마켓 플랫폼인 아트 블록스[Art Blocks]의 CEO 에릭 칼데론[Eric Calderon]은 줌이 켜져 있는 모니터 앞에서 매우 깊은 고민에 빠져 있었다. 에릭과 함께 줌에 접속해 있는 사람들은 무려 59명. 이들이 모인 까닭은 인기 NFT 시리즈인 크립토펑크 150 종을 모은 희귀 세트를 라바랩스[Larva Labs]로부터 직접 매수 여부를 논의하기 위해서였다. 이들은 투자금 1,000만 달러[한화 약 137억 4천만 원]를 모아 매주 줌회의를 통해 어디에 돈을 투자할지 논의했는데, 이번 투자 물품인 펑크당 4이더[당시 한화 약 1000만 원]로 나온 크립토펑크 세트를 구입하기 위해서는 자본금의 10%인 100만 달러[한화 약 13억 7천만 원]이상을 소비해야 했기 때문이다. 팽팽한 긴장감 속에서 찬반 의견이 대립되던 중, 균형이 깨지게 된 이유는 '프랭시[Pranksy]'라는 가명의 회원이 라바 랩스와 다른 채널을 열어 혼자 크립토펑크 세트를 매수하려는 시도가 발각되면서였다. 결국 플라밍고 DAO의 구성원들은 투표를 통해 크립토펑크 세트를 구입하기로 결정했다. 당시 매수한 펑크의 가치는 약 20~30배 이상 상승^{펑크당 70~100 이더리움 이상}했다는 평가를 받는다. 절차를 무시하고 개인적으로 크립토펑크를 구입하려 했던 프랭시의 경우 "상호 합의를 통해" 플라밍고 DAO를 떠나며 "순진하게도 DAO의 절차에 대해 잘 몰랐다"라는 말을 남겼다고 한다.[11]

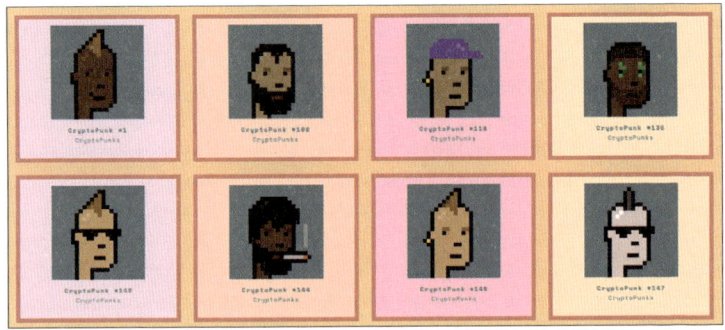

2022년 9월 기준, 플라밍고 DAO가 보유하고 있는 크립토펑크는 총 218개에 이른다.

출처 : Flamingo 홈페이지

현존하는 다수의 DAO 프로젝트들은 실제 규제 기관의 신고나 등록 절차 없이 불특정 다수가 토큰 투표를 통해 운영되고 있다. 그러나 플라밍고 DAO는 미국 델라웨어 주의 유한책임회사를 기반으로 하기 때문에 플라밍고 DAO는 물론, 참여자들도 델라웨어 주의 법률 적용 대상이 된다. 그로 인해 DAO의 최대 참여자 수는 100명으로 제한되며, 미국 공인 투자자$^{Accredited\ Investor}$만 참여할 수 있다는 제한이 있으며, 구성원들은 본인의 DAO 참여 여부와 수익을 델라웨어 연방 정부의 관련 부처에 신고하고 있다.

플라밍고 DAO는 홈페이지에서 커뮤니티 인원을 100명으로 제한한 것은 미국 증권법을 준수하기 위함뿐만이 아니라, 어느 한 당사자가 플라밍고 DAO를 통제하는 것을 방지하고 규제하기 위함이라고 밝혔다. 플라밍고 DAO는 웨일 샤크 DAO처럼 자체 토큰을 발행하지는 않지만, '플라밍고 유닛$^{Flamingo\ Unit}$'이라는 일종의 투표권을 만들어 활용하고 있다. 플라밍고 유닛은 10만 유닛당 60 이더리움$^{한화\ 약\ 1억\ 3천만\ 원}$에 판매되며, 최대 유닛 보유량을 지분의 9%로 제한함으로써 한사람이 권한을 독점하게 되는 불균형을 막고 있다.

플라밍고 DAO의 구성원이 되기 위해서는 미국 공인 투자자라는 자격이 있어야 하는데, 잠재적 회원의 신원을 확인하기 위해서 자신을 증명할 수 있는 정보를 제출해야 하며, 기본 조건은 아래 내용과 같다.

● 잠재적 회원 신원 확인 정보
  - 여권 또는 주에서 발행한 면허증
  - 사회 보장 번호 또는 세금 ID
  - 회원의 주 거주지 증명

● 공인 투자자 인정 조건

  - 연 소득이 $200,000$^{한화 약 2억 7천만 원}$를 초과하는 개인 또는 최근 2년간 소득이 $300,000$^{한화 약 4억 1천만 원}$를 초과하고 올해 동일한 소득 수준에 도달할 것이라는 합리적인 근거가 있는 부부

  - 순자산이 $1,000,000$^{한화 약 13억 7천만 원}$를 초과하는 개인 (주 거주지 제외)

플라밍고 DAO는 델라웨어 주의 법을 따라 엄격한 기준으로 구성원들을 선정한다.

출처 : Flamingo 홈페이지

이상의 조건을 갖춘 공인 투자자가 플라밍고 DAO의 인정을 받게 되면, 투자자는 자신이 원하는 만큼 플라밍고 유닛을 이더리움으로 구입하여 해당 가격만큼 이더리움을 DAO에 기부하게 된다. 이렇게 공식적으로 플라밍고 DAO의 구성원이 된다면 특정 NFT에 대한 구매 제안을 할 수 있고 다른 회원들이 투표하여 승인이 되면 구매하게 되는 구조를 가진다.

플라밍고 DAO는 투자할 NFT를 선정하기 위해서 자체 'NFT 큐레이터'를 선발해 주요 NFT 트렌드와 창작자를 발굴하는 시스템을 가지고 있지만, 정략적 평가 기준이 공개된 적은 없다. 큐레이터들은 디스코드나 텔레그램 등 커뮤니티에서 NFT를 분석하고 서로 의견을 공유한다. 정리하자면, 각자 자금을 모아 투표권과 수익 분배에 대한 비율을 나눠 가진 후에 함께 모은 자본으로 NFT에 투자를 한 후 수익을 나눠서 가지는 시스템이다. 간단한 규칙이지만 엄격한 기준으로 회원을 모집하고, 명확한 목적으로 움직이는 만큼 강력한 NFT 투자 조합을 이루고 있다.

플라밍고 DAO의 투표권은 NFT 투자 외에 DAO 커뮤니티 자체적인 정책을 바꾸기 위해서도 사용되는데, 보유하고 있는 플라밍고 유닛의 총 수를 기반으로 한다. 플라밍고 DAO의 내부 정책을 변경하고 싶다면, 플라밍고 DAO의 회원의 과반수 이상이 수정사항을 승인하는데 찬성하면 수정될 수 있다. 투표율은 투표 당시 회원이 보유하고 있는 플라밍고 유닛의 수를 기준으로 측정된다. 또한, 플라밍고 DAO에는 재미있는 정책이 있는데, '분노의 퇴장$^{Rage\ Quitting,\ 직역}$'이라고 불리는 정책이다. 플라밍고의 정책을 보면, 어떤 투자 계약이든 전체 회원의 과반수가 아니라 투표 참여자의 과반수가 찬성해야 매수에 나설 수 있으며, 그 과정에서 불만을 가지게 되는 회원이 자신의 투자금을 빼거나 플라밍고 DAO에서 빠져나오고 싶은 경우 '분노의 퇴장'을 할 수 있다는 사실이 명시되어 있다. 특히 플라밍고의 홈페이지에 '분노의 퇴장'에 관련된 내용을 하나의 카테고리로 만들어 놓았는데,[12] 이는 탈중앙화의 특성을 가진 DAO가 개인의 자율성을 인정한다는 것을 보여준다.

이와는 다소 모순되어 보이는 면도 있지만, 플라밍고 DAO는 대다수의 DAO와는 다르게 자신들의 커뮤니티 내에서 발생하는 거버넌스 사안을 대중들에게 공개하지 않았다. 구성원을 엄격한 기준으로 제한하여 선정하는 커뮤니티답게, 자신의 디지털 지갑을 인증하여야만 해당 거버넌스 내용과 그에 대한 구성원들의 의견을 확인할 수 있다. 이는 선정된 구성원들을 존중하며 동시에 커뮤니티에 속하고 싶게 하는 수요 욕구를 일으키는 하나의 방법으로 보인다. 이렇듯 플라밍고 DAO는 커뮤니티 내부의 움직임을 공개하지는 않았지만, 자신들이 투자하여 보유하고 있는 NFT를 홈페이지에 공개하

> **Rage Quitting**
>
> **What rights do members have if they are not happy with the direction of Flamingo?**
>
> Flamingo has certain strong rights for members to withdraw their capital if they are unhappy with the performance or administration of Flamingo. This right—often called "rage quitting"—gives members a degree of control as to their participation in Flamingo and the use of any contributed capital.
>
> **What happens if I do not want to participate in an NFT purchase?**
>
> Even though Flamingo is member-directed and managed, Members are not obligated to participate in any proposed purchase. Once a purchase is authorized via the dApp, all members will have the right to opt-out of the purchase and receive any undeployed capital that they contributed to Flamingo back (i.e., "rage quit").
>
> The right to rage quit is accounted for in the operating agreement and facilitated via the DApp and underlying smart contracts.

플라밍고 DAO 홈페이지에 게시된 '분노의 퇴장'에 관한 이야기는 개인의 자유를 존중하는 DAO의 성격을 보여준다.

출처 : Flamingo 홈페이지

고 있다. 이들은 대표적으로 크립토펑크 218개, BAYC 22개, 미비츠 286개, 문버드 13개, MAYC 22개, 오토글리프 5개 등 현시점 NFT 랭킹 최상위에 속해있는 프로젝트들과 함께 수백 종류의 NFT를 수천 개 보유하고 있다. 이들이 NFT 큐레이터들과 구성원들의 회의를 통해 투자한 NFT의 가치는 현재 투자 금액 대비 수십 배 이상의 가치를 가지고 있는 것으로 알려져 있다.

플라밍고 DAO는 커뮤니티 내에서 일어나는 거버넌스 사안에 대해서 공개하지 않는다.

출처 : Flamingo 홈페이지

플라밍고 DAO는 수천 개의 NFT를 보유하고 있으며 이를 홈페이지를 통해 공개하고 있다.

출처 : Flamingo 홈페이지

이처럼 플라밍고 DAO는 미국 델라웨어 주의 유한책임회사로 조직되어 법의 영향을 받는 합법적인 조직으로 구성되어 있다. 법의 영향을 받기에 어쩔 수 없는 제약들로 인해 성장이 더디고 한계가 있지만, 그럼에도 불구하고 법적으로 인정받는 합법적인 조직으로써 DAO가 활동하는 것은 분명 의미 있다. 사람들의 DAO에 대한 관심과 역할이 증가하며 DAO의 운영을 위한 법안이 생기며 고도화되고 있다. 대표적으로 미국의 와이오밍 주가 2021년 7월 세계 최초로 DAO 제도를 마련했으며, 2022년 4월 테네시 주도 DAO를 법인으로 인정하겠다고 발표했다.

앞으로 DAO의 역할은 더 다양해지고 중요해질 것이다. 투자에 목적을 둔 DAO 또한 다양한 자산들을 구입하고 투자하고 공유하면서 개인이 접근하기 힘들었던 자산들을 소유하게 되는 새로운 경험을 하게 될 확률이 높으며, 실제로도 다양한 가치를 가진 자산에 투자하는 DAO들이 증가하고 있다. 다음으로는 다양한 방식으로 새로운 자산들에 투자하고 있는 DAO의 이야기를 알아보겠다.

다양한 투자 DAO 이야기

1) Pleasr[이하, 플레져] DAO

플레져 DAO의 이야기는 한 트윗에서 시작되었다. 트위터에서 pplpleasr이라는 아이디로 암호화폐 커뮤니티에서 열정적으로 활동하는 여성 아티스트는 자신이 작업한 46초짜리 유니스왑 V3 티저 애니메이션 작품[제목: x*y=k]을 경매로 판매하며 모든 수익금은 자선단체에 기부할 것이라는 트윗을 올렸다. 이를 풀투게더[PoolTogether]의 공동 설립자인 레이튼 쿠삭[Leighton Cusack]이 리트윗하며 "이 작품을 입찰하기 위해 신속하게 DAO를 만들 사람?[Anyone want to create a quick DAO to bid on this?]"이라는 트윗을 올렸고, 단 몇 시간 만에 24명의 투자자가 모여 기금을 모으고 작품을 입찰하였다.

pplpeasr는 46초짜리 유니스왑 V3 티저 애니메이션을 만들었고, 이는 플레져 DAO가 만들어지는 이유가 되었다.

출처 : 트위터

해당 영상은 약 52만 달러^{한화 약 7억 2천만 원}의 가치에 달하는 310 이더리움에 낙찰되었다. 암호화 데이터 플랫폼 난센^{Nansen}의 CEO이자 플레져 DAO의 회원인 알렉스 스바네빅^{Alex Svanevik}은 "pplpleasr는 지금까지 발행된 NFT 중 가장 상징적인 작품을 만들었다"라고 말하며, "그녀는 우리가 커뮤니티 생성을 추진할 수 있도록 영감을 주었다. 그녀가 제시한 자선 단체 기부 공략도 훌륭했다."라며 소감을 전했다. 작품을 엄청난 가격에 판매하게 된 pplpeasr는 "입찰가가 68이더리움이 올라갔을 때 이미 믿을 수 없었다. 가격이 100이더리움까지 올라갔을 때 입찰자에게 감사할 준비를 하고 있었지만 그것은 시작에 불과했다."라고 말했다.[13] 그녀는 작품이 높은 가격에 판매된 것에 대해 "말을 할 수 없을 정도로 감동적"이라며, "결코 자금이 낭비되지 않을 것이라 약속한다."라는 트윗을 남겼다.

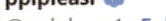

I'm actually crying. Moved beyond words, as I mentioned, I literally don't deserve DeFi, the same community that supported my art from day one. The funds will not go to waste, I promise 💖

pplpeasr는 트위터를 통해, 작품이 역사적인 가격에 판매된 것에 대한 감사함을 전했다.

출처 : pplpeasr 트위터

플레져 DAO는 유니스왑 V3 NFT를 구입하기 위한 하나의 목적으로 만들어졌지만, 모인 자금을 활용해 더 많은 예술 작품을 구입하는 것을 고려하며 DAO를 계속 유지할 것이라고 밝혔다.

그로부터 18개월이 지난 현재[2022년 9월], 플레져 DAO는 3,400만 달러[한화 약 471억 원]의 자금을 운용하며 160명이 넘는 구성원들과 함께 하는 커뮤니티로 성장했다. 플레져 DAO의 CPO[Chief Pleasing Officer, 최고 기쁨 총괄자 : 플레저 DAO에만 있는 특수한 직책]를 담당하고 있는 재미스 존슨[Jamis Johnson]은 "끝내주는 일"부터 "인터넷 문화를 대표하는 자산 포트폴리오 구축"까지 다양한 미션을 수행하고 있다. 이들은 특별한 이야기가 담긴 NFT 작품을 수집하는 것을 목적으로 두고 있는데, 대표적으로 미국 정부의 도청 의혹을 폭로한 뒤 망명 생활을 하고 있는 전 미국국가안보국[NSA, National Security Agency] 요원 에드워드 스노든[Edward Snowden]의 '스테이 프리[Stay Free]' NFT를 구입하기 위해 540만 달러[한화 약 60억 원]를 지불하였고, 일론 머스크[Elon Musk]가 트위터에 홍보하는 암호화폐 도지 코인의 마스코트 '도지' 이미지 원본 NFT를 400만 달러[한화 약 46억 원]에 구매하기도 했다. 이들은 암호화폐의 역사에 기록될 강력한 메시지를 담고 있는 작품들을 수집하여 보관하는 사명을 가지고 커뮤니티를 운영하고 있다.

(좌) 'Stay Free' (우) '도지 코인'의 주인공

출처 : Pleasr DAO 홈페이지

2) Metapurse^{이하, 메타퍼스} DAO

메타퍼스 DAO는 유명 NFT 수집가 메타코반^{Metakovan}이 운영하는 NFT 투자 조직이다. 주로 유명 NFT 아티스트 비플^{Beeple}의 작품을 수집하며, 크리스티 경매에 올라온 비플의 NFT 작품 'EVERYDAYS : THE FIRST 5000 DAYS'를 무려 6,930만 달러^{한화 약 800억 원}에 구매하여 보유하고 있는 것으로 유명하다. 해당 거래는 상상할 수 없는 천문학적인 금액으로 디지털 아트를 구입한 선례로 많이 알려져 있지만, 이후 메타퍼스 DAO는 NFT 플랫폼 니프티 게이트웨이^{Nifty Gateway}에서 경매를 통해 또 다른 비플의 작품인 'Beeple Everydays : The 2020 Collection'의 1/1 작품 20개를

모두 구입했다. 이 거래는 많은 주목을 받게 되었는데, 한 세력이 전체 작품 20개를 구매하는 일은 흔치 않은 일이기 때문이다. 더군다나, 암호화폐 업계의 거물 윈클레보스[Winklevoss] 형제가 자신들도 경매에 참가하겠다는 트윗을 올리는 등, 많은 투자자와 수집가들이 눈여겨보고 있던 비플의 작품이었기에 메타퍼스 DAO가 모든 컬렉션을 입찰 받았다는 사실은 주목받을 만한 소식이었다.

메타퍼스 DAO는 처음부터 비플의 'The 2020 Collection'의 20개 작품을 모두 입찰 받을 생각으로 체계적인 계획을 세웠다. 한 세력이 작품을 독점하는 것처럼 보이지 않기 위해, 서로 다른 아이디를 사용하여 입찰에 나섰고, 여러 번의 시뮬레이션을 통해 경매에 차질이 생길 만한 변수를 줄이며 노력했다. 그 결과 메타퍼스 DAO는 모든 작품을 입찰 받을 수 있었고, 이 거래를 통해 메타퍼스 DAO는 약 220만 달러[한화 약 24억 원]를 지출했다. 메타퍼스 DAO는 안목 있는 참가자들이 몇몇 작품에 대하여, 높은 가격을 제시하여 위험했지만 결국 모든 작품을 입찰 받을 수 있었다고 전했다. 실제로 20개의 작품 중 가장 비싸게 입찰 받은 작품은 #4710번[160,500달러 입찰, 한화 약 1억 7천만 원]으로 55,000달러[한화 약 6천만 원]에 가장 저렴하게 입찰 받은 #4681번에 비해 3배 정도 비싸다.

와일더 월드[Wilder World]의 공동 창립자인 프랭크 와일더[Frank Wilder]는 이와 같이 과감하게 디지털 아트에 투자하는 메타퍼스 DAO의 행

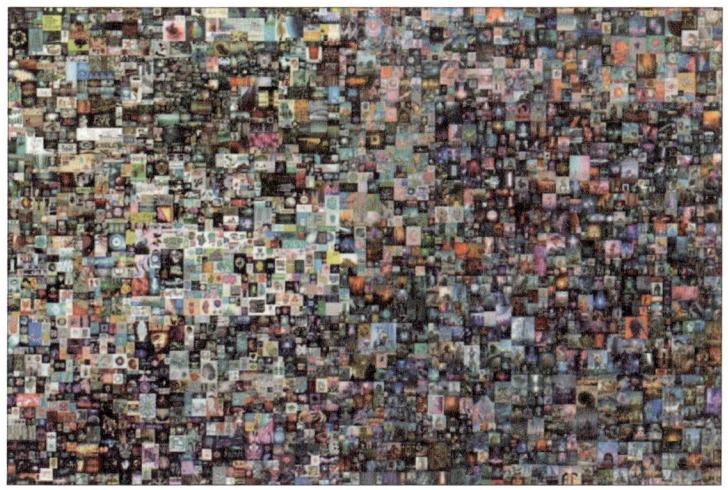

메타퍼스 DAO를 만든 메타코반은 비플의 'EVERYDAYS: THE FIRST 5000 DAYS'를 무려 한화 800억에 입찰 받아 소유하고 있다.

출처 : Metapurse 미디움

메타퍼스 DAO는 220만 달러를 지출해 비플의 1/1작품 20개를 모두 입찰 받았다. 가장 비싼 #4710 (하단 우측 4번째) 가장 저렴한 #4681 (상단 좌측 세번째)

출처 : Metapurse 미디움

보에 관하여 다음과 같이 말했다. "비플의 작품은 예술 세계의 기념비적인 변화를 정의했다. 메타코반의 투자로 세계화되고 거래 가능한 디지털 아트에 대한 시장이 단단해졌다."

메타퍼스 DAO는 비플이 애플^{Apple}, 스페이스X^{SpaceX}, 루이비통$^{Louis\ Vuitton}$과 같은 최고의 회사와 협업한 경력이 있는 실력 있는 예술가라는 사실에 주목했다. 특히, 앞서 세상을 놀라게 했던 13년 동안 매일 만들어 온 5,000개의 작품을 모은 〈EVERY DAYS〉 작품에서 보여준 끈기와 열정을 높이 사며 비플이 역사적 규모의 파도를 일으킬 것이라 직감한다며, 그의 작품을 구입하는 이유를 밝혔다.

니프티 게이트웨이 경매에서 비플의 작품 20개를 모두 입찰 받은 메타퍼스 DAO는 한 달 뒤, 공식 블로그를 통해 하나의 공지를 올렸다. 지금까지 메타버스에서 일어난 가장 큰 공공 예술 프로젝트인 B.20 프로젝트와 이를 축하하기 위한 Metapalooza 축제를 개최한다는 내용이었다.

Metapalooza 축제는 메타퍼스 DAO의 사명인 "예술 작품에 대한 접근과 소유권을 민주화하고 메타버스 내에서 일어나고 있는 문화적 르네상스를 가속화하는 것"을 실현시키기 위한 첫 번째 발걸음이며, B.20 프로젝트는 메타버스 내 최초의 대규모 공공 예술 프로젝트에 대한 소유권을 모든 사람들이 가질 수 있도록 분할하는 NFT 패키지 이름이다. 소유권을 분할한다는 측면에서 B.20 프로젝트는 메타퍼스 DAO의 사명에 일치하며 이것은 NFT의 형태를 지닌 B20 토큰을 통해 실현된다. 메타퍼스 DAO는 해당 프로젝트를 성공적으로 수행하기 위해, 세계적인 메타버스 건축 회사인 복셀 아키텍쳐^{Voxel Architects}와 협업하여 크립토복셀^{Cryptovoxels}, 소미늄 스페이스^{Somnium Space}, 디센트럴랜드^{Decentraland} 총 세 곳의 메타버스 내에 대규모 가상 박물관을 건설했다.

크립토 복셀에 건설된 메타퍼스 박물관의 입구 로비의 모습

출처 : Metapurse 미디움

해당 박물관에는 메타퍼스 DAO가 소유하고 있는 비플의 작품들이 전시되며, 모든 사람에게 이를 개방함으로써 메타버스 예술, 음악, 문화를 기념하는 상징적인 행사를 만드는 것을 목표로 한다고 밝혔다.

메타퍼스 DAO가 만든 B.20 프로젝트의 사명을 이루기 위해 활용되는 B20 토큰의 발행량은 총 천만 개로 제한되었으며, 전체의 59%는 메타퍼스 DAO가 보유하며 8%는 잠재적 협력자들에게 비공식적으로 판매되었고, 4%는 개발팀에게, 2%는 창작자인 비플에게, 11%는 파트너들을 위해 제공되었다. 나머지 16%인 160만 개의 토큰은 축제가 열리는 기간 동안 토큰당 0.36 달러^{한화 약 400 원}에 공개적으로 판매를 진행하였다. B20 토큰의 시가 총액은 메타퍼스 DAO가 보유한 비플 작품 금액의 총합으로 계산된다.

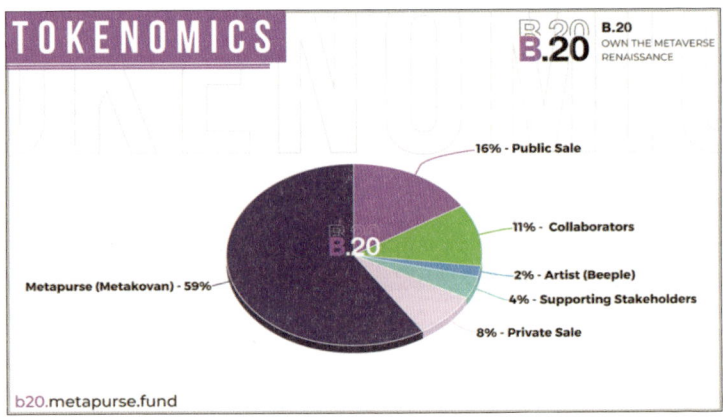

메타퍼스 DAO는 총 천만 개의 토큰이 발행되는 B20 토크노믹스를 구현했다.

출처 : Metapurse 미디움

메타퍼스 DAO는 투자 작품을 선정하는데 거버넌스의 의견을 반영하거나 규칙들을 부여하지는 않지만, 크립토 시장의 유명 수집가^{메타코반}가 자신의 경험과 안목을 바탕으로 역사에 남을만한 의미가 있는 NFT 작품을 구입한 후, 이 예술 작품을 대중들에게 공개하고 소유권을 나누겠다는 사명 하나로 메타버스에 거대한 건물을 짓고 축제를 여는 수고를 감내하는 것은 이미 웹 3.0 시대의 가치를 이해하고 대중들에게 공유하기 위해서일 것이다. 일례로 메타퍼스 DAO는 크립토 세계의 유명 인사들을 호스트로 초청하여 대화를 나누고 토론하는 'NFT 라디오' 쇼를 발표하고 지속적으로 선보이고 있다.

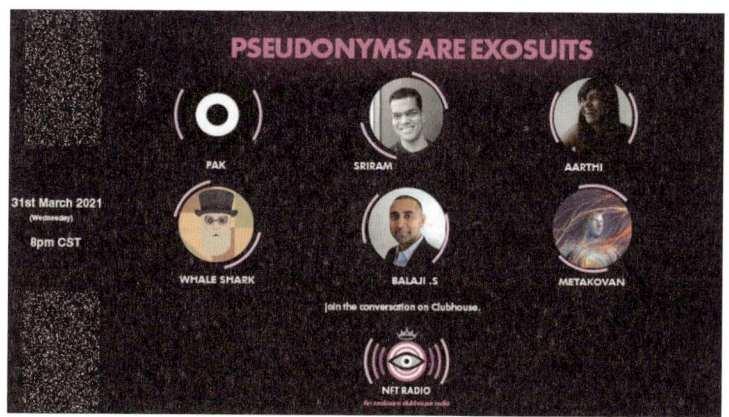

메타퍼스 DAO는 2021년 3월 31일에 처음으로 'NFT 라디오' 클럽하우스 쇼를 론칭했다.

출처 : Metapurse 미디움

메타퍼스 DAO는 일반적인 DAO와는 다른 양상을 보인다. 일반적으로 탈중앙화를 지향하는 DAO와는 다르게 유명 NFT 수집가 메타코반이 이끌고 있는 조직으로 보이며, 거버넌스 체계 부족 및 토큰 이코노미의 불균형(토큰 59% 자체 소유) 등 DAO로써 부족한 부분이 많아 보이지만, 예술 작품에 대한 대중들의 접근성을 낮추고, 메타버스 내에서 일어나고 있는 문화적 르네상스를 가속화 시키겠다는 사명으로 움직이고 있는 메타퍼스 DAO의 발전이 기대가 된다.

3) Krause House (이하, 크라우스 하우스) DAO

함께 돈을 모아 자신이 사는 도시를 대표하는 스포츠 구단을 인수하는 것은 스포츠를 사랑하는 팬들의 오랜 꿈일 것이다. 2021년 11월, 만화에서나 가능했던 스포츠 팬들의 꿈을 현실로 옮기는 것을 목표로 하는 DAO가 탄생했다. 바로 NBA 구단을 인수하는 현실적인 방안을 제시하는 크라우스 하우스 DAO가 그 주인공이다. 크라우스 DAO가 진행하고 있는 프로젝트명은 WAGBAT라고 불린다. 이는 'We are going to buy a team and you can`t do anything about it'이라는 뜻으로, 직역하자면, '우리는 팀을 하나 사버릴껀데, 너는 아무것도 못해'라는 뜻으로 팬들에 의해 소유되고 운영되는 강한 유대감을 가진 NBA 팀을 만들겠다는 의지를 보여준다.

크라우스 하우스 DAO는 NBA 구단을 인수하는 것을 목표로 한다.

출처 : Krause House DAO 홈페이지

    이들은 DAO를 공개하자마자 15분 만에 200 이더리움을 모았고, 한 달 만에 400만 달러^{한화 약 4억 원}의 가치가 있는 1,000 이더리움을 모금했다. 짧은 시간에 적지 않은 금액을 모금했지만, 사실 크라우스 DAO가 지향하는 목표는 손에 닿지 않는 이상향에 가깝다. 첫 번째로, NBA 팀 중에서 가장 저렴한 '멤피스 그리즐리스^{MEMPHIS GRIZZLIES}'조차 가치가 15억 달러^{한화 약 1조 6천억 원}를 상회한다고 알려져 있기 때문이다. 둘째로, NBA가 익명을 사용하는 다수의 사람들이 투자하는 암호화폐 투자자를 구단주로 인정하도록 설득하는 것 자체가 어려울 것이기 때문이다. 이러한 근본적인 문제점이 있음에도 불구하고, 자발적으로 적지 않은 금액이 모였다는 사실은 많은 스포츠 팬들이 자신이 직접 구단을 소유하는 것에 대한 로망이 있다는 것을 반증한다.

NBA에서 가장 저렴하다고 알려진 '멤피스 그리즐리스'조차 구단의 가치가 한화 약 1조 6천억 원을 상회한다.
출처 : Memphis Grizzlies 홈페이지

크라우스 DAO의 공동 제작자인 코모도어^{익명, 트위터 아이디 COMMODORE}는 "나는 2017년부터 암호화폐 시장에 있었고, DAO의 아이디어에 매우 흥분했다"라고 말하며 "우리는 평생의 꿈을 달성하는데 중점을 둔 DAO를 만들기로 결정했으며, 많은 사람들이 우리와 같은 꿈을 꾸고 있는 것으로 나타났다"라며 DAO를 만든 이유를 밝혔다. 현재 크라우스 DAO의 공식 트위터는 1만 2천여 명의 팔로워가 있으며, 디스코드에는 5천 명과 함께 하고 있다.

크라우스 DAO 측은 초기 자금이 얼마나 빨리 모이게 되었는지에 주목했지만, 일부 참여자들은 실제로 NBA의 팀을 구입할 수 있는 가능성에 대해 회의적인 모습을 보였다. 이에 대한 답으로 크라우스 DAO의 운영진들은 자신들이 생각하는 목표를 향한 단계를 공개했으며, 큰 틀을 정리하면 다음과 같다.

1) 델라웨어 주에 크라우스 DAO 지주회사로 법인 설립
2) NFT와 토큰을 판매하여 자본 확보
3) 해당 분야 최초로 SPAC^{합병을 위한 서류상 회사} 합병하여 상장 진행
4) NBA 팀을 인수하고 인수한 팀을 대상으로 토큰 발행
5) 역-SPAC로 크라우스 DAO를 분리, NBA 팀과 합병

상당히 복잡하고 난해한 구조이지만, 크라우스 DAO는 스포츠 팬들의 평생의 꿈을 현실화 시키기 위해 많은 시간이 걸리더라도 반드시 해내겠다는 의지를 보여주었다.

크라우스 DAO는 세 가지 종류의 등급으로 나눠진 NFT를 판매하여 자본과 구성원들을 모으고 있다. NFT 구매자들은 등급에 맞추어 크라우스 토큰을 지급받게 되며, 해당 토큰 보유량에 따라 각종 혜택들과 크라우스 DAO의 주요 사안 결정에 투표로 참여할 수 있는 권한을 얻게 된다.

크라우스 DAO의 NFT는 세 가지 등급으로 분류되어 등급마다 다른 가격으로 판매되었다.

출처 : Krause House DAO 홈페이지

크라우스 DAO의 NFT는 세 가지 등급으로 분류되어 있으며, 기부 금액에 따라서 한정판 티켓 NFT를 선물로 주었다.

출처 : Krause House DAO 홈페이지

- UPPER LEVEL : 1,500장 제한 / 0.25 이더리움

- CLUB LEVEL : 500장 제한 / 2.5 이더리움

- COURT SIDE : 50장 제한 / 25 이더리움

해당 NFT는 가격에 따라 다른 모습을 가진 티켓을 제공받으며, 이는 디스코드 커뮤니티 내에서 특별한 역할을 부여받거나 높은 가격의 티켓을 가지고 있을수록 이벤트나 추첨 등에 유리하게 작용할 수 있는 혜택이 주어진다. 이들은 이외에도 더 많은 자본과 사람을 확보하기 위해 다양한 활동을 하며 서비스를 제공하고 있다. 대표적으로 세계 최초로 NFT 작품으로 구성된 농구 코트 크라우스 코트 Krause Court NFT 프로젝트를 만들었으며, 미국의 래퍼 아이스 큐브 Ice Cube가 창설한 3 대 3 프로 농구 리그 'BIG3'의 볼 호그스 Ball Hogs 팀을 인수하며 활발한 활동을 이어가고 있다. BIG3 리그는 2017년 설립되어 인지도나 규모 면에서 NBA에 비할 수는 없지만, 많은 농구 팬들의 지지를 받으며 급격하게 성장하고 있는 프로 리그이다.

3 대 3 농구 프로 리그인 'BIG3'의 볼 호그스팀은 크라우스 하우스 DAO에 인수되어, 2022 시즌 우승을 노리고 있다.

출처 : BIG3 홈페이지

재미있는 사실은 'BIG3' 리그의 팀들이 재산권 관리를 위해 웹 3.0 도입을 발표한 뒤, 팀 소유권을 NFT로 분할할 계획이라고 밝혔다는 것이다. 실제로 각 팀은 1,000개의 NFT를 발행하여 NFT 보유 자들에게 해당 팀 안건에 대한 투표 권한을 주고, 경기 티켓과 팀 기념품 등을 제공받을 수 있게 하였다. 크라우스 DAO가 말한 스포츠 팬들이 권력을 되찾고, 역사상 처음으로 팬 커뮤니티가 팀을 정상으로 끌어올리기 위해 함께 일하는 모습을 볼 수 있게 된 것이다. 실제로 규모가 있는 암호화폐 커뮤니티에서 BIG3 리그 팀의 NFT를 구입하여 팀의 정책에 관여하고, 팀을 관리하며 건전한 경쟁을 하고 있다. 대표적으로 '트라이 스테이트$^{Tri\ State}$' 팀은 이더리움 체인 유명 NFT 문버드 커뮤니티가 관리하며, '킬러 3S$^{Killers\ 3's}$' 팀은 솔라나 체인 유명 NFT 디갓^{Degods} 커뮤니티가 관리하고 있다.

'BIG3' 리그 팀들은 자신들을 후원하는 커뮤니티의 로고가 박힌 유니폼을 입고 경기에 나선다.
(좌) Killer 3's - Degods (우) Ball hogs - Krause House

출처 : BIG3 홈페이지

크라우스 DAO가 주장한 웹 3.0으로 구동되는 팬의 소유권과 거버넌스가 정말 미래에 스포츠를 즐기는 보편적인 방법이 될 수 있을지도 모르겠다. 실제로 스포츠 팬들은 더 이상 경기를 관람하기만 하는 수동적 접근이 아닌, 자신들이 직접 커뮤니티에 참여하여 생태계를 함께 만들어 가는 과정을 원하고 즐기고 있다.

4) Global Coin Research^{이하, GCR DAO} DAO

GCR DAO는 일반인에게 벤처 투자 기회를 제공하는 투자 DAO이다. GCR은 2017년 가상 자산 투자·전략 관련 콘텐츠 기업으로 출발했다. 동서양 문화 차이와 언어 장벽으로 인한 가상 자산 업계의 정보 격차를 줄이는 것을 목표로, 3만 명 이상의 구독자를 확보해 뉴스레터 서비스를 제공했다.

GCR DAO가 DAO의 형태로 운영 방식을 바꾼 것은 최근의 일이다. 크립토 프로젝트에 관한 리서치를 계속 진행하며 콘텐츠를 제공하다 보니, GCR이라는 브랜드의 가치가 커졌고, 브랜드 가치를 이용하여 개인에게 크립토 분야에 직접 투자할 기회를 만들어 주자는 의견이 나왔고, 이를 반영하여 투자 DAO의 성격을 지닌 GCR DAO가 탄생하게 되었다. 2021년에 시작된 GCR DAO는 꾸준히 성장 중이다.

GCR DAO는 Messari처럼 뉴스레터 기반의 콘텐츠 기업이었지만, 콘텐츠가 쌓이며 GCR의 브랜드 가치가 커지자 투자 DAO를 구성하게 되었다.

출처 : GCR 홈페이지

GCR DAO에는 현재 4,000명 이상의 구성원이 있다. 거버넌스 토큰인 GCR 토큰을 보유하면 DAO 커뮤니티에 참여할 수 있으며, 이러한 커뮤니티를 활용하여 투자를 진행하게 된다. 토큰 보유량에 따라서 멤버십 등급이 달라져 제공받을 수 있는 정보가 달라지지만, 기본적으로 투자 대상 프로젝트는 디스코드 게시판^{GCR Deal Dashboard}을 통해 모든 멤버들에게 공개된다. DAO 멤버 모두에게 투자 기회가 열려있는 것이다.

GCR DAO에서 제공하는 자료들은 다양한데, 첫 번째로 콘텐츠 및 뉴스레터가 있다. 3만 명 이상의 구독자가 제공받는 검증된 자료와 콘텐츠를 최신 인사이트와 업계 동향을 제공받을 수 있다. 두 번째로는 커뮤니티에 속할 수 있다. 서로 같은 관심사를 가진 학습자와 투자자가 모인 커뮤니티에 속함으로써 각 프로젝트에 대한 정보 공유와 거래에 대한 토론 등을 자유롭게 진행할 수 있다. 마지막으로 이벤트에 참여할 수 있다. 디스코드 내에서 GCR DAO의 창립자 또는 NFT 아티스트들과 대화를 나눌 수 있는 온라인 만남부터 오프라인 컨퍼런스와 파티 등에 참여할 수 있는 권한을 가지게 된다.

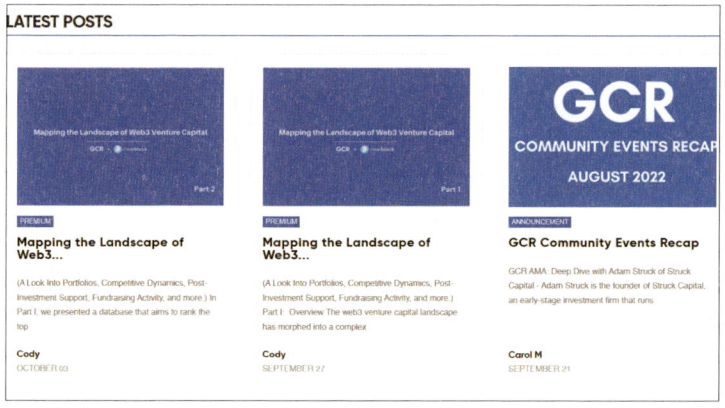

GCR DAO는 정기적으로 질 좋은 뉴스레터&콘텐츠를 제공한다.

출처 : GCR 홈페이지

GCR DAO는 총 0-3단계로 등급이 나누어지는데, 가장 기본적인 0등급은 "검증된^{Verified}"멤버로써 GCR 토큰을 보유하고 있지 않아도 디스코드 내에 가입만 되어 있으면 부여받을 수 있는 등급이다. 해당 등급은 기본적으로 GCR 공개 이벤트 정보와 주간 뉴스레터 제공, GCR 캠페인 선정 참여권을 받을 수 있다. 1단계 등급은 "개척자^{Pioneer}"등급이다. 개척자 등급을 부여받기 위해서는 디지털 지갑에 100개의 GCR 토큰을 보유하고 있어야 하며 투자 상담, 거버넌스 투표 등의 혜택을 제공받는다. 2단계 등급은 "골드" 등급으로 구분되며, 지갑에 700개의 토큰을 보유하고 있어야 한다. 골드 등급은 커뮤니티에 투자에 관한 내용을 제안할 수 있고, 무료로 사람을 추천받는 등의 혜택을 받을 수 있다. 가장 높은 "골드 프로" 등급은 2,000개의 토큰을 지갑에 보유하고 있어야 하며, 투자 할당금을 보장받을 수 있고, 투자 회사 창업자와의 통화에 직접 참여할 수 있는 등 상당한 혜택을 받을 수 있다.

Tier 0 - Verified	Tier 1 - Pioneer	Tier 2 - Gold	Tier 3 - Gold PRO
✅ Research and Content on GlobalCoinResearch.com	✅ Research and Content on GlobalCoinResearch.com	✅ Research and Content on GlobalCoinResearch.com	✅ Research and Content on GlobalCoinResearch.com
✅ Weekly Newsletter and Updates	✅ Weekly Newsletter and Updates	✅ Weekly Newsletter and Updates	✅ Weekly Newsletter and Updates
✅ Educational and Research Calls (Public Events)	✅ Educational and Research Calls (Public & Private Events)	✅ Educational and Research Calls (Public & Private Events)	✅ Educational and Research Calls (Public & Private Events)
✅ Virtual and IRL Community Hangouts Around the World	✅ Virtual and IRL Community Hangouts Around the World	✅ Virtual and IRL Community Hangouts Around the World	✅ Virtual and IRL Community Hangouts Around the World
✅ Ongoing GCR Campaigns (earn $GCR tokens and free memberships)	✅ Ongoing GCR Campaigns (earn $GCR tokens and free memberships)	✅ Ongoing GCR Campaigns (earn $GCR tokens and free memberships)	✅ Ongoing GCR Campaigns (earn $GCR tokens and free memberships)
	✅ Access to All Community Investment Calls	✅ Access to All Community Investment Calls	✅ Access to All Community Investment Calls
	✅ Governance Discussions	✅ Governance Discussions	✅ Governance Discussions
		✅ Access to Investment Threads and Discussions	✅ Access to Investment Threads and Discussions
		✅ Sponsorships and Complimentary Pioneer Referrals	✅ Sponsorships and Complimentary Pioneer Referrals
			✅ Guaranteed Investment Allocation
			✅ Monthly Airdrops
			✅ Deal Recap Calls
			✅ Participate in the Exclusive GCR Angel Network

GCR DAO의 등급은 총 4단계로 나뉘게 되며, 각 등급마다 혜택이 다르게 부여된다.

출처 : GCR 홈페이지

GCR 토큰은 화폐로서의 가치는 없으며, 오직 GCR DAO의 거버넌스에만 사용될 수 있다. 해당 토큰은 이더리움을 구입한 뒤 유니스왑을 이용해 구할 수 있으며 그 외에 토큰을 받을 수 있는 방법으로 콘텐츠를 제공하고 공유하여 커뮤니티에 기여하는 방법이 있다. 특히 커뮤니티의 특성상 소셜 미디어 마이닝$^{Social\ media\ mining}$을 통해 GCR에 기사를 작성하는 기고자, 작가 및 연구원은 작업의 대가로 GCR 토큰을 얻을 수 있다. 물론 모든 기사가 토큰을 받을 수 있는 것은 아니다. 300자 이상 분량의 기사여야 할 것, 이미지 차트 및 일러스트 포함, 문법 검사 필수 등의 기본 조건을 지켜서 작성한 기사를 검토 상태로 넘기면, GCR의 자체 편집 팀이 기사를 검토한 후 조건에 부합한다면 승인 처리를 한다. 그 후 승인 처리된 기사가 홈페이지에 게시되면 GCR 토큰이 자신의 지갑에 저장되는 구조를 가지고 있다. 기사의 퀄리티에 따라 토큰은 차등 지급된다.

Specifically:

1) Original content written on any of GCR's portfolio companies, approved by editorial, deemed EXCELLENT Quality- 50 $GCR. Check out some of GCR's portfolio companies here.
2) Original content written on any other topics, approved by editorial and deemed EXCELLENT Quality – 40 $GCR
3) Original content, approved by editorial- deemed GOOD quality- 15 $GCR
4) ALL non-original content/ re-posted content that is approved will be rewarded – 10 $GCR

GCR에 기재되는 기사는 편집 팀이 선정한 퀄리티에 따라 10~50 토큰이 차등 지급된다.

출처 : GCR 홈페이지

GCR은 투자 DAO로 구분되지만, 일반적인 투자 DAO와 차이점을 가지고 있다. 대부분의 투자 DAO는 참여 멤버들의 자금을 모은 다음 그 자금을 어디에 투자할지 투표를 통해 다수결로 결정하는 경우가 많다. 이 경우는 굉장히 민주적으로 보이지만, 자신이 원하지 않는 프로젝트에 자신의 돈이 투자될 가능성이 있다. 반면, GCR은 각 프로젝트에 투자할 때마다 새로운 투자 조합$^{Investment\ vehicle}$을 만들기 때문에 투자에 참여하는 멤버들이 투자하고 싶은 프로젝트를 골라서 참여할 수 있다는 장점이 있다. GCR은 최초에 특정 프로젝트를 투자 대상으로 올릴지 말지에 대한 여부만 투표를 통해 결정한다. 프로젝트가 이 과정을 통과한다면 해당 프로젝트에 투자하는 것은 전적으로 각 멤버들의 선택에 달려 있다.

GCR DAO의 대략적인 투자 참여 과정은 다음과 같다. 우선 GCR에서 해당 창업 팀과 투자 상담을 시작한다. 이러한 내용은 모두 디스코드 이벤트 카테고리에 기록되며, GCR은 투자 리뷰 보고서를 매 분기마다 공개한다. GCR이 직접 공개한 보고서에 따르면 6GCR DAO는 2022년 1분기에 15개의 거래를 완료하였으며, 500만 달러$^{한화\ 약\ 60억\ 원}$ 이상을 효율적으로 사용하였다.[14] 또한 1분기에 100개 이상의 프로젝트를 검토하였으며 그중 1/3은 커뮤니티에서 일반 투자자들이 추천한 프로젝트이다. 커뮤니티에서 가장 많이 투자된 프로젝트의 카테고리는 DAO 도구와 게임이었다.

GCR Investments During Q1 2022		
Portfolio Companies	Date of Investment	Description
GoodGhosting	January 2022	Lending pools that incentivize good saving habits (link)
OpenGuild	January 2022	Financing solutions for Play-to-Earn guilds (link)
blast	January 2022	Competitive gaming platform (Play-to-Earn) (link)
Circle	January 2022	Community platform for creators and brands (link)
prePO	January 2022	Decentralized pre-IPO & pre-token trading platform (link)
T	January 2022	ZK-Rollup infrastructure to help build the metaverse (link)
Slik	January 2022	Decentralized encrypted file sync platform (link)
Coinbooks	February 2022	Accounting for crypto-native organizations/DAOs (link)
M	February 2022	Mobile-first DAO governance tool (link)
	March 2022	Gateway to the ReFi economy (link)
Stealth*	March 2022	Decentralized investing protocol for DAOs
Decrypt	March 2022	Decentralized media platform focused on Web3 (link)
Den	March 2022	Asset storage platform built on Gnosis Safe (link)
	March 2022	Web3-native social messaging platform (link)

*Stealth denotes projects where their fundraising has not yet been publicly announced

GCR이 2022년 1분기에 투자한 블록체인 프로젝트는 DAO 도구와 게임 프로젝트가 다수를 차지하고 있다.

출처 : GCR 홈페이지

GCR 투자 총괄을 맡고 있는 투자 리드$^{deal\ lead}$ 강진원의 인터뷰에 따르면, "처음에는 GCR 핵심 멤버만 투자처를 발굴할 수 있는 구조였지만, DAO로 운영 방식을 바꾸며 모든 멤버가 투자처를 발굴할 수 있는 구조가 되었다.[15] 만약, 멤버의 지인이 자금 조달에 나설 경우 커뮤니티에 이를 알리고 투자 여부를 검토 받을 수 있다. 이러한 구조로 인해 흥미로운 프로젝트들이 많이 소개되었다. 적극적으로 투자처를 발굴한 멤버들에게는 보상을 지급하기 때문에 최근에 일반 멤버들도 적극적으로 투자처 발굴에 나서고 있다."라고 말했다.

GCR DAO는 투자한 프로젝트의 토큰 발행 또는 기업 매각으로 인한 이익의 15%를 보수로 가져간다. 그중 9%는 DAO 트레저리^{공용금고}에 들어가며, 6%는 투자 참여자에게 돌아간다. 투자 참여자는 성공 보수를 따로 얻을 수 있어서 좋고, 이익 중 9%가 DAO 트레저리로 가는 만큼 멤버들이 좋은 프로젝트에 투자할수록 DAO 자체도 튼튼해지는 선순환적인 구조를 가지고 있다.

GCR DAO는 투자 DAO의 선두주자가 되는 것을 단기 목표로 잡고 있다. 이미 크립토 세계에서 많은 인정을 받고 있는 GCR DAO는 기존 투자 업계에도 인정을 받아 GCR이라는 브랜드 파워를 키우고, DAO 멤버·투자자들과 이익을 나누며 더 많은 일반인들에게 투자 기회를 제공하는 플랫폼이 되기 위하여 활발하게 활동하고 있다.

DAO가 가져올 투자 시장의 변화

2021년 4월 역사상 최악의 범죄자 중 한 명이 복역 중 사망하였다. 그가 받은 형량은 무려 징역 150년. 사실상 무기징역이랑 다를 바 없는 무거운 형량을 선고받은 범죄자의 이름은 버나드 메이도프

Bernard Lawrence Madoff, 역사상 최대 규모의 폰지 사기를 일으킨 그로 인해 발생한 피해액은 무려 650억 달러^{한화 약 72조 원}에 달한다. 이 금융 사기에 많은 유명인을 비롯해 다수의 기관 투자자들이 피해를 입었고, 이로 인해 많은 사람들이 자신의 처지를 비관하며 자살하는 끔찍한 사건이 있었다.

이토록 많은 사람에게 비극적인 결과를 발생시키면서도 투자 사기가 반복적으로 발생하는 원인 중 하나는 불투명한 투자금 관리에 있다. 이러한 문제점을 해결하기 위해 블록체인 기술을 활용한 DAO가 등장했지만 그렇다고 해서 탈중앙화와 자율성을 강조하는 투자 DAO가 반드시 안전하다는 것은 아니다. 앞서 DAO의 역사에서 언급한 "The DAO"의 사례는 해킹의 피해를 받아 실패한 프로젝트라는 평가를 받았고, 아직 법적 지위와 규제가 명확하지 않은 DAO를 통해 자금을 모은 뒤 프로젝트를 중단하고 투자금을 가지고 사라지는 소위 러그풀의 사례도 적지 않다.

여전히 많은 시행착오를 통한 개선이 필요하지만, DAO는 투자를 포함한 다양한 목적으로 활용되며, 참여자들에게 좀 더 투명하고 직접적인 민주적인 통제권을 나누어 줄 수 있는 좋은 수단이 될 것이 분명해 보인다.

투자 DAO는 개인이 접근하기 힘들었던 투자처에 대한 접근성을 높이는 동시에, 물질적인 이익만을 추구하는 것이 아닌 직접 커뮤니티에서 활동하고 규칙의 생성에 관여할 수 있게 권한을 나누어 주어 개인 투자자가 커뮤니티의 일원이라는 자부심을 가질 수 있게 한다.

앞으로 투자 DAO는 더욱 다양한 형태로 등장할 것이다. 플레져DAO처럼 당초 조직을 형성한 목적을 달성한 후에도 조직을 유지하며 발전하는 DAO가 있다면, 반대로 스파이스 DAO처럼 목적을 달성한 후 해체해버리는 단기적인 프로젝트형 DAO가 생길 수도 있다.[16] 투자 DAO는 앞으로도 계속 생겼다 사라졌다를 반복하며 투자 과정이 투명하며, 누구나 쉽게 접근이 가능한 완성된 형태의 투자를 구현하기 위해 노력할 것이다.

3

DAO의 다양한 가능성
기타 DAO

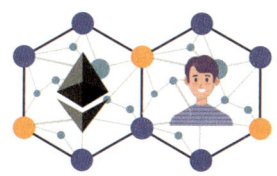

제레미 리프킨^{Jeremy Rifkin}의 저서 『소유의 종말^{원제: Age of Access, 2001}』이 발간된 지 21년 동안 세상은 많은 변화를 거쳤다. 긴 시간 동안 사회는 소유에서 공유의 시대로 넘어가는 과정을 거쳤고, 중간에 팬데믹^{COVID-19}사태가 발생하여 비대면 문화가 확산되며 제약에서 자유로웠던 OTT^{Over The Top: 인터넷을 통해 볼 수 있는 미디어 콘텐츠}서비스 기업들이 소비자의 니즈와 성향을 파악해 개개인에게 최적화된 서비스를 제공하며 엄청난 성장을 하게 되었다. 바야흐로 구독의 시대가 시작된 것이다. 소비자의 입장에서는 자신이 지불하는 비용에 비해 받는 서비스의 가치가 떨어진다고 판단하면 언제든 구독을 중단할 수 있게 되었다. 이로써 기업들은 기존 상품으로 어떻게 소비자가 원하는 방식으로 구독 서비스를 제시할 것인가에 대하여 고민하기 시작했다. 비즈니스 모델의 중심이 생산자[기업]에서 소비자로 넘어가게 된 것이다.

    권력이 생산자에서 소비자로 옮겨간 사회 현상은 물건이 과잉생산되어 기업 간의 경쟁이 과도하게 일어난 작금의 시기에 일어나고 있는 사회현상이다. 수십수백 종류의 비슷한 제품이 양산되어 수많은 플랫폼에서 판매되고 있는 현재, 소비자의 선택이 그 무엇보다 중요해졌다. 이는 중앙에 집중되어 있던 권력을 분산시켜 사용자들에게 돌려주겠다는 DAO의 목적과도 닮아 있다. 커뮤니티가 그 무엇보다 중요한 DAO의 경우, 결국 참여자들이 DAO를 선택하여 커뮤니티의 구성원이 되어야 힘을 얻는 구조이기 때문에 DAO는 예비 참여자들을 위한 타깃을 세분화하고 차별화된 혜택을 약속하는 등 다양한 전략을 사용하고 있다. 지금부터 등장할 DAO의 사례는 앞선 프로토콜 DAO, 투자 DAO처럼 명확하게 하나의 목적으로 정의 내릴 수 없다. DAO는 다양한 실험을 거쳐 발전하고 있는 과도기에 놓여 있기 때문에 명확하게 분류하기 힘들다. 해당 책에서는 복합적인 역할과 기능을 동시에 하고 있어 한 파트로 분류하기에는 어렵지만 꼭 소개해야 하는 중요한 DAO들을 모아 기타 DAO로 소개한다. 해당 DAO의 형성 이유와 목적을 알아보면 결국 DAO도 사람의 필요에 의해 필연적으로 생기게 되었다는 것을 이해할 수 있게 될 것이다.

가치의 전환
소비 신념의 변화

당신이 티셔츠를 하나 구입하기 위해 두 개의 브랜드에서 고민을 하고 있다고 가정해보자. 두 개의 티셔츠는 디자인도 같고 가격도 같고 배송 시간조차 같다. 그렇다면 당신은 어디서 티셔츠를 구입하겠는가? 어쩌면 별로 상관이 없다고 할지도 모르겠다. 하지만 만약 두 개의 티셔츠 중 하나의 브랜드가 파타고니아^{Patagonia}라면 어떨까? 파타고니아는 창업주 이본 쉬나드$^{Yvon\ Chouinard}$의 '지구가 목적이며 사업은 수단이다'라는 발언으로 유명한 친환경 기업이다. 파타고니아는 친환경 재료로만 제품을 만들고, 매년 매출의 1%를 환경보호단체에 기부한다.[17] 동일한 조건의 선택지에 파타고니아 상품이 있고, 해당 사실을 알고 있다면 파타고니아의 제품을 선택하지 않을 이유가 있을까?

파타고니아는 '이 재킷을 사지 마세요'라는 파격적인 광고로 환경보호에 대한 브랜드의 신념을 알렸다.
출처 : Patagonia 홈페이지

　대한상공회의소의 조사에 따르면 MZ 세대의 대표적 소비 신념으로 '가심비'를 꼽았다는 결과가 나왔다. '가심비'란 '가격 대비 심리적 만족감'이라는 뜻이다. MZ 세대의 가치 소비를 반영하는 신조어 중 가장 중요하다고 생각하는 개념을 조사한 설문에서 응답자의 절반 가까운 비율[46.6%]이 '가심비'를 꼽았다. 뒤이어 높은 비율을 차지한[28.7%] '미닝 아웃'은 소비를 통해 개인의 신념과 가치관을 드러내는 행위를 뜻한다. 해당 조사 결과에 따르면 최근 소비자들이 상품을 선택하는 기준은 물건의 품질과 가격에 더해 개인의 만족감이 중요해졌다는 사실을 알 수 있다.[18]

또한, 기업의 바람직한 역할에 대해서 조사한 설문조사에서 '일자리 창출[28.9%]'보다 '투명 윤리 경영 실천[51.3%]'이 압도적으로 높은 비율을 보였다. 이는 투명한 경영 조직을 추구하는 DAO가 등장한 시대적 배경과 일치한다. DAO가 등장하게 된 배경이 단순히 기술의 발전뿐만이 아닌 사람들이 원하는 시대상의 반영이기도 하다는 것의 반증이다.[18]

사람들은 이성적인 판단만으로 합리적이라 결정하지 않으며, 이는 소비뿐 아니라 대부분의 결정에서 적용되는 사실이다. 이를 설명할 수 있는 대표적인 사례로 기부와 봉사와 같은 사회활동을 이야기할 수 있다.

매슬로우의 이론을 통한 지원과 기부에 대한 이해

자본주의 사회에서 자신의 경제적인 이득이 보장되지 않는 상황에 대가 없이 누군가를 돕는 것은 비상식적인 일에 가깝다. 그럼에도 누군가를 돕거나, 공동의 목적을 이루기 위해 자신의 재능을 지원하거나, 경제적인 도움을 주는 기부 문화는 비일비재하게 일어나고 있다.

이와 같은 비상식적인 일은 인본주의 심리학자인 매슬로우^{Abraham Harold Maslow}의 동기 이론으로 유명한 '인간 욕구 5단계 이론'을 보면 알 수 있다. 매슬로우가 주장하는 이 이론에 따르면 인간을 움직이게 하는 보편적인 동기는 수평적으로 나열되어 있는 것이 아닌, 낮은 단계부터 높은 단계로 성장하는 과정을 거치며, 낮은 단계의 욕구가 충족되지 않으면 다음 단계의 욕구는 행동으로 연결되지 않는다.

기부는 고차원의 영역에 포함된 존중과 자아실현의 욕구로 구분되며 앞서 생존, 안전, 소속의 욕구를 모두 충족했을 때 비로소 행동으로 이어지게 된다.

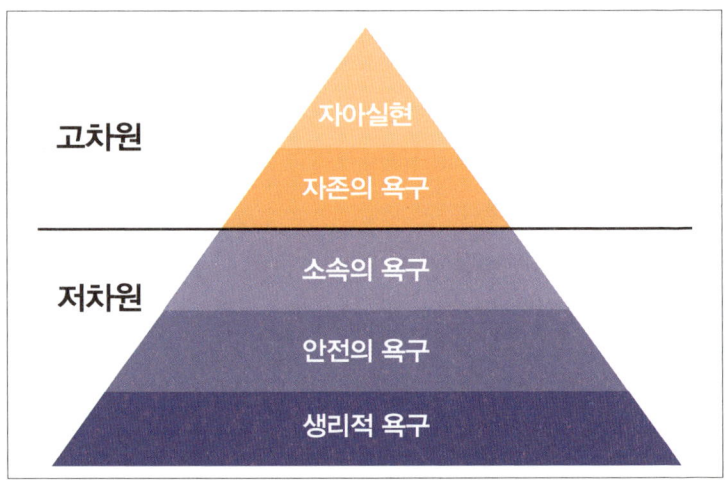

매슬로우의 5대 욕구에 따르면 인간을 움직이게 하는 보편적인 동기는 5단계로 구분되며, 낮은 단계에서 높은 단계로 행동하게 된다.

인류는 산업 혁명과 경제 성장을 거치며, 자원이 넉넉한 환경에서 생존과 안전을 보장받고 사회에 소속되고자 하는 욕구가 해소되자 자연스레 자신보다 어렵고 소외된 사람들을 살피고 대의를 위한 일에 대한 관심이 자연스레 높아졌다.

앞서 설명한 현대인들의 소비 신념의 변화와 자아실현의 욕구는 서로 융합 작용을 일으켜 대의를 위한 명분이 있으며 동시에 자신에게도 이익이 돌아올 가능성이 높은 프로젝트에 많은 사람들의 관심이 쏠리는 현상이 일어났다.

커뮤니티는 공동의 목표 혹은 관심사가 있는 참여자들이 모였을 때 생겨난다. 사람들의 니즈가 생기고 이에 공감하는 사람들이 많아지면 공동의 니즈를 충족시키기 위한 방법이 고안된다. 그렇게 고안된 방법에 동의한 사람들이 모여 DAO를 이루고 목표를 민주적으로 달성하고자 하는 것이 DAO의 기본 프로세스이다.

다음에 등장할 사례는 이전에 없었던 새로운 시도로 하나의 큰 대의를 위해 뭉친 조직이 상상 이상의 성과를 거둔 사례를 공유하려고 한다. 이들의 사례를 보면 대의를 위한 큰 목표가 어떻게 개인을 움직이게 하는지 이해할 수 있게 될 것이다.

Constitution DAO [이하, 헌법 DAO]

"우리는 오늘 밤 또 다른 역사를 만들었다"

    2022년 4월 18일, 뉴욕 소더비 경매장에서 탄식의 소리가 터져 나왔다. 현재 13부만이 남아있는 미국 헌법 초판본을 "국민의 손"에 넣으려고 한 역사적인 시도가 실패로 돌아간 것이다. 헌법 초판본은 경매 마지막까지 치열하게 공방을 벌였지만, 결국 익명의 개인에게 4,320만 달러[한화 약 520억 원]의 금액으로 낙찰되었다. 경매 이틀 후 낙찰자는 헤지펀드 수익 금액 1위를[19] 자랑하는 시타델[Citadel] 창립자인 켄 그리핀[Ken griffin]으로 밝혀졌다. 세계 부호 순위 상위권에 올라와 있는 그리핀과 마지막까지 경합했던 경쟁자는 헌법 DAO라는 다소 생소한 조직이었다.

    헌법 DAO는 미국 헌법 초판본이 뉴욕 소더비 경매에 나오자, "헌법을 구입해서 시민의 품에 안기자"라는 공동의 목표 아래 커뮤니티를 결성하여 구성원들로부터 암호화폐 이더리움을 기부받아 경매에 참여하기로 한 조직이다. 헌법 DAO는 경매가 열리기 8일 전, 4월 11일 암호화폐 애호가들이 줌에서 만나 결성되었다. 해당 DAO는 일주일도 안되는 시간 만에 무려 17,437명으로부터 약 4,000만 달러[한화 약 480억 원]어치의 이더리움 모금에 성공했고, 경매에 참여했지만 결국 낙찰에는 실패하고 말았다.

　헌법 DAO의 유일한 목적이었던 헌법 낙찰에는 실패했지만 이들의 시도가 전혀 무의미하지는 않았다. 해당 경매의 낙찰자는 켄 그리핀이었지만, 실제 스포트라이트는 아쉽게 낙찰에 실패한 헌법 DAO에게 돌아갔다. 이들은 공식 트위터를 통해 "오늘 우리는 역사를 만들었다. 우리는 소더비 경매에 참여한 최초의 DAO이다. 그러나 마지막 DAO는 아닐 것이다."라는 소감문을 발표했다.

헌법 DAO는 경매 낙찰에 실패한 후 트위터에 위와 같은 소감문을 올렸다.

출처 : Constitution DAO 트위터

　경매 낙찰에 실패하게 되며, 헌법 DAO는 해당 자금을 모두 환불 후 해체할 계획이라고 밝혔다. 헌법 DAO에 기부를 한 사람들은 모두 'PEOPLE'이라는 토큰을 지급받았다. 이는 헌법 초판본을 낙찰

받았다면 헌법을 활용하는 방안에 대해 투표를 할 수 있는 권리에 대한 증명으로 사용할 수 있었으며, 낙찰에 실패할 경우 기부한 이더리움을 환불받을 수 있는 증명으로 사용할 수 있는 조건으로 발행되었다. 결국 토큰의 용도는 후자로 사용되었지만 사람들이 환불을 받는 과정에서 재미있는 일이 발생했다. 무려 절반의 사람들이 이더리움을 환불받지 않고, 피플 토큰을 그대로 보유하고 있기로 결정한 것이다.[20]

　이러한 현상이 일어나게 된 것은 몇 가지 이유가 있는데, 우선 첫 번째로 가스비가 발생했기 때문이다. 가스비는 암호화폐를 거래할 때 지불하는 일종의 수수료 개념이다. 사람들은 모금을 할 때에도 발생하는 가스비를 감수했지만, 환불을 받는 과정에서도 가스비가 발생하자 굳이 가스비를 지불하지 않고 피플 토큰을 보유하고자 했다. 두 번째는 희소성 때문이다. 피플 토큰을 다시 이더리움으로 환불받는 과정을 거치면 토큰은 자동으로 소각처리가 되었는데, 앞서 절반에 가까운 사람들이 환불을 받으며 토큰의 절반이 소각되었고, 상대적으로 공급량이 적어지니 토큰의 희소성은 점점 상승하게 되었다. 세 번째는 사람들의 기대감 때문이다. 피플 토큰은 소더비 경매에 참여한 첫 번째 DAO라는 역사적인 의미가 있다. 또한, 사람들은 남은 자본으로 또 다른 일을 시도할 수 있는 가능성을 기대하고 있다. 현재 피플 토큰은 그 자체로 쓰임이 있지는 않지만, 단기간에 17,000명 이상의 사람들이 공동의 목표를 이루기 위해 적극적으로 참여한 바가 있기 때문에 현존하는 DAO 중 매우 성과가 좋다는 시장 인식이 존재한다.

헌법 DAO는 비록 낙찰에 실패했지만 역사에 남게 되었다.

출처 : Constitution DAO 트위터

이러한 다양한 이유 때문에 피플 토큰의 가격은 상승하게 되었는데, 여기에 더해 암호화폐 거래소 오케이이엑스^{OKex}가 피플 토큰을 상장시키면서 더 큰 관심을 받으며 가격이 급등하는 현상까지 보였다. 실제 한화 약 4.5원에 거래가 시작된 피플 토큰은 최대 200원까지 상승했다가 최근 25-35원 선에서 거래되고 있다.

피플 토큰은 2021년 11월 상장되어 지금까지 활발하게 거래되고 있다. 암호화폐 하락기에도 처음 가격의 7-8배의 가격을 유지하고 있는 모습을 보인다.

출처 : CoinMarketCap

헌법 DAO의 사례는 하나의 대의를 위해 단기간에 모인 수많은 사람들이 뜻을 모아 실제로 목적을 이루기 직전까지 갔다는 사실만으로도 큰 의미가 있다. 특히, DAO가 이전에 없었던 새로운 시도인 만큼 헌법 DAO는 비록 조직이 생성된 목표를 달성하지는 못하고 끝났지만, 대중의 관심을 집중시켰다는 것만으로도 큰 성과를 거둔 것이라 할 수 있다.

일종의 밈^{meme} 토큰으로 인정받고 있는 피플 토큰의 다음 행보가 어떻게 될지, 토큰을 보유하고 있는 사람들을 비롯한 많은 사람들이 관심을 보이고 있다.

DAO는 같은 목적을 위해 모인 사람들이, 해결 방안을 제시하고 그 방안에 동의한 사람들끼리 자금을 모아 권한을 나누고 이를 실현시키기 위해 내부의 규칙을 정하고 움직이는 조직이다.

결국 지금의 DAO에서는 '같은 목적'으로 얼마나 많은 사람들이 모여 해당 방안을 실현시킬 '충분한 자금'을 확보하는지가 핵심인 셈이다. 앞서 소개한 헌법 DAO의 경우 8일 만에 무려 4,000만 달러의 자금을 모았다. 일주일 만에 한화 약 480억이라는 큰 금액을 모은 셈이지만 이보다 더 짧은 기간에 더 많은 금액을 모은 DAO가 존재한다. DAO 크라우드 펀딩 플랫폼 쥬스박스[Juicebox]에서 현시점 가장 많은 금액을 모금한 주인공은 바로 지금부터 소개할 Assange DAO이다.

Assange[이하, 어산지 DAO] DAO

어산지 DAO는 모금을 시작한 지 4일 만에 4,100만 달러의 자금이 모였고, 그 후에도 모금은 계속되어 무려 5,300만 달러[한화 약 640억 원] 상당의 자금을 확보했다. 어산지 DAO의 공통된 목적은 무엇이었기에 이토록 많은 자금을 확보할 수 있었던 것일까?

어산지 DAO는 줄리언 어산지[Julian Paul Assange]의 재판과 석방을 위해 모인 조직이다. 줄리언 어산지는 내부 고발자 웹사이트 위키리크스^{WikiLeaks}의 대표이자 액티비즘 저널리스트로 위키리크스 사이트에서 외교 기밀문서, 아프가니스탄·이라크 전쟁 관련 보고서 등 미 정부의 비윤리적 실태가 담긴 기밀문서를 폭로했다.[21] 해당 내용은 미군의 이라크 민간인 사살 동영상, 아프간 전쟁 관련 보고서, 국무부 외교전문 등으로 민간에게 공개되자마자 많은 파장을 일으켰다.

그는 위키리스크 활동으로 '세기의 폭로자'라는 칭호를 얻으며 2010년 샘 아담스 어워드, 2011년 시드니평화상 등을 수상하며 2010년에는 『타임』이 선정하는 올해의 인물 온라인 투표에서 1위로 선정되었지만 미국에 해를 끼치는 인물은 배제하는 내부 규정에 따라 마크 저커버그가 선정되었다. 그는 '범죄자'와 '박해받는 혁명가'라는 극단적으로 양면적인 평가를 받고 있다.

미 정부는 어산지의 행위를 국가 안보에 대한 위협으로 간주하여, 어산지를 간첩법 위반 등 18개 혐의로 기소하여 1급 수배 대상자로 지명했다. CIA는 위키리크스를 비국가 적대 정보기관으로 지정했다. 어산지는 2012년부터 2019년까지 런던의 에콰도르 대사관에 망명하여 지내다가 체포되어 런던 동부의 벨마시 교도소에서 수감생활을 하고 있다. 미국은 영국에 어산지의 송환을 요구하고 있으며, 미국으로 어산지가 송환된다면 미국에서 재판을 받고 최장 175년 형을 선고받을 수 있다.

위키리스크를 통해 기밀문서를 폭로함으로 '세기의 폭로자'라는 칭호를 얻은 줄리언 어산지는 범죄자와 박해받는 혁명가라는 양면적 평가를 받고 있다.

출처 : 게티이미지코리아

    미국은 계속해서 어산지의 송환을 요구하고 있으며, 어산지 DAO는 이에 대응하여 미국 수정헌법 1조^{언론의 자유 보장}를 근거로 어산지의 석방을 요구하며 대립하고 있다. 어산지 DAO는 "우리의 사법 시스템이 구조적 실패에 직면했다는 사실을 대중들에게 알리고 재판비용을 마련하기 위해 펀드를 조성했다"라고 밝히며 어산지를 석방시키기 위한 법적 싸움을 돕는 비용으로 자금을 활용하겠다고 발표했다.

    어산지 DAO의 모금 참여자들은 두 가지 혜택을 제공받는다. 첫 번째로 어산지 DAO의 조직 운영에 관여할 수 있는 권한을 증명하는 저스티스^Justice 토큰을 기부량에 비례¹ᵒ⁾¹ᵈ⁼¹⁰⁰만 저스티스하여 분배 받을 수 있다. 두 번째로 참여자들은 어산지를 테마로 발행된 유명 NFT 아티스트 'pak'의 'Censored' NFT 시리즈를 구매할 수 있는 권한을 가지게 된다.

　pak은 역대 NFT 최고 거래 금액^(한화 약 1080억 원)을 자랑하는 'The Merge'를 만든 아티스트이다. pak은 사회적인 메시지를 담거나 사회 운동에 동참하기 위한 목적으로 NFT를 발행하기도 하는데, 어산지 DAO의 목표에 공감하여 협업을 통해 2가지 버전의 NFT를 공개했다. 첫 번째는 어산지 DAO의 참가자들이 구입할 수 있는 'Censored' 시리즈로 구매자들로 하여금 자신이 원하는 문구를 작성하여 NFT 발행하고 원하는 금액에^(무료도 가능) 구매할 수 있게 하였다. 'Censored' 시리즈는 검열이라는 뜻에 부합하게 마치 검열된 것처럼 문구에 검은 줄이 그어진 이미지를 하고 있다. 이러한 방식으로 210만 달러 상당의 후원금이 모금되었고, 29,766개의 '검열된' 이미지가 탄생하게 되었다. 해당 NFT는 어산지가 석방될 때까지 거래할 수 없도록 코드가 설정되어 있다.

　두 번째는 'Clock'이라는 단일 작품이며, 프로젝트의 핵심 NFT 작품이라고 할 수 있다. Clock은 검은 배경에 흰 글씨로 어산지가 런던 벨마시 교도소에 수감된 날짜를 세는 디지털시계의 모습을 담은 작품으로, 매일 업데이트된다는 특징^(어산지가 석방이 된다면 업데이트는 멈추게 될)

것이다을 가지고 있다. 해당 작품은 16,593 이더리움, 약 5,280만 달러^(한화 약 630억 원)의 가치에 판매되었다. 작품은 어산지 DAO가 낙찰받았으며, 전체 판매 금액은 어산지의 법률 변호를 위한 기부금 조성 비영리 단체인 함부르크의 와우 홀랜드^(Wau Holland)재단에 전달되었다.

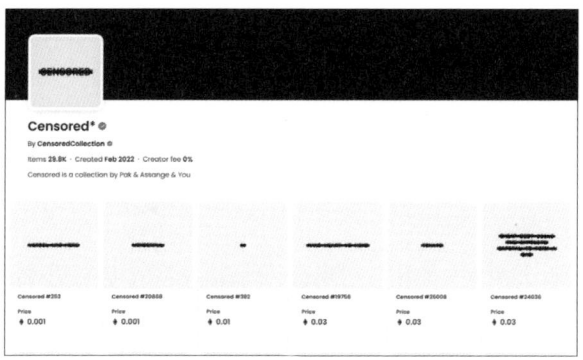

'pak'과 어산지 DAO의 협업으로 만들어진 Censored 시리즈는 구매자가 원하는 문구로 제작되어 원하는 가격으로 판매되었다.
출처 : 오픈씨

Clock 작품은 어산지가 벨마시 교도소에 수감된 날을 세는 디지털시계의 모습을 한다. 작품에 적혀있는 글자는 어산지가 구금된 지 1031일이 되었음을 의미한다.
출처 : Censored 홈페이지

어산지 DAO의 행보를 살펴보면, 자금을 소비하는 방법이 매우 독특하다. 대부분의 DAO처럼 모은 자금을 자체적으로 내부에서 활용 방안을 마련하고 찬반을 통해 실행시킨 것이 아니라 다른 단체에 기부를 하였고 기부를 하는 방법 또한 특이했다. 아티스트와 협업하여 NFT를 제작하고, 그 NFT를 자체적으로 구입하여 기금을 전달하는 등 복잡한 체계의 방법을 사용했다. 자칫 잘못하면 모은 자금을 원래의 목적이 아닌 다른 용도로 사용하려는 움직임으로 오해할 수 있을 만큼 복잡한 매커니즘이다.

어산지 DAO는 복잡한 방법을 사용할 수밖에 없었던 이유를 설명했다. 첫 번째로 유명 아티스트 'pak'과의 콜라보를 통해 NFT를 발행하고 경매를 연 이유는 어산지 사건에 대한 대중들의 관심을 끌어올리기 위해서이다. 어산지 사건이 시간이 지남에 따라 대중들의 관심에서 잊히기 시작했고, 많은 사람들의 이목이 집중되어야 더 나은 방향으로 발전할 수 있는 가능성이 높아지기 때문이다. 두 번째로는 어산지 DAO처럼 특수한 사례는 문제가 일어날 가능성이 있기 때문이다. 미국이라는 거대한 국가를 적으로 돌리고 있는 어산지의 경우 그를 지원하기 위한 DAO의 기부에 참여하는 지지 세력의 정체가 드러나면 곤란해질 수 있다. DAO의 특징이자 장점 중 하나인 투명성이 어산지 DAO의 경우에는 굉장히 불리하게 작용하는 셈이다. 어산지 DAO의 핵심 인물 중 한 명인 기자 출신 레이첼 로즈 오리어리Rachel-Rose O'Leary는 "지금 당장 암호화폐 기부금 조달 과정은 100% 투명성을 유지한 상태이다. 헌법 DAO와 같은 조직에는 문제가 될 부분이 없지만, 어산지 DAO와 같은 성격을 지닌 DAO에는 투명성이 기부자와 조직 설립자를 모두 위험한 상황으로 몰아넣을 수 있다"라고 말했다. 이러한 불상사를 방지해야 하기 때문에 어산지 DAO는 모인 기부금을 자체적으로 활용하지 못하고, 중간 과정을 거쳐 기부금을 전달한 것으로 보인다.

이러한 많은 사람들의 노력에도 불구하고 어산지가 석방되기 위해서는 아직 갈 길이 멀어 보인다. 그만큼 어산지가 추구하는 '자유' '진실' 등의 단어가 무겁다는 뜻이다. 그럼에도 불구하고 이들은 결코 포기하지 않고 멈추지 않을 것이다. 대중들의 알 권리를 추구하기 위해 권력에 도전한 어산지의 행보는 많은 사람들의 지지와 질타를 동시에 받으며 하나의 역사로 기록되고 있다.

어산지의 석방과 미국 송환 반대를 위한 사람들의 싸움은 계속되고 있다.

출처 : 가이스몰만

Meta Factory^{이하, 메타팩토리} DAO

　최근 많은 기업들이 수평적 조직문화를 형성하려 노력하고 있다. 기존의 전통적 기업 조직 문화는 직급, 서열에 기반한 수직적 위계구조를 바탕으로 업무와 성과를 관리했다. 그러나 MZ 세대의 등장과 워라밸 문화 확산, 유연한 의사소통 추구 등 사회적 영향을 받아 보수적이고 딱딱한 기업 이미지를 벗어나고자 유행처럼 수평적 조직문화를 도입하는 기업들이 많이 보인다. 하지만 이러한 수평적 조직문화를 완벽하게 도입한 기업은 많지 않다. 길었던 전통의 수직적인 조직문화에 익숙해진 구성원들의 혼란과 소수가 이끌어가는 중앙화된 조직이 주는 장점도 분명히 존재하기 때문이다.

메타팩토리는 DAO의 구조를 활용해 상하 조직 개념 없이 민주적이고 투명하게 운영되는 패션·문화 브랜드 기업이다. 메타팩토리는 패션 디자이너, 브랜드, 고객 간의 인센티브를 공정하게 나누고, 생산자와 소비자가 함께 만들어가는 커뮤니티 소유의 브랜드를 구축하는 것을 최종 목표로 가지고 있다.

메타팩토리 DAO의 구성원은 디자이너를 포함한 워킹 그룹, 거버넌스 참여자, 소비자 세 가지로 구분된다. 각 역할의 경계는 매우 모호하며 유동적이다. 한 사람이 거버넌스 참여자이자 소비자가 될 수 있으며, 워킹 그룹이 거버넌스에 참여할 수도 있다.

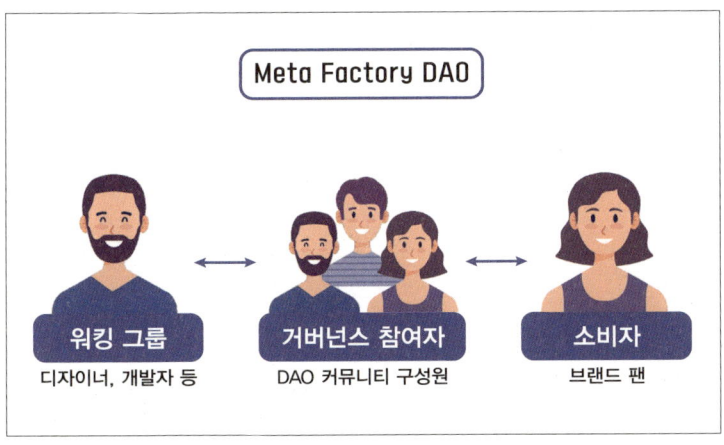

메타팩토리 DAO의 구성원들은 세 가지 역할로 구분할 수 있지만, 이들은 자유롭게 유동적으로 기능할 수 있다.

메타팩토리 DAO에서는 ROBOT[이하, 로봇]이라는 토큰을 자체 거버넌스 토큰으로 사용한다. 메타팩토리 DAO에 합류하고 싶다면 로봇 토큰을 구매하면 된다. 로봇 토큰을 소유한 만큼 메타팩토리의 지분을 가지게 된다. 토큰을 많이 소유하고 있을수록 해당 DAO 내에서 영향력이 커지며, 투표권도 많이 가지게 된다는 뜻이다.

투표 주제는 재무 운용, 마케팅, 디자인, 파트너십 및 전략 등 사업에 필요한 모든 것들에 대한 제안을 포함하는데, 로봇 토큰 1,000개 이상을 보유하고 있다면 거버넌스 제안을 올릴 수 있는 권한을 가지게 된다. 로봇 토큰의 가격은 한때 130달러[한화 약 18만 원]까지 올라갔지만, 현재 가격이 안정되어 10달러 전후로 거래되고 있다.

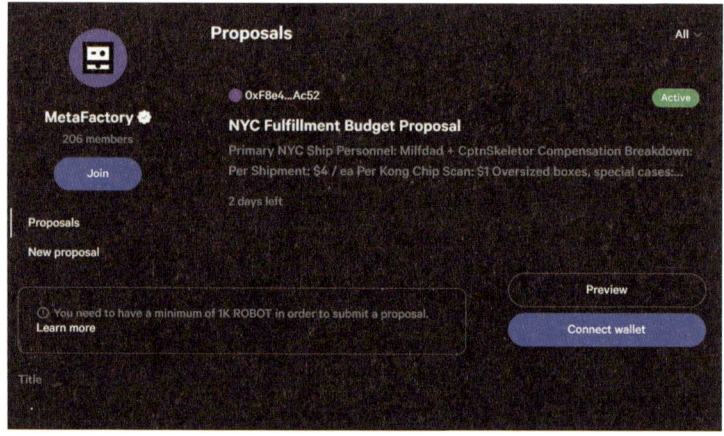

메타팩토리 DAO에 제안을 하려면 최소 1,000개의 로봇 토큰이 필요하다.

출처 : Snapshot

메타팩토리 DAO는 구성원들이 각자의 역할을 하며 생태계를 구성한다. 메타팩토리 DAO의 기본 운영 틀은 다음과 같이 소개할 수 있다.

1. 디자이너들이 여러 종류의 옷을 디자인한다.
2. 거버넌스 멤버들이 투표를 통해 제작될 디자인을 선정한다.
3. 득표 수가 가장 많은 옷이 실제로 제작되어 판매된다.
4. 옷 판매 수익은 매출에 기여한 모두에게 토큰으로 분배된다.
5. 소비자도 구성원으로 인정받아 일정 부분 토큰을 받는다.

디자이너는 디자인에 제한을 두지 않고 다양한 디자인을 선보이고 실제 잠재 고객들의 선호도를 미리 파악할 수 있어서 좋고, 거버넌스 멤버들은 자신의 의견이 반영된 상품이 실제로 제작되어 조직에 기여할 수 있다는 소속감과 책임감을 가지게 되며, 소비자는 투표를 통해 선정된 제품을 구입하기에 1차적으로 디자인과 품질에 대해 안심할 수 있고, 상품을 구입하면 로봇 토큰을 받을 수 있기 때문에 메타팩토리 DAO의 구성원이 되어 다음 제품의 투표에 참여할 수 있다.

실제 MAYC와 협업한 한정판 티셔츠는 250 달러^{한화 약 30만 원}라는 다소 높은 가격으로 설정되었는데, 24시간 내에 모두 판매되어 재고가 모두 소진되었다. 그 외의 작품들도 준수한 판매량을 보이며, 몇몇 작품들은 완전히 매진되기도 하였다. 메타팩토리 소비자는 단순히 디자이너의 결과물을 구입하는 것이 아닌, 자신들이 직접 선택한 옷의 제작 과정을 함께 하며, 실제로 옷이 판매될 때마다 자신에게 경제적으로 이득이 돌아오기 때문에 메타팩토리라는 브랜드와 제품에 대한 애정도가 높다.

메타팩토리와 MAYC가 협업하여 만든 한정판 티셔츠는 250 달러라는 높은 가격에도 24시간 내에 재고가 모두 소진되었다.

출처 : MetaFactory Shop

계약에 의한 강요가 아닌 자유롭게 자신의 디자인을 할 수 있는 주체적인 업무 방식은 경제적 보상과 정서적 만족감이라는 매력적인 동기와 함께 조직이 빠르게 성장하는 힘을 얻게 된다. 실제로 메타팩토리 거버넌스를 살펴보면 약 100개에 달하는 안건이 올라와 있는데[22] 이는 매달 구성원들이 적어도 4개의 안건을 제안했다는 뜻이다. 메타팩토리의 구성원들이 얼마나 애정을 가지고 조직에 소속되어 기여하고 있는지 알 수 있는 부분이다.

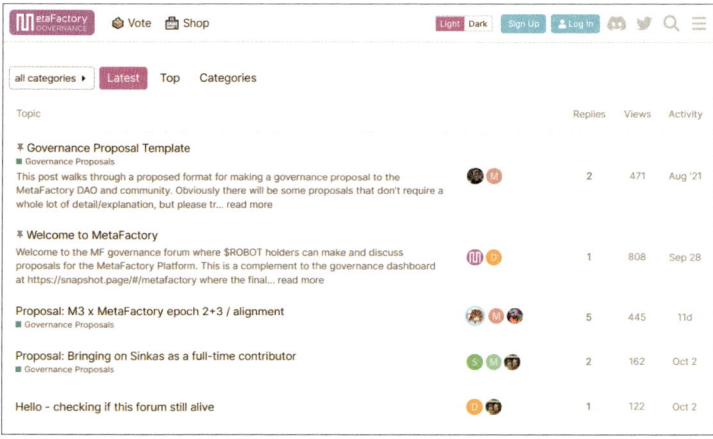

메타팩토리 거버넌스에는 100여개의 안건들이 제안되어 있으며, 지속적으로 커뮤니티의 발전을 위한 안건들이 새롭게 제안되고 있다.
출처 : MetaFactory Governance

메타팩토리는 DAO로 돌아가는 운영체제를 도입하여 영리 기업 운영이 실제로 가능하다는 것을 보여주는 사례이다. 이를 위해 메타팩토리는 물리적인 제품 생산 공정을 갖추는 데 주력하고 있으며 이를 위해 인쇄 및 자수, 재단 및 봉제에 이르기까지 전 생산공정을 전문으로 하는 생산 파트너와 협약을 맺고 상품을 제작하고 있다. 특히 뉴욕과 베를린에 있는 공장을 통해 모든 생산과 물류를 네트워크로 연결하는 작업을 통해 추상적이던 상품을 실현시키는 노력을 하고 있는 중이다.

메타팩토리가 공식 미디움에서 발표한 자료에 따르면[23] 2021년 한 해 동안 300명 이상의 워킹 그룹이 참여해 약 150 종류의 제품을 제작 및 판매했다. 대략 일주일마다 3개의 새로운 제품이 출시된 것이다. 총 주문 건수는 6,000건을 돌파했으며, 제품 매출은 130만 달러를 돌파했다. 그뿐 아니라 3,385명의 디스코드 인원을 모았고, 그중 1,130명이 로봇 토큰을 보유하고 있으니 약 30%에 해당하는 사람이 실제 메타팩토리의 구성원이 된 것이다.

이처럼 메타팩토리는 좋은 성과를 내며 사업 규모가 커지자 조직을 크게 4가지의 핵심 작업 그룹으로 재구성했다. 패션 연구 및 생산 그룹, VR 메타버스 그룹, 다오 운영 그룹, 토크노믹스 인센티브 디자인 그룹이다. 그중 VR 메타버스 그룹은 2022년 본격적으로 메타버스 패션에 도전한다. 미래에는 메타버스 속 아바타가 입는 디지털 패션도 정체성 표현으로서 중요한 가치를 가지게 될 것이다. 이미 구찌와 같은 명품 브랜드들도 제페토에서 아바타에게 입힐 의상을 출시하는 등 디지털 패션계에 진출했다.

메타팩토리의 VR메타버스팀은 지금까지 생산했던 모든 의상들의 디지털 버전을 만들어 출시할 예정이다. 이 NFT들은 상호 호환성을 높이기 위해 모든 파일 형식에 엑세스 기능을 도입했다. 기존 소비자들은 누구나 자신이 구입한 옷의 디지털 버전 NFT를 무료로 받을 수 있다. 현재는 가장 대중성 높은 3D 아바타 제작 툴 VOX, VRoid에서 호환 가능한 디지털 의상을 제작 중이다. 이후 크립토 복셀, 디센트럴랜드 등 메타버스 플랫폼에서도 호환 가능한 디지털 패션을 제공할 계획이다.

메타팩토리 DAO는 메타버스 플랫폼에서 호환이 가능한 디지털 패션을 구현하기 위해 노력 중이다.

출처 : 메타팩토리 홈페이지

메타팩토리의 VR메타버스팀은 이미 메타버스 플랫폼인 크립토 복셀에서 디지털패션에 대한 팝업스토어를 열었고, 디지털화 작업 중인 다양한 아바타 의상들을 선보이는 맞춤형 VR 매장을 구축했다. VR 기기만 있으면 누구나 접속해 매장을 구경할 수 있다. 아바타 드레스룸, 결제 시스템, 진열대 등 실제 매장과 같은 모습을 갖췄다. 곧 메타버스가 활성화되면 아바타들이 메타버스 내 메타팩토리의 매장에서 디지털 의상을 입어보고, 구매하는 가상 쇼핑을 경험할 수 있을 것이다.

메타팩토리는 DAO라는 새로운 조직 구조를 도입하여 패션 사업을 진화시키고 있다. 수 백가지의 브랜드가 정신없이 경쟁하고 있는 생태계에서 발 빠르게 새로운 조직 구조를 도입하여 독보적인 상품을 제작하고 시장의 반응을 이끌어 내는 것은 정말 대단한 일이다. DAO의 유연하고 변화에 쉽게 대응할 수 있는 조직 구조를 활용하여 현실 세계의 패션뿐 아니라 가상 세계의 패션 사업에 진출하고 있는 메타팩토리의 앞으로의 행보가 기대된다.

Moon^{이하, 문 다오} DAO

"모든 문명은 우주 여행을 하거나 멸종된다" [24]

문 DAO의 디스코드 맨 위에 적혀 있는 〈코스모스^{Cosmos, 1985}〉의 저자로 유명한 천문학자 칼 세이건^{Carl Sagan}의 문장은 문 DAO가 가진 비전을 말해준다.

문 DAO는 2021년 11월, 우주 연구 및 탐사에 대한 접근성을 낮추겠다는 사명을 가지고 형성된 DAO이다. 문 DAO는 달과 우주에 있는 다른 천체들의 가능성에 대하여 소수의 민간 조직^{스페이스X, 블루 오리진 등}이 독점하는 것을 막고 누구나 우주에 갈 수 있도록 미래의 우주 연구 및 탐사 자금을 지원하는 역할을 수행한다. 이들의 미션은 2030년까지 달에 자생적이고 자치적인 정착지를 만들어 인류가 우주를 탐험할 수 있는 발사점 역할을 수행하는 것이다. 문 DAO는 인류가 우주여행이 가능한 문명이 될 수 있도록 달에 갈 수 있게 돕는 공공재를 만드는 분권형 자치단체다. 여기에는 우주 연구, 탐사, 교육, 영감과 관련된 프로젝트들이 포함된다. 이들은 국가에 구애받지 않고, 근본적으로 투명하고, 상향식^{간단하고 확실한 개념으로부터 복잡한 방향으로 진행하는 개발 전략}이며, 전 세계의 모든 사람이 소유하고, 통치하고, 일할 수 있도록 개방되어 있다.

문 DAO는 초기 자금 45만 달러[한화 약 5억 원]를 모금하는 것을 목표로 쥬스박스[JuiceBox]에서 한 달이라는 기간 동안 펀딩을 진행했고, 커뮤니티에서 2,623 이더리움[모금 당시 약 830만 달러, 한화 약 91억 원]을 모금하며 큰 성공을 거두었다. 문 DAO는 총 다섯 단계로 나누어진 로드맵을 발표하였는데, 해당 내용을 간단하게 정리하면 다음과 같다.[25]

1. 문 DAO를 만들고 거버넌스를 위한 토큰 생태계를 형성한다.
2. 2022년까지 문 DAO 멤버를 실제로 우주에 보낸다.[26]
3. 우주 연구 및 탐험과 관련된 공공시설에 자금을 지원한다.
4. 자생적이고 자치적인 문 DAO 기관을 달에 건설한다.
5. 달에서 역대 최고로 즐거운 파티를 여는 것을 희망한다.

다소 현실성이 떨어져 보이는 로드맵이지만 현재 문 DAO는 로드맵 1단계를 완료하고, 2단계를 진행 중이다. 문 DAO는 자체 권한을 분산시키고 자본을 조달하기 위해 MOONEY[이하, 무니 토큰]라고 불리는 토큰을 만들어 거버넌스 생태계를 형성했다. 문 DAO의 무니 토큰은 대부분의 DAO와 큰 차이가 있다. 바로 핵심 팀이 미리 토큰을 제공받지 않았다는 점이다. 대부분의 DAO 프로젝트는 커뮤니티의 핵심 멤버들에게 일정 비율의 토큰을 에어드랍한다. 그러나 문 DAO는 투자자, 개발자, 인플루언서 심지어 창립자까지도 모두 동일한 조건으로 토큰을 분배 받았다. 또한, 무니 토큰으로 경제적 이익을 기대할 수 없으며, 토큰의 목적은 오로지 문 DAO의 의사결정을 위한 거버넌스로만 사용될 것이라고 밝혔다. 배분 받은 토큰을 판매하여 시세 차익으로 경제적 이익을 얻는 것에 집중하는 몇몇 구성원으로 인해 무너지는 DAO들과는 애초부터 완벽하게 본질에 집중하는 DAO를 형성하고 유지하겠다는 뜻이다.

대부분의 DAO가 기금을 마련할 수 있는 이유는 사람들이 토큰을 통해 시세 차익을 얻을 수 있는 기대감 때문이다. 그러나 이러한 경제적 이익을 얻을 수 있는 가능성을 원천 차단한 문 DAO가 충분한 기금을 모을 수 있었던 이유는 무엇일까?

문 DAO는 처음부터 모든 사람에게 동등한 기준을 부여함으로써 특수한 인원들이 혜택을 받지 못하도록 시스템을 구축했다. 그와 동시에 자신들의 비전을 정확하게 설명하고 목표를 달성할 계획을 체계적으로 진행시키는 모습을 보였다. 특히 구성원들의 능력을 적절하게 활용하고 함께 DAO를 구축하는 모습을 보여주었는데, 내부에서 작업을 수행하기 위한 두 개의 주요 조직 구조, '길드'와 '프로젝트'를 구성했다.

길드는 문 DAO 내부 구성원들의 소모임으로 성과를 내면 무니 토큰을 부여받을 수 있다. 각 길드마다 참가 요건이 있으며, 개별적으로 자신에게 맞는 능력을 활용하여 참가 신청을 하면 된다. 현재 신청할 수 있는 공개적인 길드들은 아래와 같으며, 만약 새로운 길드를 만들고 싶다면 언제든지 DAO에 제안할 수 있다.

- 성장 길드 :

  커뮤니티 구조를 설계하고 문 DAO를 홍보하며 커뮤니케이션을 촉진시키는 역할을 수행한다.

- 금융 길드 :

  다른 프로젝트들과 접촉하여 비즈니스 파트너십을 맺고 협력을 촉진시킨다. 토큰 생태계와 인센티브, 재무관리 역할도 한다.

- 개발자 길드 :

  개발자들이 문 DAO의 플랫폼을 유지하고 전체 커뮤니티에 도움이 될 수 있는 새로운 프로젝트를 개발하는 역할을 한다.

- 우주 공학 길드 :

  우주 엔지니어, 연구자 및 실제 우주를 경험해 본 전문가들이 문 DAO의 목표를 실현 시키기 위한 방안을 도출하는 역할을 한다.

- 디자인 길드 :

  동영상 및 포스터와 같은 문 DAO를 위한 다양한 스트리밍 미디어를 만드는 역할을 한다.

- 작가 길드 :

  의미 있는 순간을 기록하고 외부 업무 보고를 하며 문 DAO의 가치를 전파하기 위한 글을 쓰는 역할을 한다.

문 DAO는 커뮤니티 구성원들이 가지고 있는 멋진 아이디어들을 함께 힘을 모아 실현시키기 위해 독특한 문 DAO의 시스템을 구축했다.[27] '문 DAO 프로젝트'는 미션을 완수하기 위해 신뢰할 수 있는 관리자 역할을 할 수 있는 사람을 투표를 통해 선발한 비영구적이며, 목표 지향적인 팀이다. 문 DAO 디스코드에서 Moonsettler 역할을 보유한 구성원이라면 누구라도 최소 한 달 이상의 기간 동안 프로젝트를 관리할 수 있는 권한을 가지게 된다. 문 DAO 프로젝트로 성과를 내어 이익을 발생시키거나 지속적인 가치가 발생되면 해당 프로젝트 팀에 팀원을 추가할 수 있다. 프로젝트가 완료된 후에 관리자는 프로젝트 내용을 코디네이프$^{\text{Coordinape, DAO가 자원을 관리하고 배포할 수 있도록 지원하는 웹 3.0 대표 플랫폼}}$에 업로드할 책임이 있다.

문 DAO는 '길드'와 '프로젝트'라는 자체적인 조직 구조를 만들어 커뮤니티의 비전과 로드맵을 성실하게 수행하고 있다. 길드에서 고유의 능력을 가지고 있는 사람들이 모여 전체 조직을 위한 일들을 수행하고, 프로젝트에서는 하나의 미션에 집중한 가변적인 특별팀이 구성되어 성과를 내기 위해 활동하고 있다.

실제로 문 DAO가 이뤄낸 믿을 수 없는 일이 있는데, 로드맵 2단계에서 제안한 문 DAO 멤버를 우주선에 태워 여행을 보낸 것이다. 이 놀라운 사건을 간단하게 소개하려고 한다.

문 DAO는 500만 달러(한화 약 60억)의 예산을 할당해 블루 오리진에서 우주여행 티켓을 예약했다고 밝혔다.

출처 : MoonDAO 트위터

문 DAO는 모금된 예산으로 제프 베조스$^{Jeff\ Bezos}$가 이끌고 있는 블루 오리진$^{Blue\ Origin}$의 뉴 셰퍼드$^{New\ Shepherd}$ 프로그램 티켓을 2장 구매했다. 뉴 셰퍼드 프로그램은 블루 오리진의 자체 개발 우주 로켓으로, 조종사 없는 완전 자동제어 로켓을 통해 약 11분 동안 우주를 여행할 수 있는 프로그램이다. 해당 티켓 2장은 2,575,000 달러에 거래되었다. 문 DAO는 티켓의 주인공을 어떻게 선정할지에 대한 안건을 거버넌스 투표로 올렸으며, 옵션은 총 3가지로 구분되었다.

옵션 1 : 무작위 추첨 두 명

옵션 2 : 무작위 추첨 한 명 + 경쟁을 통한 선발 한 명

옵션 3 : 무작위 추첨 한 명 + KOL$^{Key\ Opinion\ Leader,\ 한\ 분야에\ 전문성을\ 가진\ 개인}$ 인플루언서 한 명

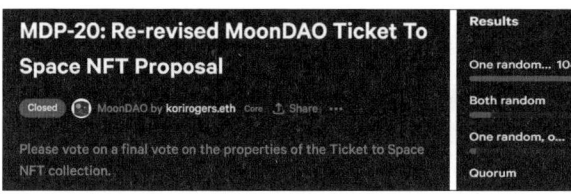

문 DAO는 티켓의 주인공을 어떻게 선정할지 투표를 올렸고, 87.36%의 표로 1명의 무작위 추첨과 1명의 KOL 인플루언서를 선정하는 방안이 채택되었다.

출처 : Snapshot

투표 결과 87.36%의 압도적인 지지를 받아 옵션 3이 채택되었다. 누구에게나 공평한 기회를 주는 방안과 문 DAO의 마케팅에 효과적인 기능을 할 수 있는 방안이 채택된 것이다.

무작위로 추첨되는 후보에 포함되기 위해 8,000명이 넘는 사람들이 우주 티켓 NFT를 무료로 발행 받았고, 선정된 행운의 주인공은 블루 오리진에서 적합성을 판단^{일정 조율 및 건강 등 상태 파악}하겠다고 발표했다. 또한, KOL 인플루언서의 경우 사전에 적합한 후보들을 선정하여 문 DAO 내에서 투표를 하였는데, 압도적인 지지로 유튜브 인플루언서 코비 코튼^{Coby Cotton}이 선정되었다. 그는 Dude Perfect라는 채널을 운영하고 있는 크리에이터로써 무려 5,800만 명의 구독자를 가지고 있는 메가 인플루언서이다. 그는 총 5명의 우주 비행사와 함께 13:30 UTC에 우주 비행에 성공했다. 놀라운 경험을 한 그는 문 DAO 공식 트위터 계정을 통해 '이 모든 것을 가능하게 도와준 문 DAO에게 감사한다'라는 트윗을 전했다.[28]

문 DAO는 메가 인플루언서 Coby Cotton 외 5명의 비행사와 함께 우주여행을 성공적으로 마쳤다.
출처 : MoonDAO 트위터

문 DAO는 멈추지 않고 활발하게 활동하고 있다. 현재 가장 중요하게 생각하는 조직의 규율 정립과 조직 구조를 구체화하고 있으며, 현재는 제한되고 있는 규칙들이 많지만 이 모든 과정이 공동체가 완전히 자치할 수 있는 기반을 마련하는 단계라고 밝혔다.

자율적이고 자치적인 조직 구조로 투명하고 공정한 시스템을 활용하여 거대한 하나의 공통된 목표를 향해 나아가고 있는 문 DAO의 앞으로의 행보가 기대된다.

4

이미 시작된 변화
국내 DAO

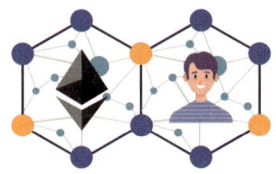

　2020년 전세계적으로 일어난 펜데믹 사태는 누군가에게는 혁신의 시작이자 기회였지만, 역사상 유례가 없던 여행의 제한, 비대면 문화 확산 등의 제약으로 대다수의 사람들이 치명적인 경제적 타격을 입었다. 이러한 사람들을 돕기 위해 지원과 기부 문화는 더욱 활성화되었다. 2020년 3월 대구 지역 코로나 확산 사건을 지원하기 위해 모인 기부금은 단기간에 800억 원을 돌파했다.[29] 해당 사건은 1907년 일본에 빌린 돈을 갚고 주권을 회복하기 위해 일어난 국채 보상운동과 1998년 IMF 외환 위기를 극복하기 위해 일어났던 금모으기 운동을 연상시킨다. 국민이 하나 되어 함께 위기를 극복하고 소중한 무언가를 지켜내는 일에 참여하는 행위는 단순한 유대 그 이상의 연대를 일으킨다.

    2022년 1월 대한민국에 'DAO'라는 키워드를 대중들에게 알린 사건이 있었다. 해당 사건은 간송미술문화재단이 재정 압박으로 인해 국보 2점을 경매에 내놓으며 시작되었다. 국가의 보물인 국보를 일반인들이 참여하는 경매에 내놓은 것은 이례적인 일로써, 언론에 알려지며 대중들을 관심을 받기 시작했다. 국보를 개인이 소유하는 선례가 없는 것은 아니지만,[30] 혹여 국보 소유권이 외국인에게 넘어가게 된다면, 현실적으로 돌려받기 힘든 것이 사실이다. 이러한 국보의 소유권이 국외로 나가는 사태를 방지하고자 결성한 조직이 바로 '국보 DAO'이다. 한국에서 DAO를 통한 첫 번째 모금활동[31]이 개인의 이익을 추구하기보다 대의를 위해 형성된 국보 DAO에서 출발했기 때문에 이 사건을 통해 국내의 대중들에게 DAO에 대한 긍정적인 이미지를 각인시킬 수 있었다.

국보 DAO

국보 DAO는 '자금을 모아 우리 손으로 국보를 지켜내자'라는 하나의 목적으로 모인 조직이다. 국보는 국가의 보물이라는 뜻을 가지고 있듯이 개인이 소장하고 있는 것은 바람직한 일이 아니다. 국보는 문화재로서 역사적 의미를 공유하고 시민들의 관심을 이끌어내기 위해 문화재의 공공성을 제대로 이해하고 관리할 수 있는 주체가 인수하는 것이 바람직하다.

간송미술문화재단이 케이옥션 경매에 내놓은 작품은 국보 72호 '계미명금동삼존불입상'과 국보 73호 '금동삼존불감' 총 2점이다. 해당 작품은 각각 신라와 고려 시대의 작품으로, 우리나라 불교의 역사를 짐작할 수 있는 높은 사료적^{역사 연구에 필요한 문헌 등} 가치를 지닌 소중한 문화유산이다.

간송미술문화재단은 해당 두 작품을 케이옥션에 출품하였다.

출처 : 국보 DAO 홈페이지

이러한 소중한 유산을 지켜내고자, 《아톰릭스랩》 정우현 대표, 《그라운드X》 한재선 대표, 《멋쟁이사자처럼》 이두희 대표, 《블록체인경제연구소》 장중혁 소장 등 10여 명의 국내의 크립토 전문가들이 뜻을 같이 하여 DAO를 구성할 팀을 결성했다.

2022년 1월 19일에 시작된 프로젝트는 9일이라는 짧은 시간 동안 빠른 속도로 진행되었지만, 아쉽게도 목적을 달성하는 데는 실패하고 말았다. 그럼에도 불구하고 국보 DAO는 큰 의미를 남겼는데, 9일이라는 짧은 시간 동안, 아무도 시도해 보지 않았던 일을 시도하며 수없이 생기는 변수들에 빠르게 대응하여 결국 DAO를 구성하는데 성공했다는 사실만으로도 굉장한 성과이다.[32]

국보 DAO의 목표는 국보 1점당 50억씩 총 100억 원의 자본을 모금하는 것이었다. 만약 최소 금액에 도달하지 못하면, 자동으로 환불이 되는 스마트 계약을 작성하였다. 국보 DAO는 350 클레이 Klay, 카카오에서 개발한 국내 암호화폐의 이름의 가격 당시 350 클레이는 한화 약 50만 원으로 측정된 NFT를 총 2만 개 발행하여 판매하는 방법으로 모금을 하였다. 3일이라는 시간 동안 총 4,410개가 판매되며 24억이라는 자본이 모이게 되었지만, 최소 금액 50억에 도달하지 못하였기에 프로젝트는 중단되었고 모두 환불 처리되었다.

프로젝트는 목표에 도달하지 못하고 아쉽게 종료되고 말았지만, 국보 DAO가 남긴 의미는 분명히 존재한다. 국보 DAO가 해낸 중

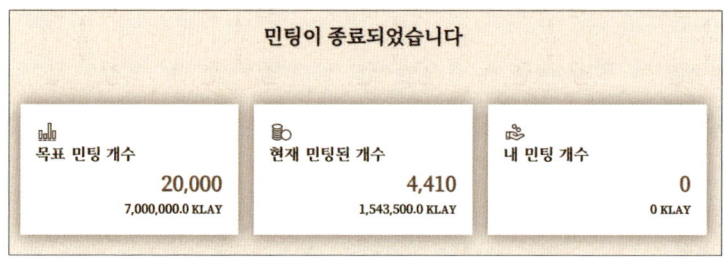

국보 DAO는 총 2만 개의 NFT를 발행하여 100억이라는 자금을 모으려고 했지만 아쉽게도 4,410개의 판매로 프로젝트를 종료하게 되었다.
출처 : 국보 DAO 홈페이지

요한 성과 중 하나는, 익명의 다수로부터 자금을 모았고, 많은 사람들에게 생소한 DAO의 방식을 사용하였음에도 불구하고 꽤 많은 금액의 모금에 성공하며 사람들의 신뢰를 얻었다는 것이다. 현존하는 대다수의 NFT 프로젝트는 NFT 판매를 통해 모은 자금을 어떻게 활용하여 홀더들에게 이익을 되돌려줄지에 대한 프로젝트의 운영 방향에 대한 로드맵을 발표한다. 그러나 국보 DAO에는 로드맵이 존재하지 않았다. 심지어 프로젝트의 설명란에 수익을 보장하지 않는다는 문구가 명시되어 있다.[33] 명백히 투자의 목적이 아닌, 기부의 목적으로 자금을 모으겠다는 뜻이다. 자신의 이익이 보장되지 않은 상황에서도 많은 사람들의 공감과 신뢰를 얻을 수 있었다는 것은 분명 큰 의미가 있다.

특히, 아직 제대로 기능이 갖춰지지 않은 클레이튼을 활용해 DAO를 구성한 사례인 만큼, DAO 거버넌스의 핵심인 투표를 위한 기능도 없어서 주요 의사결정을 실행 그룹이 진행하는 등 사실상 DAO로써의 기능을 하지 못했다고 표현할 만큼 부족했지만, 그만큼 부족한 점이 많았기에 커뮤니티에 진행 상황을 투명하게 공개하고, 의견을 수렴하려 노력했던 것이 호재로 작용했다. 국보 DAO 동참 요구에 100개 이상의 프로젝트 또는 회사가 참여하여 프로젝트에 대한 신뢰를 보내주었고, 여러 회사들이 후원을 약속하는 등 모두가 하나 되어 성공을 염원했다.

함께하는 팀과 미디어

아톰릭스랩, 한재선(그라운드X 대표)

리도(LEEDO) 프로젝트, 서울 이더리움 밋업, 팩트경제신문, 블록체인경제연구소, 디센트, 메타콩즈, 토큰포스트, 떡방앗간 코인이야기, 법무법인 이제, 코인데스크 코리아, 포트리스 아레나, coineasy, 민초단, bitsoulmate, 스케이터버니, Klayhamster, Little Toy Club, frogman, StatesDAO, Oi Sunnies, 쿨자배, KlayChicken, 클레이모지, NSC, ND, 클래곤, K3K, 클래빗, My Fat Babiz, MAUVE, 캐리, MegaEvolution, 실타래, 디지털리유어스, dumbo octopus, DuckYou18, 3PM, 클레이다이노, MetAUrum, 엔셀독스, KlayForest, TeamMEGA, Tripcat NFT, 리치밈, FurryZ, ND Sheeps Club, Klaypick, JJAM, CyberTHUG, 물꼬기, 트위트위츠, 햅피터틀즈, 쿨곰, Dope Deer, NFT'z, Gaia Protocol, Kepler-452b, 퍼플래빗, Crypto study group, 오픈퍼블릭스, 클레이지 피플, 모스랜드, 클레이체크, 깐부테이블, Animals Punks, U KOREAN, 오래미래, N2HF(HIST), 클립스, 클레이톤X, 국밥코인, MEMETHERAPY, LeeAce, NaSol.DAO, 콘텐츠마이닝크루, 아카데미특수교육재단, KLAY APE CLUB, 클레이톤 X 커뮤니티, FEWK:DDOGG(주)메타비스제작사, Hidden_cans, Klubs, 클리츠(KLITS), 카이버에이프, 짝두기 코인, LEA_Project, Fortress-Arena, Minted Lab, 선전국제특허법률사무소, h0neybad9er, Ananda Nirvana, 클레이루돌프, CryptoSENA, 바스스토어, 아트토큰, Hipservie, 엔젤리그, 밀고스트, 스트릿 몬스터, Maskiss, Klaydobermann, 365dayskorea, AI Network, 메테오페블.

많은 프로젝트와 회사들이 국보 DAO의 뜻에 공감하여 함께 하겠다는 뜻을 표명했다.

출처 : 국보 DAO 홈페이지

결론적으로 말하면, 국보 DAO 프로젝트는 성공하지 못했다. 그러나 국보 DAO의 행보는 그 자체만으로도 충분한 메시지를 던진다. 코인데스크 소속 크립토 전문 기자인 샤이엔 라이곤^{Cheyenne Ligon}

은 국보 DAO를 한국의 헌법 DAO라고 설명하며, 관련 기사를 작성하였다.[34] 해외에서도 한국에서 시작된 DAO의 소식을 알게 된 것이다. 특히 해당 사건으로 인해 국내외 언론에서 DAO를 소개하며, 대중들이 DAO가 무엇인지 인지하기 시작한 것이 국보 DAO의 가장 큰 성과라고 할 수 있다. 프로젝트의 성패 여부와는 관계없이 긍정적인 결과를 불러일으켰다는 것이 국보 DAO의 대부분의 평가다. 그러나 우리가 한 가지 잊고 있었던 사실이 있다. 결국 낙찰받지 못한 국보는 어떻게 되었을까? 여기서 또 하나의 DAO가 등장하게 된다.

Heritage[이하, 헤리티지 DAO] DAO

국보 DAO가 구입하지 못한 국보 2점은 결국 유찰되었다. 그러나 경매 이후, 한 달 뒤 경매 물품 중 하나인 금동삼존불감을 또 다른 DAO가 구입하며 다시 세간의 주목을 받게 되었다. 혜성처럼 나타나 국보를 구입한 DAO의 이름은 헤리티지 DAO이다.

헤리티지 DAO는 재미교포이자 싱가포르에 본사를 둔 DAO 플랫폼 크레용[Crayon]의 대표 김경남이 클라우드 펀딩 플랫폼 쥬스박스에 한국의 국보가 옥션에 올라온 사건을 알림과 동시에 헤리티지

DAO의 모집글을 올리며 시작되었다. 이 모집글로 인해 56명의 참여자가 모였고, 이들은 일주일 만에 900 이더리움^{당시 한화 약 32억 원}을 모금하는데 성공하며 국보의 새로운 주인이 됨과 동시에 DAO가 국보를 낙찰받은 최초의 사례로 기록되었다.

헤리티지 DAO는 글로벌 문화 애호가들의 블록체인 커뮤니티로서 암호화폐를 모아 함께 투자하는 커뮤니티로 알려져 있다. 목적이 같은 사람들이 함께 돈을 모아, 실물의 자산을 구매했다. 그 자산이 국보라는 점이 놀랍기는 하지만 특별히 이상한 점을 발견할 수는 없다. 그러나 헤리티지 DAO는 쉽게 상상하기 힘든 놀라운 일을 했다. 구입한 금동삼존불감이 원래 있던 간송미술관에 영구히 보존되면서 전시 등에 활용될 수 있도록 영구 기탁하고, 소유권의 51%의 지분을 다시 간송미술문화재단에 기부한 것이다.

간송미술문화재단 측은 "우리 문화유산에 대한 깊은 관심과 애정으로 국보 금동삼존불감에 대한 영구 기탁과 지분 기부를 결정해 준 기부자에게 감사드린다. 간송의 문화재들을 보다 체계적으로 관리하고, 지속 가능한 재단 운영의 토대를 마련해 국민들의 간송에 대한 기대에 부응하고 유사한 일이 발생하지 않도록 최선을 다해 노력하겠다"라고 말하며 깊은 감사를 표현했지만,[35] 예술 업계의 시선은 곱지 않았다. 국보의 소유권을 나누는 것은 처음 있는 일이며, 실제로 가능한 일인지도 모르겠다는 것이다. 한 문화재청 관계자는

"문화재의 지분을 주식처럼 나눈다는 이야기는 처음 들어서 무척 당황스럽다. 지분 51%의 의미가 정확하게 무엇인지 모르겠다."라는 인터뷰를 하기도 했다.

국보 제73호 〈금동삼존불감〉은 헤리티지 DAO가 구입하였지만 다시 간송에 기부하며 전시를 유지할 수 있게 되었다.

출처 : 간송미술문화재단

국보를 구입하고 처리하는 과정에서 다양한 의문점들이 제기되자 헤리티지 DAO 측은 적극적으로 설명에 나섰다. 51%의 지분을 기부한 사실에 대해서 "헤리티지 DAO가 소유권을 50% 이상 가지면 국보를 해외로 반출하거나 되파는 등 온전히 보존하지 못할 거라는 의구심이 들 수 있다. 따라서 국보의 보존을 위해 소유권의 51%를 간송미술문화재단에 기부하는 것이 옳다고 판단했다. 이는 DAO 멤버 과반 이상의 의견이었다"라고 밝혔다. 또한 이 모든 과정은 법적인 절차를 정상적으로 밟고 진행하였기 때문에 소유권을 나누는 데 문제 되는 상황은 없었다고 설명했다. 실제로 자금의 사용내역과 DAO 구성원의 의사 결정 과정은 다오 솔루션 서비스인 스냅샷^{snapshot}에 모두 공개되어 있다.

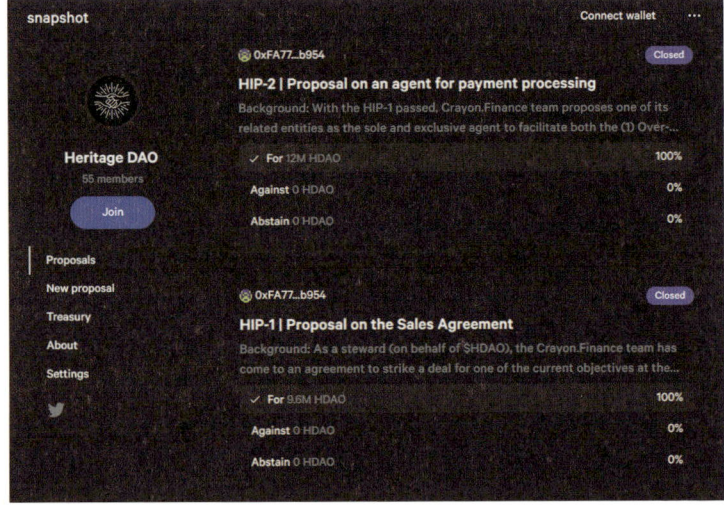

헤리티지 DAO는 지금까지 있었던 의사결정 과정의 기록이 모두 남아 있는 스냅샷 사이트를 공개했다.

출처 : Snapshot

공유된 문서에 따르면 헤리티지 DAO는 2022년 2월 21일에 케이옥션에서 25억 원에 금동삼존불감을 매입한 기록이 남아 있다. 조정희 법무법인 디코드 대표 변호사에 따르면 "국보의 소유와 관련해 지분을 나누는 것은 이례적이라고 여길 수 있으나 약정을 통해 문화재를 비롯한 동산의 지분을 나누는 것은 법적으로 문제가 없는 일"이라고 말했다. 또한 김동환 법무법인 디라이트 변호사는 "문화재보호법상 국보를 수출하거나 반출할 수는 없다. 헤리티지 DAO의 사례는 수출이나 반출에 해당한다고 보기는 어렵다"라고 말하며 외국 법인이 소유권을 갖는 것이 해외 반출로 해석되는 것은 아니라고 얘기했다.[36]

    헤리티지 DAO 측에서 적극적인 정보 공개와 해명을 했음에도 불구하고 여전히 정확하지 않은 여러 소문들이 퍼져있다. 대표적으로 헤리티지 DAO가 국보를 매입하고 소유권을 간송미술재단에 기부한 이유는 NFT 사업권을 획득하기 위해서였다는 의혹이 있다. 금동삼존불상을 기반으로 NFT를 발행할 것을 염두에 뒀다는 뜻이다. 이에 대해 레온 킴(Leon Kim, 김경남) 헤리티지 DAO 공동 창업자는 "NFT도 메타버스 공간에서 문화재를 알릴 수 있는 하나의 옵션으로 생각하고 있지만, 대가성으로 NFT 사업권 계약을 따냈다는 것은 사실무근"이라고 주장했다. 실제로 간송미술관 측은 2021년 8월 훈민정음해례본 한정판 NFT를 발행하였다. 이는 100개 한정으로 발행한 세계 최초의 문화재 기반의 NFT로써 가치를 가지고 있지만, 가격을 하나당 무려 1억 원을 책정하여 문화계를 놀라게 했다. 훈민정음 NFT는 국보를 훼손시킨다는 비판적인 의견이 존재했지만, 홍콩에서 열린 TADS(Tokenized Assets & Digitalized Securities) 어워드 2021 NFT 부문에서 최우수상을 수상하며 가치를 인정받기도 했다.

자산 토큰화 및 디지털 증권 부문에 대한 세계 최초의 연례 국제 시상식인 TADS에서는 2021년 NFT 부문을 신설했고, 훈민정음 NFT가 최우수상을 수상했다.

출처 : TADS AWARDS

실제로 헤리티지 DAO가 구입한 금동삼존불감상이 NFT로 탄생하여 새로운 가치를 창출하게 될지, 계속해서 간송미술관에서 실물로만 만날 수 있게 될지는 아무것도 정해지지 않았다. 레온 킴은 "헤리티지 DAO가 지속 가능하게 유지된다는 전제하에 더 많은 문화재를 매입해서 사회적 의미를 가지는 일을 해나갈 것이며 다른 나라의 문화재 매입도 타진하고 있다"라고 밝혔다. 다만 최근 헤리티지 DAO의 설립자의 러그풀 의혹이 있어 그 진정성에 대해서 시간을 갖고 지켜보아야 할 것 같다.

1EG^{이하, 원이지 DAO} DAO (원이더게임)

2022년 3월 22일, 트위터에 흥미로운 트윗이 하나 올라왔다. roypa.eth라는 익명의 아이디로 활동하는 크립토 매니아가 무려 100 이더리움^{당시 한화 약 4억 원}으로 작은 실험을 시작한다는 내용이었다. 100 이더리움이라면 당시 가장 인기 있고 가격도 비싼 BAYC를 구입할 수 있는 금액이었다. 그러나 그는 이 돈을 개인적으로 작품을 구입하는데 사용하지 않고 원이지 DAO의 금고^{원이지 뱅크}가 될 멀티 시그 월렛^{Multi-Signature Wallet}에 100 이더리움을 넣어 원이더 게임을 개최하겠다고 발표했다. 자금을 넣은 멀티 시그 월렛이란, 하나의 지갑을 여러 명의 사용자가 소유권을 가지는 지갑이다. 이 지갑에서 거래가 일어나려면 다수가 서명을 해야 하는데, 이는 자신의 개인 자금을 공동으로 사용하는 공금으로 만들었다는 말과 동일하다.

roypa.eth라는 익명의 아이디를 가진 사용자가 트윗을 통해 원이더게임의 시작을 알렸다.

출처 : roypa.eth 트위터

원이더게임은 간단하게 말해 '투자 게임'이다. 우선 총 50명의 참가자에게 각각 1 이더리움 당시 한화 약 350만 원을 투자금으로 제공한다. 게임 참가자들은 1 이더리움으로 NFT 투자를 진행하는 것이 기본 규칙이다. 거기에 더해 최소 주 2회의 거래가 트랜젝션에 기록되어야 하며, 게임 기간 동안은 지갑에 있는 이더리움을 출금하거나 추가 입금을 할 수 없는 등 다양한 규칙들이 있다.

원이더게임은 4월 11일부터 6월 5일까지 총 8주 동안 진행되었는데, 가장 많은 수익을 올린 사람 세 명에게 상금 혹은 수익금의 일정 퍼센트를 받을 수 있는 권한을 주었다. 게임이 종료되면, 상금을 제외한 이더리움은 다시 원이지 뱅크로 돌아가게 되며, 참여자들은 자신의 기여에 따라 원이지 DAO의 지분인 원이지 크루 NFT를 부여받게 되는 구조로 진행되었다.[37]

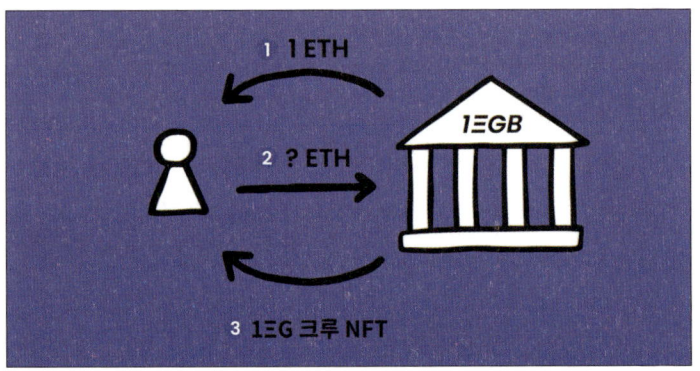

원이더게임은 원이지 DAO의 첫 번째 프로젝트로써 게임 참가자들에게 DAO의 지분을 나눠주는 구조를 가졌다.

출처 : 원이지다오 홈페이지

원이지 DAO는 원이더게임을 통해 형성된 트레저리와 커뮤니티를 기반으로 만들어지는 DAO이다. 기존의 DAO는 DAO에 참여를 원하는 멤버들이 자신의 자본을 투자하며 시작되지만, 원이지 DAO는 커뮤니티가 먼저 멤버들에게 투자를 하며 시작된다. 또한, 일반적인 DAO의 지분을 얻기 위해서는 자신이 가지고 있는 자본을 기부해야 하지만, 초기 원이지 DAO의 지분[원이지 크루 NFT]은 각 멤버의 능력에 따라 얻을 수 있다는 것이 큰 특징이다.

원이지 DAO는 웹 3.0 방식으로 프로젝트를 실현하기 위해서는 로드맵 달성 유무의 결과보다, 탄탄하게 쌓아가는 과정을 강조했다. 원이지 DAO의 계획을 간단하게 정리하면 다음과 같다.

1. 원이더게임 참가자들과 함께 커뮤니티의 기초를 세운다.
2. 원이더게임을 통해 커뮤니티 수익을 일으켜 함께 트레져리[원이지 뱅크]를 형성한다.
3. 원이지 DAO의 가치에 공감하며 참여하는 커뮤니티임을 증명할 원이지 크루 NFT를 통해 DAO의 거버넌스를 채워나간다.
4. 원이지 DAO의 커뮤니티 + 트레져리 + 거버넌스를 통해 웹 3.0 프로젝트를 만들어간다.

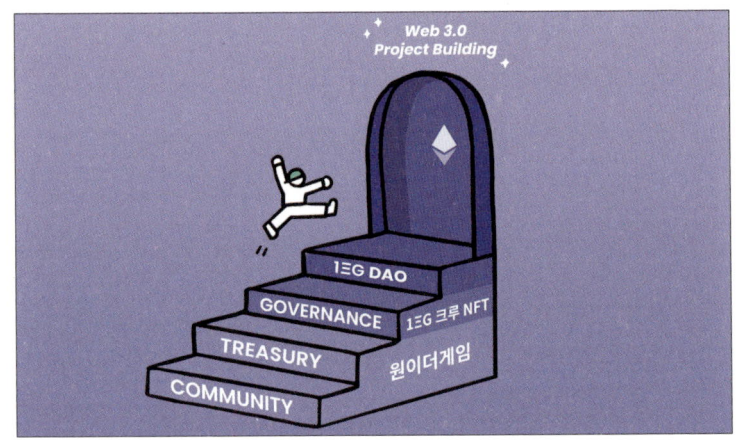

원이지 DAO는 차근차근 과정을 밟아가며 웹 3.0 프로젝트로 빌드업 중이다.

출처 : 원이지다오 홈페이지

글로 정리하면 생각보다 간단한 개념이지만, 그럼에도 불구하고 시장 상황이 좋지 않은 시기에 사람들에게 돈을 주며 투자를 해보라고 권유하는 상황에 대해 많은 사람들이 의문을 품었다. 이에 대해 원이지 DAO는 공식 트위터를 통해 원이더게임을 통한 투자가 일반적인 투자와 다른 특별한 이유 4가지를 정리해 올렸다.

첫 번째, 공통된 하나의 목표. 참가자 50명이 모두 원이지 DAO의 방향성에 공감하여 하나의 목표인 원이지 뱅크를 만들기 위해 투자한다는 사실이다. 같은 목표를 공유하는 커뮤니티 투자의 시너지가 분명히 존재한다고 알렸다.

두 번째, 선별된 참가자. 원이더게임의 참가자들은 원이더게임의 비전과 아이디어를 보고 신청한 사람들 중에서도 까다로운 신청서를 통과하고 탐구 과제를 훌륭하게 해냈으며 인터뷰 과정까지 거쳐낸 50명이라는 사실이다. 실제로 웹 3.0의 시장의 가능성을 믿고 애정이 있는 사람들을 모은 만큼 주목할 필요가 있다고 전했다.

세 번째, 커뮤니티. NFT 세계는 초 단위로 정보가 바뀌는 굉장히 빠른 속도를 가진 세상이기 때문에 남들보다 앞선 정보를 얻기 위해 많은 노력을 해야 한다. 여태 1 이더리움이라는 제한된 시드로 8주 동안 최대한의 수익을 내길 원하는 커뮤니티는 없었으며, 목표가 같은 50명이 공유하는 정보는 큰 가치가 있을 것이라고 말했다.

마지막으로, 1 이더리움보다 큰 가치. 혹여 예측하지 못한 시장 침체 상황에서 손해가 난다고 할지라도 사람이 남게 된다는 사실을 거듭 강조했다. 커뮤니티가 단단하게 만들어진다면, 그 가치는 돈보다 훨씬 클 것이며 함께 더 나은 방향을 향해 나아갈 수 있을 것이라는 확신 가득한 글을 남겼다.

원이지 DAO는 원이더게임을 통해 만든 가장 큰 가치는 이번 기회를 통해 연결된 사람들이라고 거듭 강조했다.

출처 : 원이지다오 홈페이지

　원이지 DAO는 원이더게임이라는 투자 실험을 통해 초기 웹 3.0 시장에 관심이 많으며 익숙한 사람들의 관심을 끌었고, 이로 인해 새로운 시장의 선두에 있는 초기 사용자들을 커뮤니티에 합류시킬 수 있었다. 이는 매우 영리한 전략으로써, 보유한 자금을 투자해 단기간에 이익을 창출하는 것이 아닌 장기적인 관점으로 사람 즉, 커뮤니티에 투자를 한 것이다. 실제로 원이지 DAO는 원이더게임을 통해 얻은 가장 큰 가치를 '사람 그리고 커뮤니티'라고 이야기했다. 원이지 DAO는 단순히 게임을 개최하여 사람을 모으는 것에 그친 것이 아니라, 참가자들을 인터뷰하고 게임 상황을 데이터화 시켜 공유하는 등 소통과 전달에도 많은 힘을 쏟았다. 즉, 게임의 관전자들에게도 좋은 정보를 제공하며 소통하는 노력을 한 것이다.

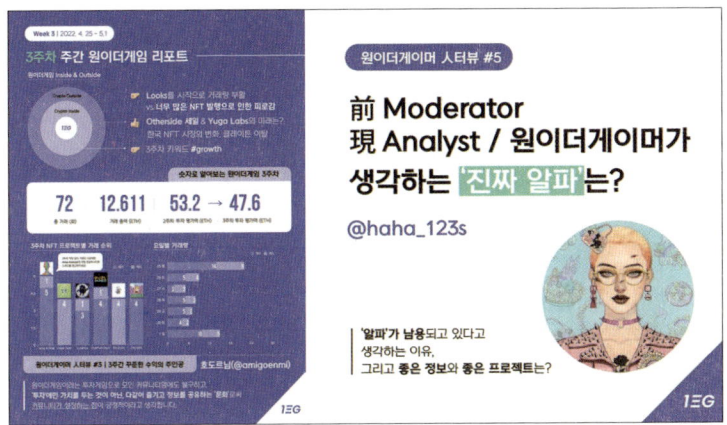

원이지 DAO는 원이더게임의 진행상황을 콘텐츠로 만들어 꾸준히 공유했다.

출처 : 1EG DAO 트위터

    이러한 노력에 힘입어 원이지 DAO는 원이더게임 기간 동안 갑자기 시작된 NFT 베어마켓^{자산 시장의 거래가 부진하고 주가가 하락하는 약세 시장}에도 흔들리지 않고 활동을 이어가 게임을 마무리할 수 있었다. 참가자들은 승패와 관계없이 원이지 DAO의 커뮤니티에 합류하여 느슨한 연대를 구축하며 서로가 가진 정보를 교환하고 새로운 프로젝트를 구상하여 실행시키기 시작했다.

    원이지 DAO는 다음 단계로 크루즈 프로젝트를 진행하였는데, 이는 DAO 내부의 아이디어로, DAO 구성원의 참여를 통해, DAO 트레져리에서 지원을 받아 실행하는 웹 3.0 프로젝트이다. 크루즈 프로젝트는 DAO 구성원들의 아이디어를 모은 뒤, 디스코드 투표를 통해 상위 5개 아이디어를 선정한다. 다음으로 스냅샷을 이용한 투표를 통해 최종 아이디어 2개를 선정하여 실행하는 과정을 거치는 프로젝트이다.

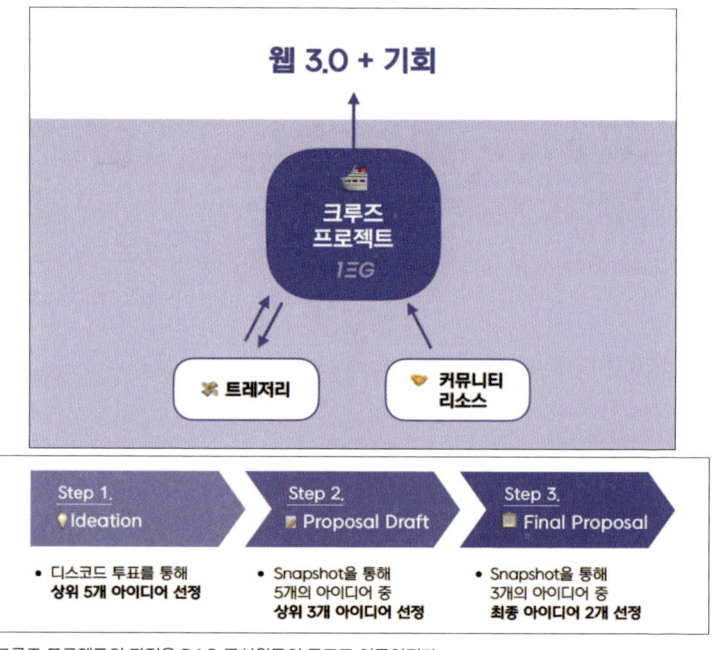

크루즈 프로젝트의 과정은 DAO 구성원들의 투표로 이루어진다.

출처 : 원이지 DAO 홈페이지

실제로 최근 크루즈 프로젝트로 인해 원이지 DAO의 다음 스텝이 시작되었다. 원이지 DAO는 구성원들의 아이디어를 받아 8개의 후보를 세워 투표를 진행했다. 그중 1차적으로 선정된 4개의 아이디어를 스냅샷을 이용해 최종 투표에 올렸고, 최종적으로 '원이더게임 2.0'이 선정되었다.

원이더게임 2.0은 기존 원이더게임을 경험한 게이머와 스태프를 중심으로 팀이 결성되었다. 해당 게임은 앞선 선례가 존재하는 만큼 큰 틀은 이미 결정되어 있지만, 그럼에도 불구하고 기대감을 모으는 이유는 이고민트^{egomint, 원이더게임을 만든 주식회사}가 중앙 집중적으로 진행했던 기존 원이더게임과 다르게, 원이더게임 2.0은 실제로 DAO가 진행하기 때문이다.

총 30명의 참가자를 선정해 진행하는 원이더게임 2.0은 현재 웹 3.0 시장이 전체적으로 침체되어 있는 만큼, 활동 시기에 대한 의문점이 든다. 이에 대해 원이지 DAO 측은, '시장이 침체된 만큼 오히려 웹 3.0에 진심이며 가능성 넘치는 분들이 참가 신청을 해주셔서 최종 합격자를 선정하는데 어려움이 있었다. 혼란스러운 시장 상황 속에서도 의미 있는 웹 3.0 온보딩^{onboarding, 신규 직원을 교육하는 과정}게임으로 운영할 수 있도록 최선을 다하겠다'고 자신 있게 말했다.

원이지 DAO는 기존의 통념에 반하는 방법으로 투자를 받는 것이 아닌, 먼저 사용자들에게 투자를 하는 과감한 결정으로 이미 시장에 들어와있던 사용자들의 관심을 불러일으켜 양질의 커뮤니티를 형성하였고, 커뮤니티를 바탕으로 새로운 시도를 계속해서 진행하고 있다. 처음 접근 방법은 다소 무모하다 싶을 정도로 과감했지만, 원이지 DAO는 논란을 딛고 일어나 아주 건강한 커뮤니티를 형성했다. 웹 3.0의 본질이라 할 수 있는 커뮤니티는 다른 그 어떤 요소들보다도 핵심으로 작용한다. 당장 보이는 결과보다도 탄탄하게 쌓아가는 과정을 중요하게 생각한다는 원이지 DAO는 가장 튼튼하게 들어가야 할 바닥을 단단하게 쌓아 올렸다. 이 바닥에 어떤 멋진 건물이 들어서게 될지 기대가 된다.

원이지 DAO는 튼튼하게 쌓아올린 커뮤니티를 무기로 새로운 시도를 계속하고 있다.

출처 : 원이지 DAO 홈페이지

CP DAO

CP DAO는 2017년 설립된 국내 첫 블록체인 컴퍼니 빌더^{창업팀을 발굴해 스타트업을 공동 설립한 뒤 수익을 공유하는 사업자} 체인파트너스^{Chain Partners}가 시도하고 있는 혁신적인 인사 및 채용 시스템을 적용한 조직이다. 실제 IT 기업으로 운영되고 있는 체인파트너스와 결합하여 DAO형 채용을 진행하여 별도의 조직으로 두는 것이다. DAO형 채용은 한 회사에 독점적으로 소속되지 않으면서 자기가 원할 때 원하는 서비스를 회사에 제공하는 새로운 고용 형태이다.

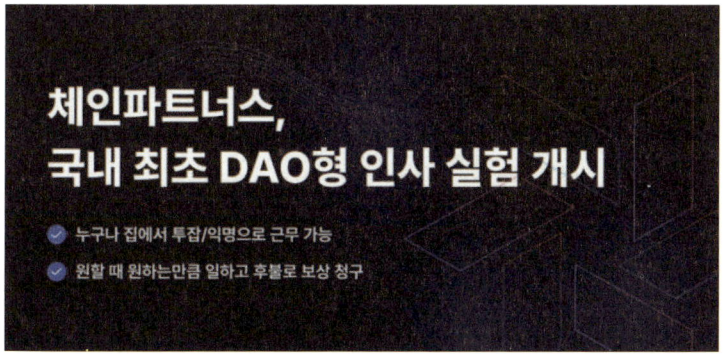

체인파트너스는 2022년 3월, 국내 최초로 DAO형 인사 채용 공고를 내었다.

출처 : 체인파트너스 홈페이지

고용주만을 위해 일하는 전형적인 고용과 프리랜서 사이에 DAO형 채용이 들어간다고 생각하면 된다. 일반적인 프리랜서는 특정 회사에 대한 업무 이해력이 떨어질 수도 있지만, DAO 멤버는 자신이 원할 경우, 특정 회사에 소속되어 해당 일을 연속성을 가지고 지속적으로 해나갈 수 있기 때문에 '회사와 지속적인 파트너십을 맺은 프리랜서'라고 이해하면 된다.

    DAO 채용은 면접도 보고 선발 과정도 있다. 하지만 회사에 출근하지는 않고, 항상 정해진 일만 하는 것도 아니다. DAO 멤버들은 다른 회사를 다니면서 퇴근 후나 주말에 투잡으로도 일할 수 있다. 표철민 체인파트너스 대표는 인터뷰를 통해 "전통적인 고용 관계는 바삐 처리하면 2-3시간이면 할 일을 굳이 매일 9시간씩 한 회사에 묶어 놓으며 개인의 잠재력을 제한하고 있다. 양쪽 모두에서 인정받을 만큼 감당할 수 있는 선에서 일을 받아야겠지만, 한 사람이 여러 회사 일을 하게 되면 오히려 지식과 경험의 스펙트럼이 넓어져 양쪽 모두에서 일을 더 잘하게 되는 경우도 분명히 나올 수 있다"고 말했다. 이어 "오래전부터 생각해 온 N잡러에 최적화한 고용 형태를 새롭게 실험할 수 있게 되어 기쁘게 생각한다. 앞으로 한 사람이 3~4개 기업에 탄력적으로 업무를 제공, 그물망 같은 형태의 고용이 미래 노동의 모습이 되어 갈 것이다. 그게 다음 세대의 인터넷을 만드는 이른바 웹 3.0 서비스를 제공하는 우리 회사 일과도 크게 다르지 않다고 생각해 새로운 인사 실험을 시작하게 됐다"라고 덧붙였다.[38]

체인파트너스 표철민 대표는 세상을 바꿀 DAO의 구조를 아주 높이 평가하며 새로운 인사 실험에 대한 뜻을 밝혔다.

출처 : 체인파트너스

    체인파트너스는 2022년 3월 중 채용을 진행하여 4월에 면접 통과자들과 계약은 체결하였지만, 실제 구성원들의 활동은 6월부터 시작했다. 회사와 따로 또 같이 협력하는 느슨한 형태의 네트워크 조직인 CP DAO는 개념적으로 메타버스에 존재하는 또 다른 회사라고 생각하면 된다. 체인파트너스에서는 정규직 멤버들이 일을 하지만, CP DAO에서는 원하는 사람들이 익명으로 참여해 남는 시간에 본인이 선택적으로 체인파트너스에 필요한 일을 수행한다. 대표적으로 개발 팀에는 정규직 직원과 CP DAO 구성원이 같이 소속되어 있다. 예를 들어 개발 팀이 DAO 구성원에게 '이 부분의 코드를 짜달라'라고 요청하면 해당 업무를 할 의향이 있는 구성원이 업무를 맡게 되는 형식이다. CP DAO 구성원들은 매달 말 본인이 제공한 서비스 내역을 정리해 보상을 요구하면 체인파트너스가 검토 후 급여를 지급한다. 이 과정에서 익명으로 활동하는 사람들을 위해 급여를 가상 자산으로 지급하려는 시도가 있었으나, 실제로는 불가능했다. 해당 이슈에 대하여 표철민 대표는 "다른 DAO와 달리 우리는 가상 자산으로 보수를 지급하진 않는다. 세무사 및 노무사 상담을 거친 결과, 회사가 원화 대신 가상 자산을 주는 건 탈세 의심을 받을 수 있다고 판단했기 때문이다. 그래서 꼭 가상 자산을 받아야 한다는 지원자는 아쉽지만 함께하지 못했다"라는 말을 남겼다.

 CP DAO가 주목받고 있는 이유는 체인파트너스 직원과 DAO 구성원이 슬랙^{Slack, 대표적인 업무 협업 툴}에서 함께 소통하며 상품을 개발하는 등 기존의 기업과 DAO가 마치 한 몸처럼 움직이는 독특한 구조를 가지고 있기 때문이다. 해당 내용은 DAO 구성원이 체인파트너스 직원이 사용하는 슬랙에 접근할 수 있다는 의미이기도 하다. 기업의 주요 결정들이 내려지고, 내부 정보들이 모여 있는 슬랙에 외부인이 접근한다는 것은 자칫 위험한 일이 될 수도 있다. 표철민 대표는 해당 이슈에 관해서 "슬랙을 같이 사용한다는 점에서 회사 기밀이 유출될 위험은 존재한다. 그러나 DAO는 신뢰를 토대로 돌아가는 조직이다. 만약 밖에서 우리 회사 기밀을 듣게 된다면, 실험이 실패한 것으로 볼 수 있다. 하지만 사실 그다지 엄청난 기밀이 있지

는 않다"라며 CP DAO에 대한 신뢰를 보였다.[39]

체인파트너스와 함께 하는 CP DAO는 지금부터 본격적으로 활동을 시작한다. "왜 여러 기업이 인재는 공유하면 안 되는가?"라는 단 하나의 질문으로 시작된 CP DAO는 무수히 많은 실험 단계를 거치면서 조금씩 완성된 형태로 새로운 조직 구조를 만들어 갈 것이다. 웹 3.0 생태계에서 '부캐'가 자연스러운 용어로 쓰이며 확산되어 있는 만큼, 점차 인재 1명이 여러 곳에서 일하는 구조가 형성되며, 결국 정규직과 DAO 구성원들의 경계선이 사라질 것이라고 자신 있게 이야기하는 표철민 대표의 말처럼 어쩌면 지금의 세상을 살아가는 사람들은 공유 경제를 넘어 스스로의 가치까지도 구분하고 공유하여 다양한 역할을 수행할 준비를 해야 할지도 모르겠다.

부 록

DAO를 구성하는 법
⟨DAO DAO⟩

　DAO를 만들기 위해서는 무엇이 필요할까? 구성원들의 신원 증명, 소통 방안 등도 물론 중요하지만, 실제 탈중앙화를 가능하게 도와주는 스마트 계약이 필수적이다. 이러한 스마트 계약을 적용시키기 위해서는 프로그래밍 언어로 코드를 설계할 수 있어야 하기에 DAO의 초기 멤버에는 개발자가 상당히 중요한 역할을 한다.

　최근에는 코딩을 할 수 없는 일반인들도 쉽게 DAO를 구성할 수 있게 도와주는 툴들이 등장하고 있는 추세다. 대표적으로 DAO DAO^다오 다오, DAO HAUS^다오 하우스 등이 있는데 우리는 이 중 한국어 버전을 지원하는 DAO DAO에 대하여 알아보겠다.

0 | DAO 구성을 도와주는 툴, DAO DAO

    DAO DAO 사용법을 알아보기에 앞서, 해당 툴에 대한 간략한 설명이 필요하다. DAO DAO는 코스모스[Cosmos] 생태계에 속한 블록체인 주노[JUNO]의 공동 설립자 제이크 하트넬[Jake Hartnell]이 만든 툴로써 일반인들이 쉽게 DAO를 구성할 수 있게 도와주는 역할을 한다.

    DAO DAO를 사용하기 위해서는 코스모스 생태계의 대표적인 전자 지갑인 케플러 지갑[keplr wallet]을 활용해야 하며, 누구나 쉽게 DAO를 구성할 수 있는 만큼 '치와와 DAO[Chihuahua Community DAO]' 처럼 재미 위주의 가벼운 밈 형식의 DAO도 만들 수 있다. 당연히 전문적인 DAO를 구성하는 것도 가능하다. 다만, 아쉬운 점은 DAO DAO를 통해 만들어진 DAO는 코스모스 생태계 프로젝트들끼리만 [1] 호환된다는 점이다.

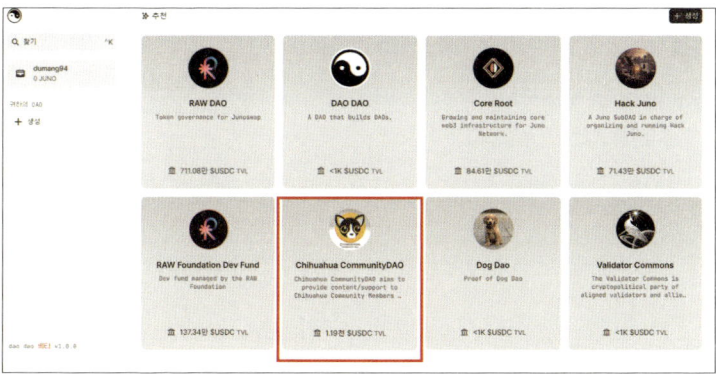

1 | keplr 지갑(전자 지갑) 만들기

DAO DAO를 사용하기 위해서는 코스모스 생태계의 대표적인 전자 지갑인 keplr^{케플러}를 먼저 설치하여야 한다. 이를 위해 PC에서 크롬을 실행한 후, '크롬 웹스토어'에 접속한다. 여기서 'keplr'를 검색해 크롬에 추가한다.

keplr를 설치하였으면 계정을 만들어야 한다. 브라우저 오른쪽 상단의 퍼즐 조각 아이콘을 누르고 그 안에 있는 keplr 로고를 누르면 새로운 계정을 만들 수 있는 페이지로 이동하게 된다.

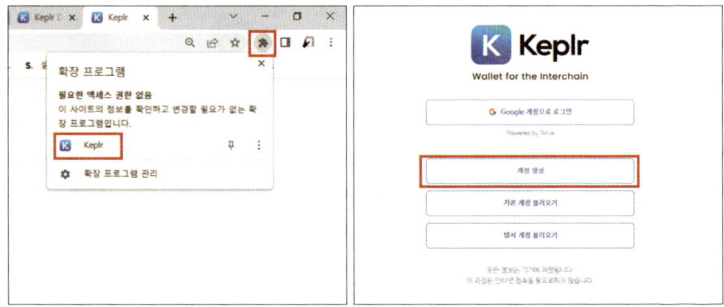

계정 생성 버튼을 눌리면, 총 12개의 니모닉 단어와 함께 계정 이름과 비밀번호를 입력하라는 창이 등장한다. 여기서 제시한 니모닉 단어는 다른 PC에서 접속하거나 새로 로그인할 때 필요하므로 안전한 곳에 저장해놓아야 한다. 이렇게 keplr에 접속할 수 있다.

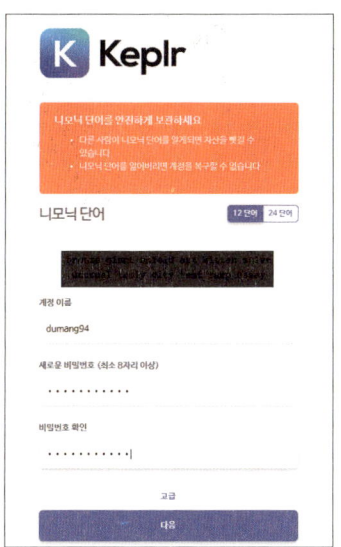 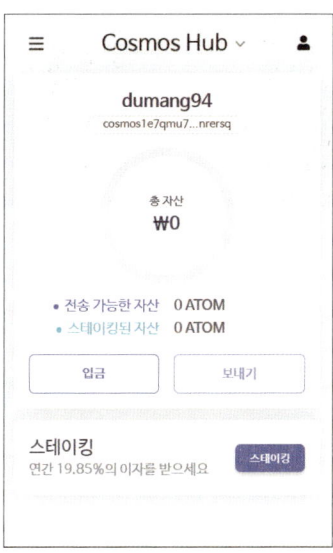

keplr 지갑을 만들었으면, 이제 DAO DAO를 사용하기 위해 지갑을 연결시키는 작업이 필요하다.

2 | DAO DAO에서 케플러 지갑 연결하기

이제 구글에 DAO DAO를 검색하고 접속$^{daodao.zone/ko}$하면 앱에 입장된다. 입장하여 좌측 상단에 있는 지갑 연결을 클릭하고, 생성한 keplr 지갑을 눌러 비밀번호를 입력하면 간단히 연결할 수 있다.

3 | JUNO 코인 구입하기

keplr 지갑을 DAO DAO와 연결했으면, DAO를 형성할 때 필요한 수수료를 지불해야 하는 JUNO^{주노} 코인을 구입해야 한다. 지금부터 JUNO 코인을 구입하는 방법을 하나씩 알아보겠다.

우선 코인을 구입하기 위해 필요한 만큼의 원화를 입금하려면 대표적인 우리나라 암호화폐 거래소를 알아야 한다. 대표적으로 업비트, 빗썸, 코빗 등이 있지만 이 책에서는 업비트를 예로 들어 설명하도록 하겠다. 참고로, 각 암호화폐 거래소는 연동된 은행 계좌가 모두 다르므로, 자신이 사용하는 은행에 맞추어 거래소를 고르는 것도 좋은 방법이다.[2]

3-1 | 은행에 원화 입금

앞서 설명했듯이, 이 책에서는 업비트 거래소를 이용한 방법을 알려줄 것이기 때문에 업비트와 연동이 되는 케이뱅크의 계좌에 원화를 입금하는 것이 가장 처음 해야 하는 일이다. 우선, 케이뱅크 계좌에 2만 원을 넉넉하게 충전 입금했다. (업비트를 처음 접하게 된다면, 케이뱅크 계좌를 업비트와 연동시키는 과정을 거쳐야 하는데, 이 부분은 간단하니, 인터넷 검색을 통해 진행하길 바란다[3])

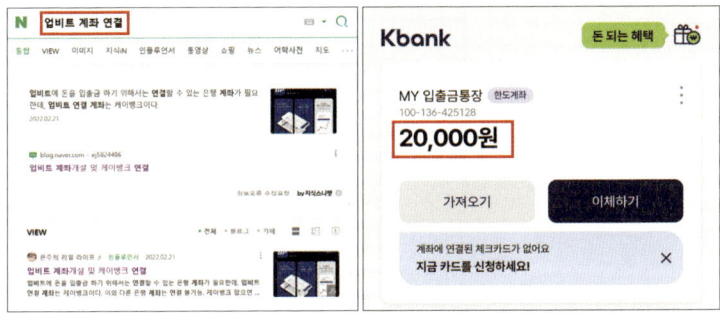

3-2 | 암호화폐 거래소로 전송

다음으로는 은행에 입금된 돈을 암호화폐 거래소로 옮겨야 한다. (지면상, 업비트 앱은 다운 받은 상태로 로그인이 되어 있다고 가정하겠다) 업비트 앱에 접속하여 하단에 있는 입출금을 클릭한다. 그리고 다시 원화를 클릭하면 입출금 관련된 창이 나온다. 이곳에서 입금하기를 눌러주면 순서대로 잘하고 있는 것이다.

입금하기를 눌러주면, 원하는 입금 금액을 적을 수 있다. 우리는 2만 원을 입금하기로 했으니, 그대로 적어주겠다. 금액을 적고 입금 신청을 눌리면, 입금 신청 확인창으로 넘어간다. 2채널 인증하기를 눌리고 카카오페이나 네이버페이 2개의 채널 중 하나에 개인정보를 입력하면, 성공적으로 업비트로 원화가 전송이 된다.

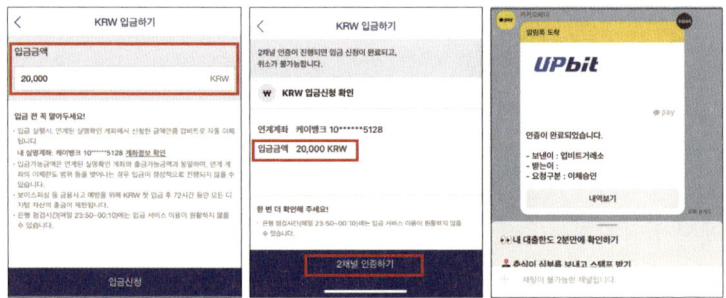

3-3 | 암호화폐 거래소에서 TRX 구입

업비트에 성공적으로 원화를 옮겼으면, 우리는 TRX라는 코인을 구입해야 한다. 아쉽게도 JUNO 코인은 국내 암호화폐 거래소에서 바로 구입할 수가 없으며, 해외 암호화폐 거래소로 옮기는 과정을 거쳐야 하기 때문이다.

굳이 TRX를 구입하는 이유는 TRX가 한화로 100원도 안되는 가격에 시장가를 형성하고 있기 때문이다. 거래소 간에 거래를 할 때 수수료를 지불하게 되는데, 이 수수료를 해당 거래 코인으로 지불하는 것이 대다수이다. 그렇기 때문에, 상대적으로 가격이 저렴한 TRX를 사서 수수료를 낮추는 것이다.

또한, 주의점이 하나 있다. 바로 '디지털자산 출금지연제'인데, 암호화폐 거래소에 최초 원화 입금 건은 72시간 동안 디지털 자산 출금이 제한되며, 두 번째 원화 입금 건부터는 건마다 24시간 동안 디지털 자산 출금이 지연되는 것이다.[4] 즉, 만약 이번에 업비트에 원화를 입금한 것이 처음이라면 사흘 이후에 거래를 할 수 있으며, 두 번째일지라도, 하루가 지난 후에 거래가 가능하다는 말이다. 이 점을 꼭 유의하고 있어야 한다.

디지털자산 출금지연제에 해당하는 시간을 만족시켰다면, 본격적으로 TRX를 구입하고 해외 거래소로 이동시키면 된다. 우선 업비트에 TRX라고 검색을 한다. 클릭을 해서 들어가면 매수에 맞춰진 상태에서 가격을 시장가로 맞추기 위해 시장을 클릭한다. 그 후 수량에 최대를 눌러주면 가지고 있는 금액으로 구입할 수 있는 최대 TRX의 양을 체크해준다. 이후에 매수확인을 클릭하면 구매가 완료된다.

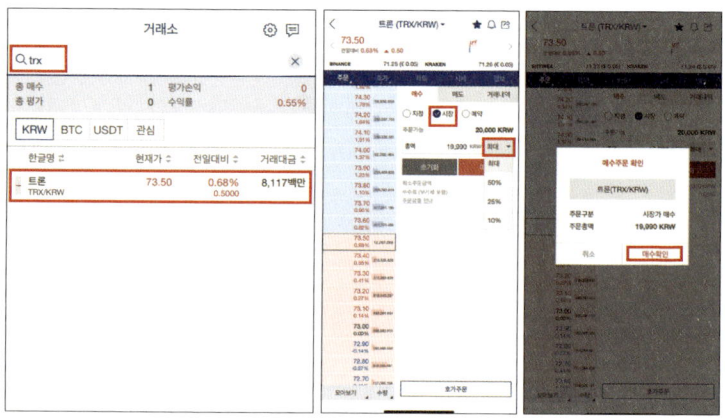

3-4 | TRX를 바이낸스로 옮기기

　현재 구입한 TRX는 국내 암호화폐 거래소인 업비트 계정에 있다. 그리고 이것을 해외 거래소인 바이낸스[Binance]로 옮겨주는 작업이 필요하다. (바이낸스도 동일하게 앱이 깔려 있고, 로그인이 되어 있다고 가정하겠다[5]) 이 과정은 업비트와 바이낸스를 번갈아 왔다갔다 하면서 작업해야 하기 때문에 헷갈릴 수 있다. 우선은 업비트 먼저 설명하겠다.

　우선 업비트에 접속하여 입출금에 들어가서 미리 구입해 놓은 TRX를 클릭한다. 그리고 출금하기를 눌러 출금 수량을 최대로 설정한다. (이 과정에서 1TRX가 수수료로 드는데, 이것이 바로 우리가 저렴한 TRX를 구입한 이유이다) 수량을 최대로 설정한 후에 확인을 누르면, 받는 사람의 지갑 주소를 입력하는 창이 뜨게 된다. 이곳에 바이낸스의 입금 주소를 입력해야 한다.

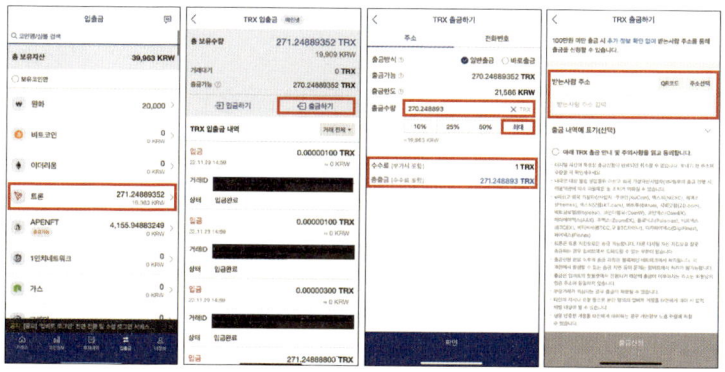

우리가 TRX를 전송할 바이낸스의 지갑 주소를 입력하기 위해서는 바이낸스 앱에 접속해야 한다. 접속하면 보이는 초기 화면에서 하단에 있는 Wallets을 클릭해 준다. 그다음 위쪽에 있는 Spot을 눌러준다. 그 후 어떤 디지털 자산을 옮길 것인지 선택하게 되는데 우리는 TRX를 선택해 주면 된다. 그 후 Deposit을 눌러 체인 Tron(TRC20)을 선택하면 입금 주소가 나오게 되고, 클릭하면 자동으로 주소가 복사된다.

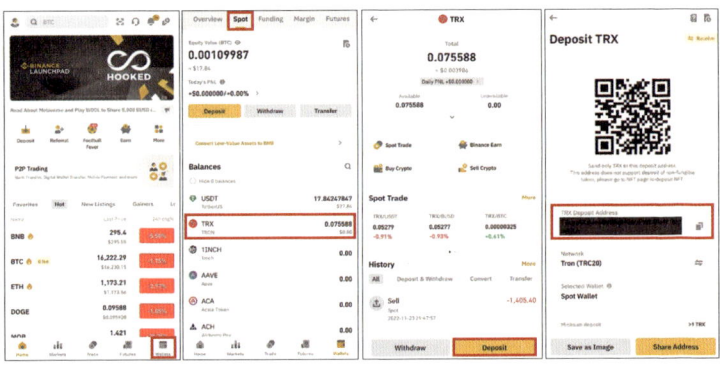

주소가 복사되었으면, 다시 업비트로 돌아간다. 업비트를 종료하지 않았다면, 283p 마지막 사진처럼 주소를 입력하는 창이 그대로 있을 것이다. 이곳에 방금 복사해온 주소를 붙여놓고, 주의사항에 동의한 후 출금 신청을 하고 개인 정보를 인증을 하면, 바이낸스로 TRX가 옮겨지게 된다.

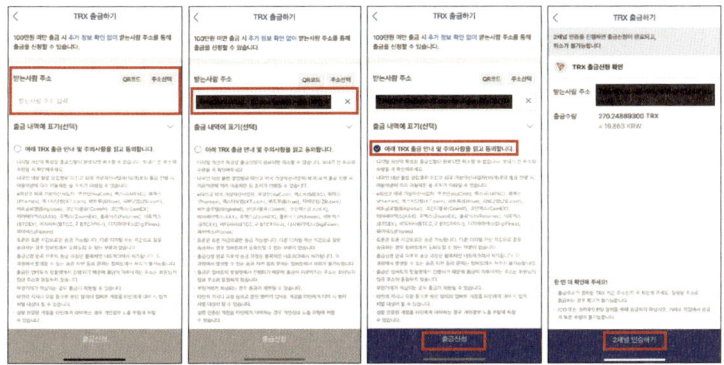

3-5 | TRX를 바이낸스에서 MEXC로 옮기기

　복잡한 과정을 통해, 원화를 옮겨 해외 거래소인 바이낸스에 TRX를 전송하는 과정까지 마쳤다. 그러나 우리의 본래 목적은, JUNO 코인을 구입하는 것이었다는 것을 잊지 않아야 한다. 정말 아쉽지만 바이낸스의 문제점은 우리가 필요로 하는 JUNO 코인을 판매하지 않는다는 것이다. 예를 들어, 당신이 샤넬 지갑을 구입하고 싶다. 그래서 당신은 전통시장으로 향했다. 그런데 문제가 생겼다. 전통시장에는 샤넬 지갑을 팔지 않는 것이다. 그래서 어쩔 수 없이 당신은 백화점에 가서 샤넬을 구입했다. 백화점에는 샤넬이 입점해 있기 때문이다. 결국 물건은 다양하고 그것을 취급하는 곳에서 구입해야 한다는 뜻이다. 코인 또한 마찬가지다. 코인은 수백 종류가 있고, 그것을 취급하는 거래소에서 구입해야 한다.

우리가 구입하려는 JUNO 코인은 MEXC라는 해외 거래소에서 구입할 수 있다. 그렇기 때문에 우리는 바이낸스에서 다시 한 번 MEXC로 TRX를 옮겨주어야 한다.[6] 과정이 복잡해보이지만 단순하게 옮기는 것 뿐이기 때문에 간단히 따라할 수 있다.

우선 바이낸스의 하단 Wallets를 눌린 다음 Spot을 클릭하면 보유하고 있는 TRX를 확인할 수 있다. 이를 클릭하고 Withdraw를 누른 뒤, Send via Crypto Network를 눌러주면 TRX를 보낼 수 있는 화면이 나온다. 여기에 TRC20 네트워크를 설정해주고 수량을 Max로 설정한 뒤, MEXC로 옮길 주소를 복사해 와야 한다. (바이낸스에서 코인을 옮길 때 최소 10 USDT$^{한화 약 13,000 원}$ 이상의 금액만 거래가 되기에 처음에 2만 원을 충전했다)

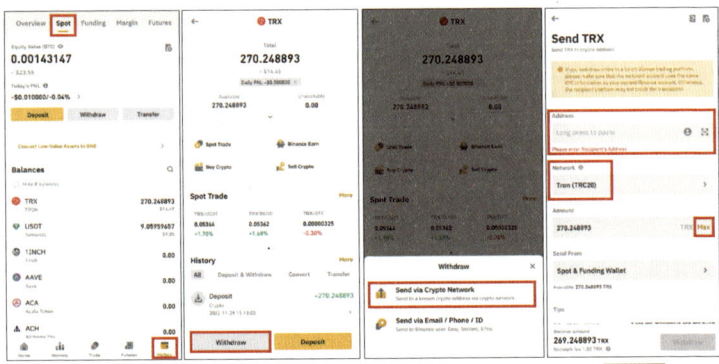

이제 우리의 목적인 JUNO 코인을 거래할 수 있는 MEXC로 가야 한다. (앞서 바이낸스와 마찬가지로 MEXC 앱이 깔려있고, 로그인이 되어 있다고 가정하겠다[7]) MEXC에 접속하면 보이는 초기 화면에서 하단에 있는 자산을 클릭해 준다. 그다음 MEXC에 입금을 하기 위해 입금 버튼을 눌러주면, 어떤 디지털 자산을 옮길 것인지 선택하게 되는데 우리는 TRX를 선택해 주면 된다. 선택시 입금 주소가 나오게 되고, 클릭하면 자동으로 주소가 복사된다.

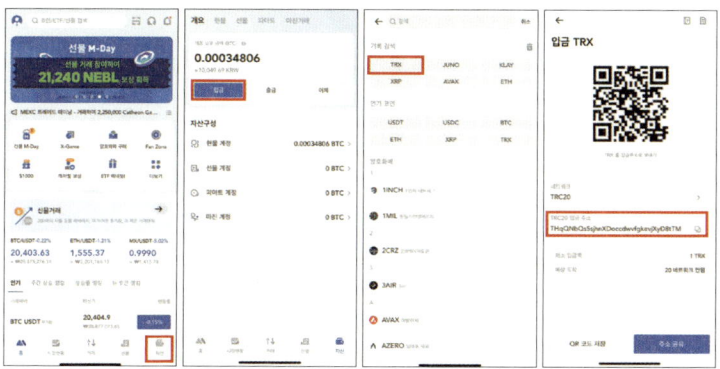

주소가 복사되었으면, 다시 바이낸스로 돌아간다. 바이낸스를 종료하지 않았다면, 286p 마지막 사진처럼 주소를 입력하는 창이 그대로 있을 것이다. 이곳에 방금 복사해온 주소를 붙여놓고, 주의사항에 동의한 후 출금 신청을 하고 계정에 등록된 전화번호와 이메일로 인증을 하면, MEXC로 TRX가 옮겨지게 된다.

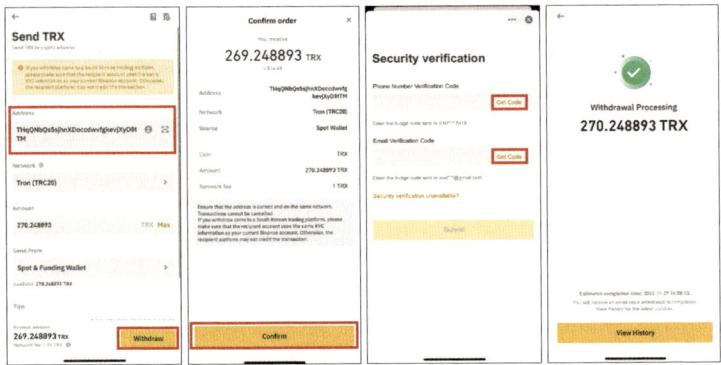

3-6 | TRX를 판매하기

복잡한 과정을 통해, 원화를 옮겨 해외 거래소인 MEXC에 TRX를 전송하는 과정까지 마쳤다. 이제 드디어 JUNO 코인을 구입할 수 있다. 여기서부터는 간단하다. 주식을 거래하듯이, 옮겨왔던 TRX를 팔고 JUNO를 구입하면 된다.

MEXC에서 시장 현황을 눌러 TRX를 검색한다. 현물 TRX에 들어가 매도를 클릭한다. 시장가 주문으로 설정을 바꾸고, 수량을 클릭한 뒤, 최대로 설정해 주고 매도를 클릭한다. TRX를 판매하면 스테이블 코인인 USDT로 판매 금액이 주어진다. 이제 USDT로 JUNO를 구입하면 된다.

3-7 | USDT로 JUNO 구입하기

여기까지 잘 따라왔다면, USDT가 여러분의 지갑에 존재할 것이다. 이제 JUNO를 구입해 보자. 하단에 있는 시장 현황을 클릭한다. 검색창에 JUNO를 검색하여 클릭한다. 매수 버튼을 클릭하고, 시장가 주문으로 설정을 한 뒤, 수량을 체크하여 최대로 구입한다. 이제 여러분의 하단의 자산을 클릭하면 JUNO가 들어왔을 것이다.

3-8 | JUNO를 keplr 지갑에 전송

이제 정말 우리의 최종 목적이었던, keplr 지갑에 JUNO를 옮겨주는 과정만 남았다. 현재 JUNO는 MEXC에 있으니 하단의 자산에 들어가 상단의 현물을 눌러주고, 검색창에 JUNO를 검색하여 클릭한 뒤, 출금 버튼을 눌러준다. 출금 버튼을 누르면 입금하는 곳의 주소를 입력하는 창이 있는데, 이 주소를 얻기 위해서는 DAO DAO 홈페이지daodao.zone/ko로 돌아가야 한다. DAO DAO 홈페이지에 가서 좌측 상단의 지갑 창에 커서를 가져다 대면, 클립 모양의 아이콘이 나타나게 되고 클릭을 하면 지갑 주소가 복사된다.

DAO DAO 홈페이지에서 복사한 주소를 가지고 다시 MEXC로 돌아가서 붙여넣기 해준다. 거기에 더해 출금 금액 입력에서 모두 보내기를 클릭해 주면, 수수료를 제외하고 가지고 있는 JUNO를 모두 입력해 준다. 마지막으로 출금 버튼을 눌러, 이메일과 전화 번호로 인증을 마치면 드디어 JUNO가 여러분의 keplr 지갑으로 들어가게 되고, 이로써 DAO를 만들 기본 준비가 끝나게 된다.

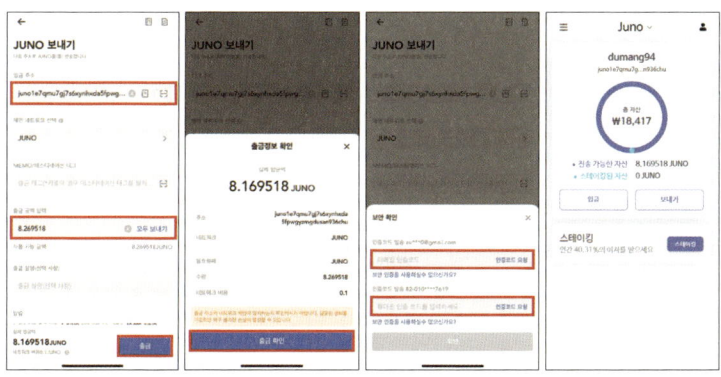

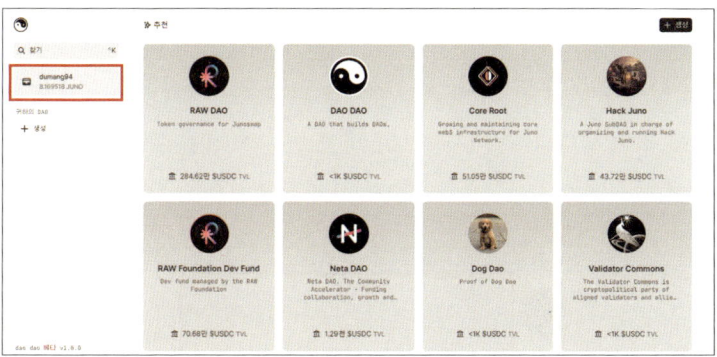

4 | DAO 생성하기

이제 DAO DAO와 지갑을 연결하였으니, DAO를 바로 생성할 수 있다. 좌측 상단에 연결된 지갑의 이름을 확인하고 아래에 있는 생성 버튼을 클릭해 주면 아래와 같은 창이 등장하게 된다.

모든 DAO에는 이름과 설명이 있어야 한다. 이름은 반드시 고유할 필요는 없지만, 가능하면 각자의 의미가 담긴 이름을 정하는 것이 좋다.

DAO의 이름(필수)과 간단한 설명(필수)을 적고 DAO에 이미지(선택)를 넣을 수도 있다. 3S DAO를 만든다고 가정하고 간단한 정보를 적어 넣었다. 이미지는 보유하고 있는 NFT를 활용했다.

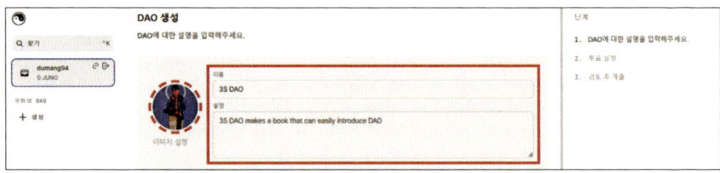

기본 정보를 입력한 뒤에는 어떤 구조로 만들지를 정해야 한다. DAO DAO에서 제공하는 구조는 총 2가지로 회원 전용과 토큰 기반으로 나뉘는데, 가장 중요한 차이는 자체 토큰 생성 후 거버넌스 활용 유무로 구분된다. DAO DAO 측은 백서에서 회원 전용 DAO를 만드는 것을 추천했다.[8] 회원 전용으로 만든 뒤 필요하다면 언제든지 토큰 기반으로 변경할 수 있기 때문이다. 그러나 예시에서는 토큰 거버넌스를 사용하는 사례를 보여주기 위해 토큰 기반으로 생성해 보겠다.

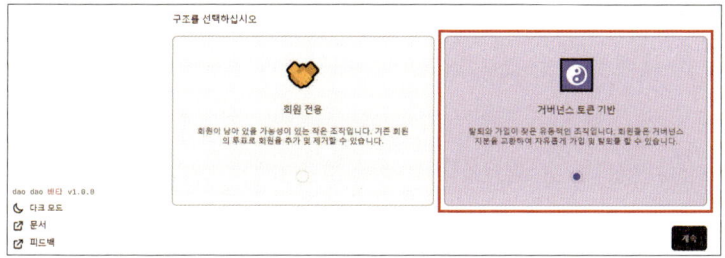

4-1 | 토큰 생성 및 분배하기

다음으로 넘어가면, 자체 토큰을 생성할 수 있게 된다. 마찬가지로 토큰 이미지는 선택사항이며, 토큰 심볼과 토큰 이름을 필수로 작성하여야 한다. 토큰 심볼은 영숫자로 이루어진 문자의 집합으로 토큰을 간단하게 부르는 이름 Ex) 이더리움=ETH이며, 토큰 이름은 어떠한 DAO의 토큰인지를 설명하는 역할을 한다.

바로 아래에는 총 토큰 공급량과 트레저리 비율을 설정할 수 있는 창이 있다. 총 공급량은 마음대로 정할 수 있지만, 공급량이 늘어날수록 희소성이 사라진다는 사실은 기억해야 한다.

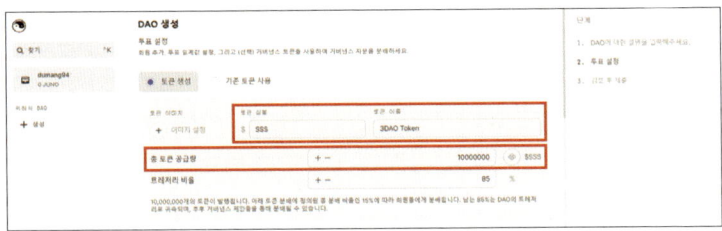

트레저리 비율은 DAO 공동 금고에 보관하는 비율이다. 반대로 토큰 분배 비율은 DAO의 멤버들에게 돌아가는 비율이다. 토큰 분배 비율이 높을수록 외부 사람들의 영향을 받지 않겠다는 뜻이 된다. 당연히, 트레저리 비율과 토큰 분배 비율은 합쳐서 100%로 일치시켜야 한다.

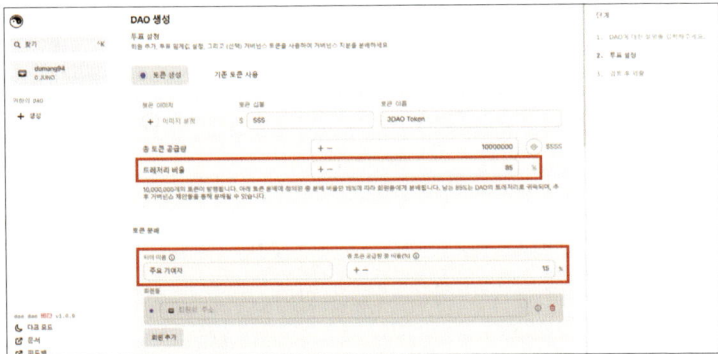

토큰 비율을 100%로 맞췄으면, 이제 DAO 구성원을 추가해야 한다. 구성원을 추가하기 위해서는 지갑 주소가 필요한데, 여기서 주의해야 할 점이 있다. 케플러 지갑 주소가 아닌, DAO DAO에 연결한 지갑 주소여야 하기 때문이다. 케플러 지갑에서 바로 복사한 주소는 cosmos...로 시작되며, DAO DAO에 연결된 주소는 juno...로 시작된다.

4-2 | DAO 구성원 초대하기

DAO DAO에 연결된 주소는 좌측 상단에 있는 지갑에 마우스 커서를 가져다 대면 나오는 클립 버튼을 누르면 간단히 복사할 수 있다. 그리고 이를 붙여넣기 하면 된다.

회원 추가를 원할 경우, 버튼을 눌러 새로운 칸을 생성하고 구성원이 될 사람에게 지갑 주소를 받아 붙여 넣으면 된다. 아래의 경우 초기 멤버 세 명으로 DAO를 구성할 것이기 때문에 모두에게 주소를 받아 세 개의 주소를 복사해 넣었다.

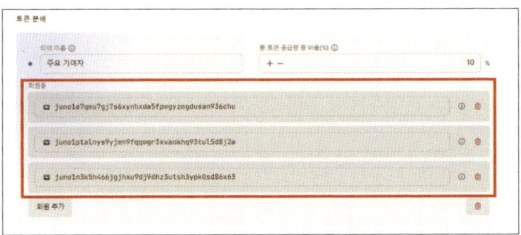

여기까지 완료했으면, 초기 세 명의 멤버로 구성된 DAO의 큰 틀은 완성된 셈이다. 이렇게 주소를 작성해 넣으면, 아래에 그래프로 세 명의 권한 비율이 표시된다.

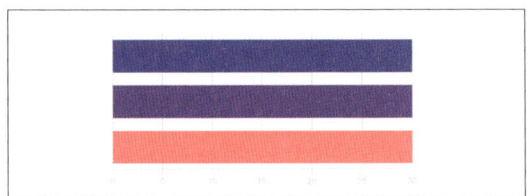

때로는 등급과 토큰 비율을 다르게 설정해야 할 수도 있다. 예를 들어, DAO에 뒤늦게 합류한 사람이 있거나 아직 경험이 부족하여 인턴의 개념으로 활동하는 사람들이 있을 수도 있다. 이런 특수한 경우를 대비해 DAO DAO에는 '등급 부여'라는 기능이 있다.

등급 부여 버튼을 클릭하면 새로운 그룹을 만들 수가 있다. 오른쪽 사진을 보면 '서브 기여자' 그룹을 만들어 새롭게 2명을 추가했다. 이 과정에서 중요한 부분은 '주요 기여자'와 '서브 기여자'의 토큰 공급량 비율을 조절하는 것이다. 기존에 주요 기여자가 15%로 배치되어 있던 것을 분배하여 주요 기여자를 10%로, 서브 기여자를 5%로 조절하여 2배 차이가 나게끔 조절해 보았다. 등급을 부여하게 되면, 그룹별 비율을 그래프로 보여주는데 주요 기여자와 서브 기여자의 차이가 2배가 나는 것으로 나타난다.

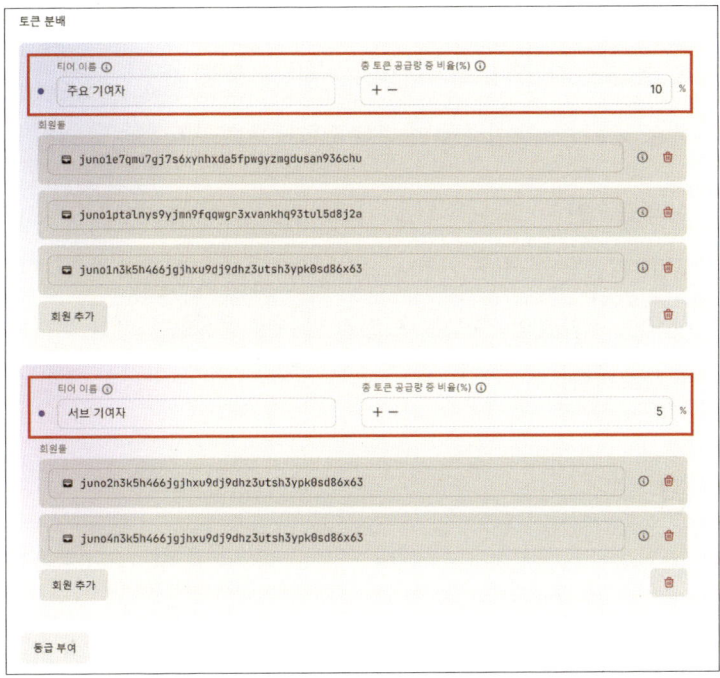

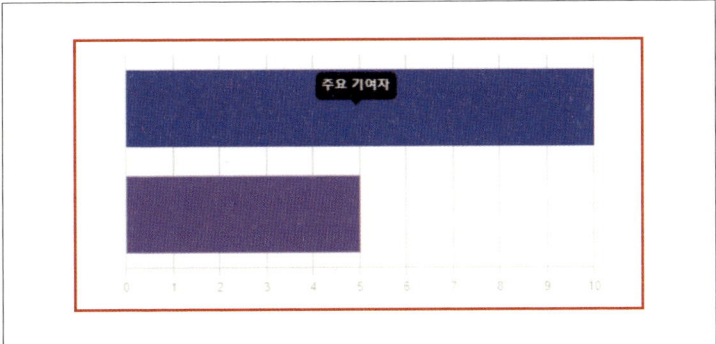

4-3 | 투표 설정하기

이제 정말 다 왔다. 마지막으로 거버넌스를 활용하기 위한 투표 조건을 설정하는 과정이다. 조건들을 하나씩 살펴보겠다.

① 투표 기한

투표 기간을 정한다. 기간이 짧을수록 더 빨리 실행될 확률이 높아지지만, 투표율이 저조할 수 있기 때문에 적절한 기간을 정하는 것이 중요하다.

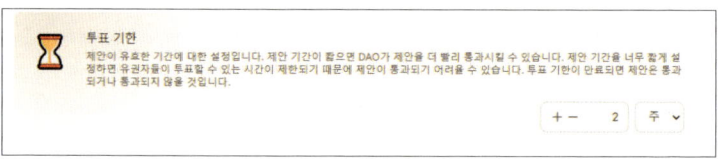

② 제안 보증금

제안을 생성하기 위해 필요한 보증금을 정한다. 무분별한 제안을 막기 위해 최소한의 금액을 설정해두는 것이다. 제안이 통과되지 못할 경우 보증금 반환 유무를 설정하는 기능도 있다.

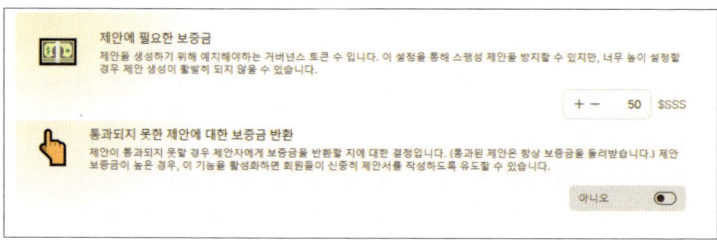

③ 언스테이킹 기간

DAO 내에서 투표하기 위해서는 자신의 토큰을 스테이킹(지분으로 고정시키는 것) 하는 것이 필요하다. 만약 DAO에서 탈퇴하려는 사람은 스테이킹을 해제시켜야 한다. 이렇게 언스테이킹한 토큰은 바로 사용할 수 없고 대기해야 하는데, 이 기간이 언스테이킹 기간이다. 이 기간이 길어질수록 사람들은 DAO에 오래 있으나 그만큼 초기에 합류하지 않으려고 할 가능성이 있다.

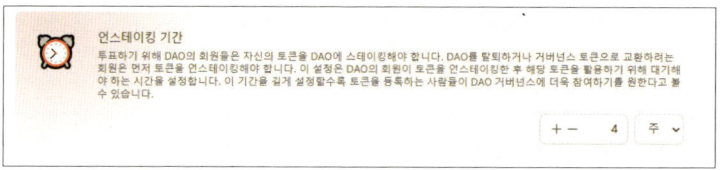

위 세 가지 사항은 필수로 반드시 설정해야 하는 부분이며, 이대로 끝낼 수도 있지만 고급 설정을 통해 세 가지 기능을 추가할 수 있다.

④ **재투표 허용**

이 기능을 추가하게 되면 투표가 끝나기 전에 투표 내용을 변경할 수 있게 된다. DAO의 핵심 역할을 하는 규칙을 설정할 때 활용하기 좋은 기능이다.

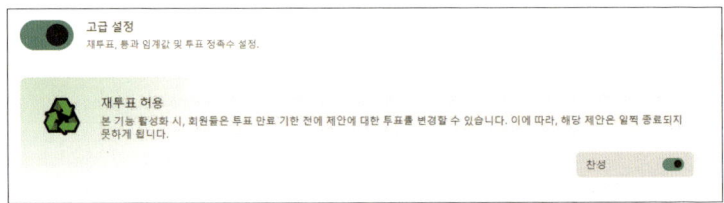

⑤ **통과 임계값**

투표가 효력을 가질 최소한의 비율이 설정되어 있지 않는 경우 제안이 통과되기 위해 필요한 찬성투표 비율을 설정하는 것이다. DAO의 투표는 자율적이기 때문에 투표율이 낮아서 제안이 결론이 나지 않을 가능성이 높다. 그런 일에 대비하여 통과 임계값을 설정해 놓는 것이 좋다.

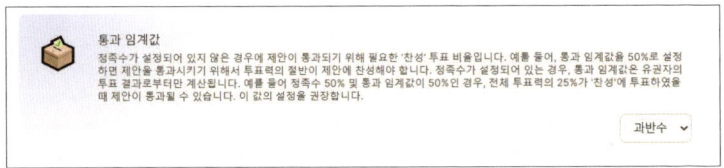

⑥ 투표 정족수

앞선 통과 임계값과 관련이 있는 기능이다. 제안이 통과되기 위한 최소한의 투표 비율을 설정하는 것이다. 비율이 너무 낮으면 책임감 있는 투표율을 기대하지 못할 것이며, 비율이 너무 높으면 제안이 통과되기 어려울 것이므로 적절한 비율을 정하는 것이 중요하다.

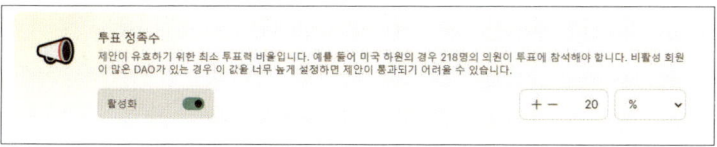

이렇게 모든 설정을 완료하였으면, 드디어 DAO가 완성된 것이다. 그러나 이제부터 본격적인 시작이다. 앞으로 여러분의 DAO 구성원들이 함께 규칙을 만들고 생태계를 형성하는 과정이 남아 있다. 여러분의 DAO가 명확한 목적을 향해 막힘없이 전진할 수 있기를 바란다.

DAO 생성
검토 후 제출

이름
3S DAO

설명
3S DAO makes a book that can easily introduce DAO

투표력					티어

- Treasury						85%
- 주요 기여자					10%
- 서브 기여자					5%

투표 기한
제안이 유효한 기간에 대한 설정입니다. 제안 기간이 짧으면 DAO가 제안을 더 빨리 통과시킬 수 있습니다. 제안 기간을 너무 길게 설정하면 유권자들이 투표할 수 있는 시간이 제한되기 때문에 제안이 통과되기 어려울 수 있습니다. 투표 기한이 만료되면 제안은 통과되거나 통과되지 않을 것입니다.

2 주

제안에 필요한 보증금
제안을 생성하기 위해 예치해야하는 거버넌스 토큰 수 입니다. 이 설정을 통해 스팸성 제안을 방지할 수 있지만, 너무 높이 설정할 경우 제안 생성이 활발히 되지 않을 수 있습니다.

50 $SSS

통과되지 못한 제안에 대한 보증금 반환
제안이 통과되지 못할 경우 제안자에게 보증금을 반환할 지에 대한 결정입니다. (통과된 제안은 항상 보증금을 돌려받습니다.) 제안 보증금이 높은 경우, 이 기능을 활성화하면 회원들이 신중히 제안서를 작성하도록 유도할 수 있습니다.

아니오

언스테이킹 기간
투표하기 위해 DAO의 회원들은 자신의 토큰을 DAO에 스테이킹해야 합니다. DAO를 탈퇴하거나 거버넌스 토큰으로 교환하려는 회원은 먼저 토큰을 언스테이킹해야 합니다. 이 설정은 DAO의 회원이 토큰을 언스테이킹한 후 해당 토큰을 활용하기 위해 대기해야 하는 시간을 설정합니다. 이 기간을 길게 설정할수록 토큰을 등록하는 사람들이 DAO 거버넌스에 더욱 참여하기를 원한다고 볼 수 있습니다.

4 주

재투표 허용
본 기능 활성화 시, 회원들은 투표 만료 기한 전에 제안에 대한 투표를 변경할 수 있습니다. 이에 따라, 해당 제안은 일찍 종료되지 못하게 됩니다.

찬성

통과 임계값
정족수가 설정되어 있지 않은 경우에 제안이 통과되기 위해 필요한 '찬성' 투표 비율입니다. 예를 들어, 통과 임계값을 50%로 설정하면 제안을 통과시키기 위해서 투표력의 절반이 제안에 찬성해야 합니다. 정족수가 설정되어 있는 경우, 통과 임계값은 유권자의 투표 결과로부터만 계산됩니다. 예를 들어 정족수 50% 및 통과 임계값이 50%인 경우, 전체 투표력의 25%가 '찬성'에 투표하였을 때 제안이 통과될 수 있습니다. 이 값의 설정을 권장합니다.

과반수

투표 정족수
제안이 유효하기 위한 최소 투표력 비율입니다. 예를 들어 미국 하원의 경우 218명의 의원이 투표에 참석해야 합니다. 비활성 회원이 많은 DAO가 있는 경우 이 값을 너무 높게 설정하면 제안이 통과되기 어려울 수 있습니다.

20%

에 필 로 그

DAO의 미래는 어떻게 될까?

    DAO라는 개념은 이더리움의 창시자 비탈릭 부테린이 2013년 이더리움 백서에서 처음으로 사용하여 세상에 알려졌다. 그는 2015년에 DAO를 활용해 '초합리적 협력'이 가능하다고 소개했다. 초합리적 협력이란, 개인이 자신의 이익만을 추구하는 합리성 보다 더 많은 이익을 만들기 위해 협력하는 것을 의미한다. 이러한 초합리적 협력이 일어나려면 상대방이 나를 속이지 않는다는 것이 전제되어야 하지만 기존의 중앙 집중 시스템으로는 이 전제가 신뢰를 가지지 못했다.

    이러한 상황의 대안으로 나온 것이 바로 DAO이다. DAO는 극도의 투명성을 발휘할 수 있는 조직으로써 모든 거버넌스의 알고리즘이 공개되기 때문에 누구나 정보를 확인할 수 있고, 그만큼 신뢰를 받을 수 있기 때문이다. 결국, DAO가 세상에 등장하게 된 배경은 현대 사회의 정보 비대칭 현상이 심화되어 서로 간에 신뢰를 갖지 못하였기 때문이라고 볼 수도 있겠다. 비탈릭 부테린은 자신의 저서 『비탈릭 부테린 지분증명』에서 DAO와 신뢰 관계에 대해 이렇게 언급했다. "DAO 모델에서 조직들이 자신들의 구조를 탈중앙화시키는 이유는 결국 다른 이들이 서로를 더 믿을 수 있게 만들기 위해서이며, 스스로 탈중앙화시키기를 실패하는 단체들은 이런 신뢰의 순환에서 오는 경제적인 수혜를 놓치게 될 것이다."

    DAO가 세상에 처음 등장한지 10년이라는 시간이 흘렀다. 그동안 비탈릭 부테린은 2016년 더 다오를 출범시켰다가 해킹 사태로 실패를 겪으며 긴 암흑기를 보내야 했지만, 지난해부터 DAO가 다시 주목받기 시작했다. 이 책에서도 언급했던, 헌법 DAO와 국내의 국보 DAO의 사례는 대중들에게 DAO의 개념을 각인시켜주었으며, 2021년 불마켓^{Bull Market, 시장 강세장-베어 마켓과 반대되는 개념}이었던 NFT 시장과 연계된 DAO들이 속속 등장하며 더욱 주목을 받았다. DAO의 개념은 더욱 확장되고, 혹은 더 세분화되어 우주여행을 목표로 하거나, 전쟁 피해자를 돕는 등 다양한 목적을 가진 DAO들이 정치, 과학, 예술 등 장르를 가리지 않고 탄생하기 시작했다. DAO의 수가 많아지고 영향력이 커질수록 문제가 되는 것이, 바로 법적인 문제이다. 지금껏 없었던 새로운 DAO의 사례들은 아직 정립되지 못한 법의 기준을 벗어나있다. 이에 대한 해결책을 마련하기 위한 시도는 계속되고 있는데 대표적으로 미국 와이오밍 주는 2021년 7월 세계 최초로 DAO 등록을 허용하는 법안을 통과시켰고, 2022년 2월에는 오세아니아에 있는 섬나라 마셜제도가 국가 차원에서 최초로 DAO를 법인으로 인정했다. 이렇듯 긍정적인 소식이 있는 반면, 아직 명확한 DAO에 관한 법이 없는 만큼 법적 규제를 통해 성장을 억제시키려는 움직임도 있다. 신시아 루미스 미 상원 의원은 암호화폐 규제 법안이 이르면 6개월 이내에 통과될 것이라고 발표했고, CFTC$^{Commodity\ Futures\ Trading\ Commission,\ 상품\ 선물\ 거래\ 위원회}$가 블록체인 거래를 위한 프로토콜인 오오키 DAO$^{Ooki\ DAO}$를 불법 가상자산 파생상품 판매 혐의로 소송을 하는 사건도 일어났다. 현재 치열한 공방이 계속되고 있는 이번 소송은 판결 결과에 따라 DAO 생태계에 큰 영향을 미칠만큼 중요한 사안이다.[1]

 이렇듯 DAO는 등장한지 10년이라는 세월이 무색하게 계속 변화하며 명확한 위치를 찾지 못하고 있다. 이렇듯 아무것도 확실치 않은 불안정한 정보들 속에서도 우리는 DAO의 가능성을 믿고 계속해서 현재 상황을 알아가는 노력을 할 것이다. 아무것도 보이지 않는 어둠 속이라고 해서 그 자리에 가만히 머물고 있다가는 평생 그 자리에 그대로 있게 된다. 어둠 속에서 길이 보이지 않아 헤매고, 부딪히고, 길을 잘못 들더라도 계속해서 움직이는 자만이 결국 올바른 길을 찾게 될 것이다.

국내에 있는 자료가 많이 부족하여 해외 원문과 자료들을 번역하고 공부하면서 우리나라에 조금 더 쉽고 재미있게 DAO를 설명할 수 있는 책에 대한 갈증이 더욱 심해졌다. 실시간으로 바뀌는 정보들과 의역과 오역이 넘치는 자료들을 최대한 객관적으로 정리하기 위해 노력하며, 이 책이 여러분들이 어둠 속을 걸어갈 때 도움이 될 수 있는 작은 촛불이 되었으면 좋겠다는 생각을 했다. 빛은 어둠이 있어야 더 밝게 빛나는 법이니 지금처럼 국내 정보가 부족한 시기에 이 책이 더욱 가치 있을 것이라 생각한다.

서로 다른 세 가지 경험으로,
새로운 DAO의 시대를 기다리며

공저자 필자생

고교 시절 수천 명의 회원들을 모아 게임 정보를 공유하는 인터넷 카페를 운영한 경험이 있습니다. 수천 명이 함께 하는 공간을 관리하기 위해서는 조직에 기여하는 사람들을 위한 시스템을 구축해야 했습니다. 그리하여 활동 여하에 따라 보상을 지급하는 '멤버 등급 시스템'을 통해 우수 활동자를 선정하여 구성원들에게 동기부여와 소속감을 주었습니다. 서로 일면식도 없는, 우연히 특정 관심사로 모여 '커뮤니티'를 이룬 사람들과 공동의 목표를 달성하는 과정에서 느낀 희열은 지금도 잊을 수가 없습니다.

어느덧 회사를 운영한지 10년에 가까운 시간이 흘렀습니다. 인터넷 카페는 멤버 등급이라는 추상적 지위의 가치만을 제공할 수 있었다면 회사는 금전이라는 물질적 보상이 가능하기에 훨씬 더 구성원들과 같은 목표를 설정하여 커뮤니티의 결속력을 높이기에 용이했습니다.

그리고 마침내 DAO라는 조직구조를 만났습니다. DAO는 지난날 일면식도 없는 상태에서 같은 관심사로 모여 함께 뜻을 품은 사람들이 모두 주인이 될 수 있는 구조로 구성되어 있었습니다. 거기에 더해 기존에 불가능했었던 성과에 따른 물질적인 보상을 제공하는 것까지 가능했습니다. 회사에 소속된 '나'가 아닌 DAO의 일원인 '나'가 더 의미 있는 세상이 곧 올 것이라 믿어 의심치 않습니다. 설레는 마음으로 미래를 향하는 배에 온몸을 맡깁니다.

공저자 마레

    누군가는 배움을 논할 때, 책과 교육을 먼저 떠올리지만 저는 경험을 통해 배우는 것을 선호합니다. 경험을 통해 배운다는 마음을 가지게 되면 회사는 돈을 벌기 위해 다녀야만 하는 곳이 아니라, 돈을 받으며 동시에 경험 자산을 쌓는 교육의 장이 됩니다. 책과 교육은 내가 돈을 소비해 일방적으로 주입되는 교육이라는 점을 생각하면 회사에서 배우는 교육은 분명 효율적입니다. 그렇기 때문에 더 이상 배울 것이 없어진 회사는 스스로의 시간을 급여와 바꾸는 장소가 됩니다.

    지난 세대의 사람들은 가족이 중심이 되는 삶 속에서 안정을 추구하며 이러한 계약 관계를 선호했다면, 현시대를 사는 우리들은 개인이 중심이 되어 회사에서 스스로 발전하지 못하는 것이 큰 리스크로 작동하여 더 나은 가치와 경험을 찾아 나서는 모습을 보입니다. 저 역시 더 나은 경험을 위해 6년간 4개의 회사에서 커리어를 쌓아나가고 있습니다. 연차가 조금씩 쌓이며 회사라는 커다란 조직 체계에서 벗어나 더 다양한 경험을 하고 싶다는 욕망이 일었지만, 일정 시간의 근무 계약을 통한 제한이 항상 저를 가로막았습니다.

이런 저에게 DAO는 혁신적으로 다가왔습니다. 특정 목표를 달성하기 위해 모인 구성원들끼리 자유롭게 의견을 제시하여 규칙을 설정하고 나아가는 과정에서 얻을 수 있는 경험과 가치는 무한합니다. 그렇기에 DAO를 이해하고 DAO에 참여한다는 것은 평범한 사람의 수십, 수백 배의 경험 자산을 쌓을 수 있다는 뜻입니다. 이 책을 통해 DAO의 기본을 이해하고 자신의 가치를 극적으로 올릴 수 있는 계기가 되기를 진심으로 바랍니다.

공저자 두망

2022년 5월, 개성 있는 프로필과 익명의 이름으로 활동하는 사람들이 모인 단톡방에 하나의 의견이 올라왔습니다. 'DAO에 관심 있는 사람들이 모여 책을 써보면 어떨까요?' 수백 명이 함께 하는 단톡방에서 흥미를 보인 사람은 열 명 남짓. 그중에서도 적극적으로 참가 의견을 밝힌 소수가 오프라인에서 만남을 가지기로 했습니다. 그렇게 서로의 이름과 얼굴도 모르는 상태에서 DAO라는 주제로 모인 네 명은 의기 투합하여 서로의 정보와 시간을 모아 책을 제작하기로 했습니다. 일정을 협의하는 과정에서 한 명은 '상호 합의'를 통해 팀을 나가게 되었지만, 그리 큰 문제는 아니었습니다.

서로의 본업이 있는 상태에서 매일 조금씩 시간을 투자하여 정보를 모으고, 글을 쓰고, 편집하고, 피드백하는 과정을 거쳤습니다. 서로의 노력을 숫자로 환산할 수는 없었지만, 매일 자정에 진행하는 회의에 참석하지 못하면 지분에 대한 페널티를 받는 형식으로 자체 거버넌스를 구축했습니다. 그렇게 우리는 하나의 공통된 관심사로 모여서 커뮤니티를 만들고 자율적으로 중앙조직 없이 구성원들이 정한 규칙으로 DAO 책을 DAO스럽게 만들게 되었습니다.

아직 DAO라는 새로운 조직의 법조차 규정되어 있지 않은 지금의 시대에 관련 교육을 전문적으로 받지 못했다는 사실이 책을 쓰는데 전혀 문제가 되지 않았음을 먼저 밝히고 싶습니다. 특정 주제에 관한 흥미와 애정만 가지고 있으면, 얼마든지 원하는 정보를 찾을 수 있는 세상입니다. 정보를 얻는 능력보다, 올바른 정보를 판별하는 능력이 중요한 시대가 왔습니다. 자신에게 필요한 정보를 선택하여 흡수하는 능력이 다른 어떠한 능력보다도 높게 평가되는 시대입니다.

이 책은 아직 국내에 DAO 관련 정보가 많지 않음을 아쉬워하며 관련 정보를 스터디하고 수집하여 만들어 낸 책입니다. 부디 이 책이 DAO를 이해하는 것을 선택한 현명한 독자들에게 필요한 정보를 충실하게 제공하는 역할을 올바르게 수행할 수 있길 바랍니다.

미주

프롤로그
새로운 조직이 그리는 미래

1   세계 디파이 생태계를 이끌고 있다고 평가받는 메이커 다오$^{Maker\ DAO}$는 2019년 5월 31일부터 수수료 인하에 대한 행정 투표를 실시했지만, 투표율이 너무 저조해 재투표를 감행하는 사건이 있었다.

Part 1
조직의 미래 DAO란 무엇인가?

1   프랑스의 철학자 질 들뢰즈는 1968년에 쓴 자신의 저서 『차이와 반복』에서 노마드의 세계를 '시각이 돌아다니는 세계'로 묘사하면서 현대 철학의 개념으로 정립했다. 들뢰즈가 주장한 노마드의 개념은 공간적인 이동뿐만 아니라, 버려진 불모지를 새로운 땅으로 바꿔 가는 것, 한자리에 앉아서 특정한 가치와 삶의 방식에 매달리지 않고 끊임없이 자신을 바꾸어 가는 창조적인 행위를 뜻한다.

2   자크 아탈리는 2007년 자신의 저서 『미래의 물결』에서 하이퍼 유목민이라는 신조어를 처음 사용하며 이렇게 설명했다. "하이퍼 유목민들은 수천 명의 남자와 여자들로서, 이들의 대부분은 스스로가 자신의 고용주이며 피고용인이다. 이들은 이 '극단'에서 저 '서커스단'으로 옮겨 다니면서 가차 없이 경

쟁을 벌인다. 피고용인도 아니며 그렇다고 고용주도 아닌 이들은 때로는 몇 가지 직업을 동시에 유지하면서 자기들의 삶을 마치 주식투자하듯이 운영해 나간다."

3   2021년 3월 《한국갤럽조사연구소》에 따르면 25~54세 직장인 30%는 비대면 재택근무를 해본 경험이 있다고 밝혔다. 이는 미국 일리노이대의 조사연구 결과와도 거의 일치하는 수치이다.

4   《에어비앤비》는 2021년 6월, 노마드 라이프 스타일을 실험하고자 하는 이들을 대상으로 숙박비 등을 지원해 주는 프로그램을 공개했다. 총 12팀을 뽑는 프로그램에 무려 31만 4천 명이 참가 신청을 했다.

5   오명언 기자, 〈IT 유목민들, 우리 나라 오세요〉, 『조선일보』, 2021.05.07

6   기업 분석 기관 《리더스 인덱스》에 따르면 2`021년 3분기 기준 30대 그룹 197개 기업의 임원의 46.8%는 X세대 이후 세대로 2년 사이에 두 배 가까이 늘었다. 대표적으로 《네이버》는 전체 임원 121명 중 94.2%인 114명이 X세대 이후 세대이다.

7   구인구직 플랫폼 《사람인》이 성인남녀 1,247명을 대상으로 한 설문에서 58.4%가 긱워커가 될 의향이 있다고 답했다.

8   글로벌 컨설팅 기업 《맥킨지》는 긱이코노미가 창출하는 부가가치가 2025년까지 전 세계 GDP의 2%에 달하는 2조 7,000억 달러에 이를 것이라 전망했다. 《자비스앤빌런즈》와 글로벌 경영전략 컨설팅사 《보스턴컨설팅그룹[BCG] 코리아》는 공동으로 「금융의 미래: 긱이코노미 시대, 당신의 플랫폼은 준비됐습니까?」 보고서를 21일 발표하고, 현재 국내 긱이코노미 시장이 매년 가

파른 성장세를 보일 것으로 예상했다. 통계청 조사를 기준으로 《BCG》가 추산한 바에 따르면, 국내 전체 취업자 2,600만 명 중 약 39%에 해당하는 1,000만 명이 긱워커인 것으로 분석했다. 보고서는 국내 긱이코노미 종사자 중 88%의 응답자가 앞으로도 이 직종에 계속 종사하고 싶다고 한 데에 주목했다. 이는 글로벌 평균 70%보다 18% 높은 수치다. 특히 이 중 60%는 '정규직 직업을 가져도, 긱이코노미에 계속 종사하겠다'라고 답했다. 이는 긱이코노미가 잠깐 나타났다 곧 사라질 일시적 트렌드가 아니라, 국내 노동시장에서 장기적인 근로 형태로 자리 잡을 가능성으로 해석된다.

9   컨스티튜션 DAO는 미국 헌법 초판본을 구입하기 위해 당시 17,437명의 참여자들로부터 967개의 이더리움[한화 약 500억 원]을 모았지만 경매에서 최종 낙찰받진 못했다. 헌법 초판본을 낙찰받은 사람은 헤지펀드 시타델[Citadel]의 창립자 켄 그리핀[Ken Griffin]이며 4,320만 달러[한화 약 514억 원]에 낙찰되었다.

10   성유진 기자, 〈CEO가 방향 잘못 정하면… 다른 것 잘해도 소용없더라〉, 『조선일보』, 2022.11.03

11   매년 많은 수의 기업이 분식회계를 통해 주주들에게 피해를 입힌다. 대기업부터 중소기업까지 많은 사례들이 있지만, 대표적으로 2018년 발생한 《삼성바이오로직스》 분식회계 사건이 있다. 이는 4년간 수백억의 적자를 기록하던 《삼성바이오로직스》가 회계 기준 변경을 통해 2015년 말 갑자기 당기 순이익 규모가 1조 9,049억 흑자기업으로 돌아선 사건이다. 이는 당시 삼성 이재용 부회장 승계권 가능성과 맞물리며 큰 이슈가 되었고, 거래정지 처분에 걸리며 8만 명의 투자자들은 피해를 입게 되지만, 다행히 회사의 적극적인 대처로 약 한 달 만에 거래정지가 해제되었다.

12 윤희성 기자, 〈블록체인으로 만든 회사 다오(DAO), 가능성과 한계는?〉, 『바이라인네트워크』, 2022.02.14

13 다양한 DAO들이 거버넌스 제안 자격 요건으로 일정 토큰 보유량을 제시하는데 대표적으로 유니스왑의 경우 1,000만 유니 토큰을 보유하고 있는 사람들에 한정하여 거버넌스 발의를 할 수 있는 권한을 주었고 안건 통과 기준으로 4,000만 유니 토큰을 설정하였다.

14 미국 IT 리서치 기업 《가트너Gartner》는 향후 5년간 주목해야 할 기술 붕괴Disruption에 대한 7가지의 주요 트렌드를 발표했다. 해당 내용은 메타버스 업무 경험, 비행 자동차, 디지털 휴먼 경제, 탈중앙화 자율조직, 전기차 무선 충전, 실리콘을 대체할 그래핀, 일회용이 되는 기술 등이다.

15 보유하고 있는 투표권으로 투표를 진행하여 조직의 모든 규칙을 만드는 탈중앙화적이며 민주적인 조직이라는 점이 DAO의 장점으로 구분되지만, 토큰의 보유량에 따른 투표권의 쏠림 현상으로 인해 소수의 권한이 강해지며 중앙화가 되는 일 또한 가능하므로 DAO는 해당 문제를 다양한 해결책을 통해 개선하려 노력하고 있다.

16 DAO 리서치 기업 DeepDAO[deepdao.io]에 따르면 현재 DAO는 4,800개 이상이 운영되고 있다.

17 태평양 오세아니아의 미크로네시아에 속하는 섬나라인 마셜 제도[Marshall Is.]는 2022년 2월 15일 전 세계 최초로 국가 차원에서 DAO를 법인으로 인정했다. 마셜 제도는 비영리법인법을 개정해 DAO를 법인으로 인정하고, 유한책임회사와 동일한 특권을 가질 수 있도록 했다. 이로써 DAO는 인력을 고용하거나 부동산을 소유할 수 있게 된다. 처음으로 법인 자격을 얻은 DAO

는 현지에서 탈중앙화거래소 소프트웨어 개발사를 운영했던 어드미럴[Admiral] DAO이다. 데이빗 폴[David Paul] 마셜 제도 의원은 "델라웨어가 미국 기업의 중추가 된 것처럼 마셜 제도 또한 DAO 법인의 중심지가 되기 원한다"라고 말했다. 폴 의원은 "이러한 서비스를 지원하기 위해 수년간 법안 작업을 해왔기 때문에 DAO를 수용하는 규제 체계를 만드는 데 많은 시간이 걸리지 않았다"라고 말했다. 이어, "물론 아직 갈 길이 멀지만, 계속 지원을 확대하게 돼 기쁘다"라고 덧붙였다.

18   금 연동 암호화폐 프로젝트 디직스 DAO는 전 세계에 있는 사람들이 쉽고 빠르고 투명하게 금을 교환하도록 개발된 암호화폐이다. 디직스 DAO는 금과 연동되는 암호화폐 DGX[1DGX=1g의 금]와 조직 운영에 쓰이는 거버넌스 토큰 DGD를 발행한 뒤 DGD 토큰 홀더들의 투표로 조직 내 의사결정을 해왔다. 그러나 DGD 토큰 홀더들이 거버넌스 토큰 존폐 여부에 대한 투표를 진행했고 다수가 토큰을 없애는 쪽에 투표함으로써 토큰이 사라지고 말았다. DGX는 남아있으므로 디직스 DAO 자체가 사라진 것은 아니지만, 해당 사례는 투표를 통해 조직 자체가 사라질 수도 있음을 보여줬다. 특히 이 사례를 통해서 DAO의 문제점이 적나라하게 드러났는데 DGD를 보유하고 있는 지갑 주소가 11,000개였음에 비해 DGD를 없애는 안건은 58표로 통과된 것이다. 가장 중요한 안건이었음에도 불구하고 투표율이 매우 낮았다. 이는 전체 수치로 보았을 때 투표율이 0.5% 밖에 되지 않았다는 뜻이다.

19   박현영 기자, 〈'드러나는 DAO의 한계' 탈중앙화 거버넌스는 지속될 수 있을까〉, 『디센터』, 2020.02.04

20   이성우 기자, 〈부정부패도 오너 리스크도 없다…코드와 토큰으로 운영되는 탈중앙화자율조직 '다오(DAO)'〉, 『테크M』, 2022.02.02

21   정유진 기자, 〈NFT 이어 DAO 부상…인적 조직의 미래 될까〉, 『매거진 한경』, 2022.03.25
가장 유명한 다오 중 하나는 '더 다오'다. 2016년 5월에 독일의 스타트업 슬록[slock.it]이 토큰 세일을 통해 자금을 조달하면서 구축됐다. 전문 분야인 '스마트 록[smart locks]'은 사람들이 탈중앙화 버전의 에어비앤비에서 자신들의 부동산을 공유하도록 해준다. 더 다오는 놀랍게도 1억 5,000만 달러[한화 약 1800억 원]가 넘는 자금을 조달해 역사상 가장 성공적인 크라우드 펀딩 캠페인이 됐다.

22   정우현 아톰릭스랩 대표, 〈[정우현의 코인세상 뒤집어보기] DAO,블록체인 시대의 자율 운영 기업〉, 『여성경제신문』, 2021.08.09

Part 2
메타버스와 NFT 그리고 DAO

1   박용후 관점 디자이너, 〈738회 관점 그리고 시작〉, 『세상을 바꾸는 시간 15분』, 2017.01.25

2   Bored Ape Yacht Club은 세계적인 스타, 셀럽들이 구매하고 자신들의 SNS 프로필로 바꾸면서 유명세를 얻으며 엄청난 가격대를 형성했다. 대표적으로 BAYC를 보유하고 있는 스타들은 다음과 같다.
스테픈 커리 #7990 / 네이마르 주니어 #6633 / 에미넴 #9055 / DJ 칼리드 #7380 / 퓨처 #4672 / 체인 스모커 #7691 / 스눕독 #7723 / 패리스 힐튼 #1294 / 저스틴 비버 #3001 / 포스트 말론 #9039 등이다.

3   김윤경 기자, 〈유가랩스의 토큰경제 구축화·BAYC 토큰 APE 발행·다오 결성〉, 『CoinDesk KOREA』, 2022.03.17
    디크립트^{Decrypt}와 테크크런치^{TechCrunch} 등에 따르면, APE 토큰은 유가랩스가 만든 것이 아니라 APE 다오(DAO: 탈중앙화자율조직)가 만든 것이다. DAO는 블록체인 토큰을 투표에 사용해 의사결정을 하는 분산형 자율조직이다. APE 다오는 결정된 사항을 관리하기 위해 APE 재단(APE Foundation)도 설립할 계획이다.

4   전지원 기자, 〈케이스티파이(CASETiFY), 세계 최초 검증된 NFT 폰 케이스 출시〉, 『TENANT NEWS』, 2022.03.14
    케이스티파이 CEO 웨슬리 응$^{Wesley\ Ng}$은 "최근 화두 되고 있는 NFT 소유권 인증을 증명하는 우리 플랫폼은 오직 소유자만이 구매할 수 있는 피지털^{Phygital} 상품을 제공함으로써 NFT 자산에 대한 가치를 높이고 있다"라고 말했다.

5   〈Otherside Trailer〉, Yuga Labs YOUTUBE, 2022.03.19
    1분 35초의 짧은 트레일러 영상은 70만의 조회 수를 기록하며 사람들의 기대를 모았다. 해당 영상이 업데이트된 후 24시간 만에 Ape 토큰은 가격이 22% 상승했다.

6   〈레디 플레이어 원〉은 스티븐 스필버그$^{Steven\ Spielberg}$감독의 작품으로 2018년에 공개된 SF 영화이다. 해당 영화는 어니스트 클라인$^{Ernest\ Cline}$이 쓴 동명의 소설$^{레디\ 플레이어\ 원,\ 2015}$을 바탕으로 제작되었으며, 작품 속 '오아시스'라는 가상현실 게임이 지배하는 2045년의 미래 시대를 배경으로 한다. 웹 3.0의 시대를 이야기할 때 예시로 자주 등장하는 작품이다.

7   정명화 편집장, 〈해시드, 'BAYC' 제작사 유가랩스에 투자 집행〉, 『WOW TALE』, 2022.03.23

8   APE 토큰은 ApeCoin DAO에 의해 2022년 3월 17일에 론칭된 가상 통화이다. APE 토큰은 BAYC의 세계관을 공유하고 있어 가치를 인정받고 있다. 특히 APE 토큰 사용처에 대한 협업 프로젝트들이 공개되며 기대를 모으고 있는데 2022년 3월 기준 미국 노포 뉴스 매거진 『TIME』 결제 통화로 사용, 메타버스 공간 'Otherside'에서 화폐로 사용, 세계적인 래퍼 Snoop Dogg의 음악 NFT 구입 가능 등 다양한 프로젝트들과 협업하여 토큰 사용처를 넓히고 있다.

9   2022.07.26일 기준, 오픈씨에 가장 높은 금액을 자랑하는 8개의 프로젝트는 다음과 같다.
① Bored Ape Yacht Club ② PROOF Collective ③ The 187 by Truth Labs ④ Moonbirds ⑤ YOU THE REAL MVP ⑥ Mutant Ape Yacht Club ⑦ Admit One ⑧ Doodles

10   에디터 Bonk, 〈NFT계의 신흥 강자: 시장을 이끄는 Doodles의 경영전략〉, 『Xangle』, 2022.01.14

11   대퍼랩스$^{\text{Dapper Labs Inc.}}$는 NFT를 시작한 회사라고 평가받는다. 캐나다에 본사를 둔 스타트업 대퍼랩스는 2017년 출시한 블록체인 기반의 고양이 육성 게임 크립토키티^{CryptoKitties}를 만들었으며, 2020년 미국 프로 농구^{NBA} 스타의 경기를 짧게 편집한 영상을 디지털 토큰으로 만들어 판매하는 NBA 탑샷$^{\text{TOP SHOT}}$ 플랫폼을 출시하며 8개월 만에 누적 매출 5억 달러를 돌파하는 성과를 내기도 했다.

12   ORNELLA HERNÁNDEZ, 〈NFT collections brought to life at SXSW: Doodles and FLUF World〉, 『COINTELEGRAPH』, 2022.05.18

13   비슷한 시기에 진행되었던 무라카미 NFT^Murakami,Flowers Official는 약 500만 명의 인원이 모여 500:1의 경쟁률을 보였음에 비해, 문버드는 4:1의 경쟁률로 상대적으로 굉장히 낮은 경쟁률을 보였다. 이는 문버드가 제시한 1차 조건인 2.5 이더리움을 지갑에 넣어야 하는 과정에서 많은 사람들이 시도조차 하지 않았다고 볼 수 있다. 문버드의 홀더가 되기 위한 최소한의 자격을 제시한 문버드의 전략이 효과가 있었음을 보여주는 반증이다.

14   한지혜 기자, 〈'NFT 신흥 강자' 문버드, 출시 일주일 만에 100만 달러 판매 기록〉, 『BLOCKCHAIN TODAY』, 2022.04.27

15   세계 최대 NFT 거래소 《OpenSea》의 데이터를 확인하면 문버드 NFT는 첫 거래에 8 이더리움에 거래되었지만, 일주일 만에 평균 25 이더리움, 최고 거래가 45 이더리움으로 단기간에 가격이 3~5배 이상 상승했다.

16   〈Moonbirds Launch - CEO, Kevin Rose〉, PROOF YOUTUBE, 2022.04.17

17   〈Escaping Goblin Town | The Hobbit - An Unexpected Journey 4K HDR〉, MovieScenes YOUTUBE, 2021.08.08
피터 잭슨^Peter Jackson 감독의 작품 〈호빗 : 뜻밖의 여정〉에서 나오는 노래 Escaping Goblin Town와 함께 등장하는 장면은 영화의 하이라이트 중 하나로도 꼽힌다.

18   〈루나 사태〉
테라^Terra와 루나^Luna는 애플 엔지니어 출신의 권도형 테라폼랩스 대표와 신현성 티몬 창업자가 함께 개발한 암호화폐로, 블록체인 기업인 테라폼랩스가 발행한다. 테라폼랩스가 발행하는 테라 코인 1개당 가치가 1달러에 고정되는 스테이블 코인^stable coin, 법정화폐와 연동되어 가격 변동성을 최소화하도록 설계된 암호화폐이며, 루나는 테라의 가치를 뒷받침하기 위해 발행된 암호화폐이다.

루나 사태는 2022년 5월 1일 국내외에서 10만 원 선에 거래되던 루나가 테라의 대량 매도로 인해 5월 6일 무렵부터 하락세를 보이다 9~10일에 99% 이상 폭락해 시가총액이 52조 7000억 원에서 3조 8000억 원대로 하락하면서 50조 원 이상의 피해를 발생시킨 것으로 추정된다. 이는 테라가 1달러 밑으로 떨어졌음에도 가상 자산 시장 침체로 알고리즘에 의해 1달러로 회복되지 않자 테라폼랩스가 비트코인으로 많은 양의 테라를 사들이며 가격 상승을 꾀했으나 회복되지 않으면서 발생했다. 여기다 테라폼랩스가 대량의 테라를 루나로 교환하고 코인 가치 하락을 예상한 투자자들이 테라와 루나를 팔면서 테라와 루나의 동반 급락이 발생, 세계 가상 자산 시장에 큰 타격을 입혔다. 즉, 가치가 더 떨어질 것을 우려한 투자자들이 테라를 팔면서 테라의 가격이 하락했고, 이를 회복하기 위해 테라를 소각하고 루나를 추가 발행하면서 루나의 가치가 함께 떨어졌으며, 루나와 연동돼 있는 테라의 가치가 더 하락하는 악순환이 반복된 것이다.

〈아즈키 러그풀 논란〉

아즈키[Azuki]는 미국 LA의 츄리랩스[Churi Labs]가 2022년 1월 일본 애니메이션 풍의 그림을 바탕으로 만든 1만 개의 PFP 컬렉션이다. 아바타들은 각기 다른 머리, 배경, 옷, 악세서리 등을 착용하고 있으며 아즈키의 소유자들은 '더 가든[The Garden]'의 멤버가 되어 NFT 드롭, 스트리트 웨어 콜라보, 라이브 이벤트 등에 참여할 수 있는 혜택을 받을 수 있다.

아즈키는 시장에 출시되자마자 가격이 10~30배까지 급상승하며 승승장구하였지만, 아즈키 프로젝트 설립자 ZAGABOND.ETH가 자신의 블로그에 과거 러그풀로 분류된 몇 가지 NFT 프로젝트에 참여했다는 게시물을 올리며, 아즈키 컬렉션의 바닥가가 19 이더리움에서 10 이더리움으로 절반 가까이 폭락하는 사건이 있었다. 이후 기존 홀더들의 노력으로 바닥가는 사수할 수 있었지만, 이는 신뢰를 바탕으로 하는 NFT 씬에 큰 타격이 되는 사건이 되었다.

19　가스비란 블록체인 네트워크 상에서 NFT를 민팅하거나 거래할 때 발생하는 수수료를 뜻한다. 블록체인 네트워크 상에서 암호화폐를 주고받거나 하는 행위의 최소 단위를 '트랜잭션^{transaction}'이라 부른다. 트랜잭션이 발생하면 그 내용을 블록으로 생성해 체인에 추가해야 하는데, 이를 '채굴'이라고 한다. 채굴을 하는 사람을 '채굴자'라고 부르고, 채굴자에게 주는 수수료를 '가스비$^{gas\ fee}$'라고 부른다. 네트워크 상에 트랜잭션이 몰리게 되면 채굴자들은 수수료를 많이 주는 사람의 요청을 우선적으로 처리하게 된다. 수요가 몰리니 공급자는 더 좋은 조건을 찾을 수밖에 없다. 이것이 바로 가스비가 일정하지 않고 수시로 바뀌는 이유다.

20　https://cyberkongz.medium.com/the-next-leap-in-cyberkongz-evolution-e8ea8a064b26
2021년 3월 픽셀 형식의 이미지 파일로 등장한 사이버콩즈는 커뮤니티 참여자들의 자발적인 도움으로 프로젝트가 런칭된지 한 달 만에 생태계를 확장시키며 BANANA 토큰을 발행하였다. BANANA 토큰은 2021년 4월 6일에 사이버콩즈 공식 블로그 미디움에 관련 내용이 올라오며 세상에 알려졌다.

21　김주호 에디터, 〈OOH! 사이버콩즈가 성공한 NFT 프로젝트인 이유〉, 『치코미디어』, 2021.12.09
그들이 정한 룰은 이와 같다. 사이버콩즈, 혹은 제네시스 사이버콩즈는 향후 10년간 매일 10개의 BANANA를 생산하며, 이렇게 생산된 BANANA는 사이버콩즈의 기록을 작성하거나 이름을 바꾸거나 하는데 사용할 수 있으며, 두 개의 사이버콩즈가 한 개의 '베이비콩즈'를 인큐베이팅 하는 새로운 방식에도 BANANA가 쓰인다.

22　https://cyberkongz.medium.com/cyberkongz-ooh-a-first-iteration-of-community-governance-b409d273279e

23 세계 최대 NFT 거래소 《OpenSea》는 Ethereum^{이더리움}, Klaytn^{클레이튼}, Polygon^{폴리곤}, Solana^{솔라나} 4가지 체인에 속한 작품만 공식적으로 지원했다. 그러나 2022년 9월 이더리움 레이어2 확장 솔루션 Arbitrum^{아비트럼}과 Optimism^{옵티미즘}을 차례로 추가 지원했으며, 10월 Avalanche^{아발란체} 체인을 추가하며 현재 총 7개의 블록체인을 지원하고 있다.

24 https://www.youtube.com/watch?v=rlBIzkTm_uA
〈한국 NFT 신에 다시 없을 초대박 프로젝트! 용감한형제X메타콩즈 브레이브콩즈 NFT가 한국에 뜬다!〉, 토리잘 YOUTUBE, 2022.03.25

25 박범수 에디터, 〈'원숭이'가 나무에서 떨어졌다... 국내 대표 NFT 메타콩즈의 혼란〉, 『네이버 프리미엄 콘텐츠_코인데스크 프리미엄』, 2022.07.23

Part 3
다양한 DAO의 사례

1 Aiden Park, 〈[UNISWAP SERIES] 1. 유니스왑 이해하기〉, Medium, 2021.07.27

2 https://cryptofees.info/ 자료 인용
'유니스왑은 V3에 하루 평균 4,176,930.38달러의 수수료 수익을 올렸다.'

3 유니스왑은 기존의 분산 거래소^{DEX}와 여러 면에서 다르다. 기존 거래소에서 흔히 볼 수 있는 오더북$^{order\ book}$이 없다. 소위 말하는 자동화된 마켓 메이커 ^{AMM}로 거래를 완결시킨다. 암호 자산들 사이의 스왑이 이루어지더라도 유니

스왑이 거래 수수료를 챙기지 않는다. AMM은 스마트 계약이며 유동성 풀에서 거래를 성사시킨다. 유동성 풀에 유동성 공급자(LP)들이 자금을 공급한다. 누구든지 풀에 같은 가격의 자산을 예치하면 LP가 될 수 있다. 거래가 성사되면 거래자는 0.3%의 수수료를 내고 그 수수료는 LP들에게 지분 비율대로 분배된다. 유니스왑이 거래 수수료를 챙기지 않는다는 뜻은 수수료의 전액이 LP에게 돌아가기 때문이다.

4 유니 토큰은 총 10억 개의 물량으로 초기 발행되었으며, 60%는 기존 유니스왑 사용자들에게 분배하고, 40%는 4년에 걸쳐 팀 구성원, 투자자, 어드바이저에게 주기로 했다. 유니 토큰을 보유하고 있으면, 유니스왑의 지분을 가지고 있는 것과 동일한 가치를 가지게 되는 것이며, 일정한 수를 가지고 있으면 유니스왑 플랫폼 관련 이슈를 제안할 권리를 가지게 된다.
초기 유니스왑 측에서 설정한 투표 발의 기준은 최소 1000만 유니 토큰 보유자이며, 안건 통과 기준은 4000만 유니 토큰으로 설정되었다. 후에 투표 발의 기준은 유니스왑 주주 중 하나인 다르마가 제안한 조건에 의해 250만 유니 토큰으로 낮추어졌다.

5 김소연 기자, 〈유니스왑 '첫번째 커버넌스 투표' 불명예 출발〉, 『BLOCKCHAIN TODAY』, 2020.10.21

6 코인마켓캡(coinmarketcap.com)자료에 의하면 2022년 1월 1일 유니 토큰의 가격은 평균 5.1달러에 거래되었지만, 5월 6일 평균 42.44달러에 거래되며 불과 5개월 만에 8배 이상의 급격한 가격 상승을 보였다.

7 박진우 기자, 〈앤디 림 템부수파트너스 회장 "탈중앙화 금융 수요 늘어날 것⋯투명성이 핵심"〉, 『한경 금융』, 2022.08.14

8 이창우 기자, 〈美 덴버 브롱스 풋볼팀 인수에 'DAO 방식' 도입...암호화폐 애호가 40억 달러 모금〉, 『NEWS VISION』, 2022.02.21

9 https://medium.com/whalemembers/whale-member-guide-8656547117f8
Whale Shark DAO 공식 Medium에 방문하면 DAO의 등급과 회원에 관한 자세한 내용을 알 수 있다.

10 https://cryptorank.io/funds/thelao
크립토랭크$^{cryptorank.io}$의 자료에 의하면 지금까지 The LAO가 투자한 DAO는 총 58개이다. 투자 분야는 디파이가 51.7%로 가장 많은 비율을 차지하며, 그 뒤로 블록체인 서비스와 NFT 서비스 등에 투자하고 있다.

11 JEFF KAUFLIN, ISABEL CONTRERAS, 〈블록체인 투자 플랫폼 DAO, 일시적 유행이 아니다〉, 『Forbes Korea』, 2022.02.23

12 https://docs.flamingodao.xyz/RageQuitting.html

13 Owen Fernau, 〈"I Thought I Was Living in a Simulation." The Story Behind The +$500k Uniswap NFT〉, 『The Defiant』, 2021.03.31

14 GLOBAL COIN RESEARCH TEAM, 〈GCR Investment Review – First Quarter 2022〉, 『GCR』, 2022.04.04

15 박원익 에디터, 〈"일반인도 벤처 투자해 100배"...DAO 투자 혁명 시작됐다〉, 『네이버 프리미엄 콘텐츠_더밀크』, 2022.04.22

16　SPICE DAO는 알레한드로 조도로프스키[Alejandro Jodorowsky] 감독의 영화 〈듄〉의 미공개 원고를 경매에서 낙찰받은 조직이다. 이들은 해당 원고를 266만 유로에 낙찰받아 목적을 달성한 후, 6개월 만에 DAO를 해산시켰다.

17　전수진 기자, 〈4조원 기부한 파타고니아 창업주 "마음 편하다"〉, 『중앙일보』, 2022.09.16
　　파타고니아 창업주 이본 쉬나드는 자신과 부인, 두 자녀가 소유한 집주 100%를 전부 기부했다고 밝혔다. 쉬나드 일가가 기부한 지분의 가치는 30억 달러에 달한다. 이는 한화 4조 1800억에 달하는 금액이며, 98%는 기후변화 대처를 위해 세운 비영리재단에, 2%는 신탁사에 기부했다.

18　백일현 기자, 〈MZ세대 절반은 "가심비 가장 중요"〉, 『중앙일보』, 2022.04.04

19　켄 그리핀은 전 세계 상위 헤지펀드 매니저 중에서도 2021년 가장 많은 수익인 20억 달러를[한화 약 2조 6000억 원] 벌어들였다. 포브스의 자료에 의하면 켄 그리핀의 순자산은 266억 달러로 전 세계 50위 부자이다.

20　피플 토큰은 컨스티튜션 DAO에 헌법을 구입하기 위해 기부한 17,437명의 참여자들로부터 967개의 이더리움을 기부받은 후, 그 대가로 받은 토큰이다. 컨스티튜션 DAO는 경매에서 헌법 낙찰받는 것을 실패한 뒤 며칠 후, 모금한 돈을 모두 환불하고 DAO를 없앨 것이라고 발표했고 모든 기부자들이 기부할 때 받은 피플 토큰을 대가로 이더리움 환불을 청구할 수 있다고 밝혔다. 당시 피플 토큰의 가격은 약 0.004달러 수준이었다. 하지만 피플 토큰 전체 공급량 4,565,078,206개의 피플 토큰 중 55.28%가 반환 처리되었을 때 토큰이 거래되는 도중 발생하는 가스비 이슈로 많은 사람들이 토큰을 환불하지 않고 가지고 있는 것을 선택하였고, 이는 줄어든 공급량과 더불어 컨스티튜션 DAO의 새로운 시도에 대한 기대가 겹치며 가격이 급등하는 현상으로 이어졌다.

21   위키리크스는 2006년 12월 아이슬란드의 수도 레이캬비크에서 정부와 기업, 단체의 불법·비리 등 비윤리적 행위를 알린다는 목적으로 설립된 고발 전문 웹사이트이다. 위키리크스는 특수 암호 프로그램을 이용하여 정보 제공자의 신상을 철저히 보호하면서 기밀 정보를 모으고, 스웨덴, 벨기에 등 기밀을 공개할 때 법적 보호를 받을 수 있는 나라에서 서버를 운영하고 있는 것으로 알려져 있다. 또 사이트의 운영은 자원봉사자들이 맡고, 운영비 또한 사회운동가·언론인·시민단체·일반인들의 기부금으로 충당되고 있다. 위키리크스는 미국을 비롯한 각국 정부와 기업들에게 위협적인 존재로 인식되었으며, 일부 언론의 비판 대상이 되기도 하였다. 하지만 2008년 『이코노미스트』의 뉴미디어상, 2009년 국제사면위원회의 인권부문 보도기관상, 2010년 전직 CIA 요원들이 만든 샘앤더스협회의 샘앤더스상을 수상하며 국제적 명성과 지지를 얻었다.

22   https://gov.metafactory.ai/

23   https://themetafactory.medium.com/irobot-season-one-47ddc16256f6

24   "All civilizations become either spacefaring or extinct" - *Carl Sagan*

25   문 DAO의 디스코드에 접속하여 '1-start-here' 카테고리에 들어가면, 문 DAO의 로드맵 5단계를 정확하게 알 수 있다.

26   문 DAO의 로드맵 2단계에 해당하는 목표는 전 세계 누구나 우주로 쉽게 접근할 수 있게 하겠다는 비전을 가진 문 DAO의 첫 번째 실천 과제이다.

27   https://docs.google.com/document/d/1zXXoi5yTnsnFFOYgY5U MFb7W8l3mSzcXFPr6Amb3YZY/edit#

28   @CobyCotton은 트위터를 통해 문 DAO에게 감사를 표현했다.
"is an astronaut now thanks to the power of $MOONEY!!! LFG!!!"

29   이승균 기자, 〈성금 800억원 넘겨, 취약계층·의료진 위한 기부 행렬〉, 『데일리임팩트』, 2020.03.05

30   2014년 4월 기준, 개인이 소유한 국보·보물은 각각 54점·306점이고 법인이 소유한 국보·보물은 각각 27점·118점이다. 총 505점의 국보와 보물이 개인과 법인의 소유로 되어 있는 것이다. 국보와 보물을 가장 많이 소장한 개인은 故 이건희 삼성전자 회장이다. 이건희 회장은 생전 국보 25점, 보물 90점을 소유하고 있었다.

31   박명기 기자, 〈[포커스] 들어봤나? '메타버스 시대' 새 조직 '국보 DAO'〉, 『한경 IT·과학』, 2022.04.28
'헤리티지 DAO'는 51%의 지분을 간송 재단에 기증하며 대한민국에 'DAO'라는 키워드를 각인시켰고, 한국 퍼블릭 모금의 첫 'DAO'라는 상징성에서 큰 의미가 있었다고 볼 수 있다.

32   https://brunch.co.kr/@jasongx/25
《그라운드X》 한재선 대표의 브런치 글을 확인하면 국보 DAO의 자세한 스토리와 내부 사정까지 알 수 있다.

33   https://ntdao.org/
'이 프로젝트는 투자에 대한 조언이 아니며, 어떠한 수익을 보장하지도 않습니다.' 국보 DAO 홈페이지에 문구 명시

34 Cheyenne Ligon, 〈A Struggling South Korean Museum Is Auctioning National Treasures; Meet the 2 DAOs Trying to Buy Them〉, 『Coin Desk』, 2022.01.27

35 이윤정 기자, 〈간송미술재단, 국보 '금동삼존불감' 51% 지분 기부 받아〉, 『이데일리』, 2022.03.16

36 박상혁 기자, 〈국보를 매입한다고?…다오에 대한 우려의 시선〉, 『CoinDesk Korea』, 2022.03.30

37 원이더게임은 해당 이더리움을 다시 돌려받기 위해, 가장 최소한의 안전장치인 법적인 효력이 있는 계약을 한다. 또한 1 이더리움이라는 돈을 참가자에게 믿고 보내기 위해 신원이 확실하고, 다오의 방향성에 공감하며 기여할 수 있는 사람들을 면접을 통해 선별하여 게임에 참가시켰다.

38 김양욱 매니저, 〈체인파트너스, DAO형 인사 실험 개시〉, 『NewsWire』, 2022.02.28

39 함지현 기자, 〈체인파트너스의 'CP DAO', 어떻게 운영되고 있을까?〉, 『CoinDeskKorea』, 2022.08.27

DAO를 구성하는 법
〈DAO DAO〉

1 https://medium.com/a41-ventures/ecosystem-인터체인의-시대는-도래하는가-코스모스-생태계-소개-b401e89ea799

"코스모스 생태계는 여타 다른 레이어1의 생태계와 다르게 멀티체인 생태계를 이루고 있다. 여러 가지의 어플리케이션이 하나의 체인에 담기는 것이 아닌, 체인 하나가 특색을 갖추는 독특한 방식이다."

현재 코스모스 생태계를 대표하는 체인들은 오스모시스^{Osmosis}, 시크릿네트워크 Secret Network, 스타게이즈^{Stargaze} 등이 있다.

2\. 현재 대한민국의 암호화폐 거래소는 지정된 은행을 통해서만 거래할 수 있다. 대표적으로 업비트^{upbit}는 케이뱅크, 빗썸^{bithumb}은 농협중앙회, 코빗^{korbit}은 신한은행과 연동되어 거래가 이루어진다.

3\. https://blog.naver.com/ej5824486/222653866441
'업비트 계좌개설 및 케이뱅크 연결'

4\. 국내 암호화폐 거래소 업비트는 2020년 11월 28일부터 전기통신금융사기(보이스피싱) 등으로 인한 피해 방지 및 예방을 위한 디지털 자산 출금 지연제를 시행했다. 해당 제도가 시행되며 최초 원화 입금 건은 72시간 동안 디지털 자산 출금이 제한되며, 두 번째 원화 입금 건부터는 각 건마다 24시간 디지털 자산 출금 지연제가 적용되어 디지털 자산 출금 신청 시점을 기준으로 24시간 이내의 원화 입금 합계액에 해당하는 디지털 자산의 출금이 제한된다.

5\. https://blog.naver.com/hoosigidane/222905519135
'바이낸스 가입방법 세계 1위 거래소!'

6\. https://cryptohoonak.tistory.com/245
실제로 업비트(국내 거래소)▶MEXC(해외 거래소)▶kelpr(DAO 지갑) 3단계로 JUNO 코인을 구입하는 것이 가능했었지만, 2022년 8월 28일부터 특금법 위반 거래소(주맥스, 쿠코인, MEXC)와 국내 거래소의 거래가 제한이 아닌 금지되며 업비트와 MEXC 간에 직접 거래가 불가능해졌고, 그 중간에 바이낸스가 거치게 되어 업비트▶바이낸스▶MEXC▶kelpr의 과정을 거친 방법을 소개하게 되었다.

7   https://evrdh.tistory.com/entry/mexcexchangeregister
    'MEXC 가입 방법 6단계 및 KYC 인증, 보안 설정 방법'

8   https://docs.daodao.zone/docs/introduction/what-is-dao#non-token-based-daos
    The current state of DAOs and the blockchain ecosystem is very token governance heavy. We enchorage you to think deeply about if that is the system that actually works best for you when creating a DAO for your community. In many cases, a member based DAO may be a better option. You can always migrate to a token based DAO later.

에필로그
DAO의 미래는 어떻게 될까?

1   https://brunch.co.kr/@god100412345/18
    오오키 DAO 사건은 미국상품선물거래위원회[CFTC]가 불법 가상 자산 파생상품 판매 혐의로 한화 약 3억 원의 과징금을 오오키 DAO에게 부과한 사건이다. 해당 사건은 크립토 세계에서 상당한 이슈가 되었는데, 여태 판례가 없었던 만큼 미국 사법부가 DAO의 구성원에게 책임을 물을지에 대한 결과 여부가 앞으로 일어날 많은 사건들에 선례가 될 것이기 때문이다.